实践教育基地建设研究与探索

张晓琪　谢涵伊　著

中国纺织出版社有限公司

图书在版编目 (CIP) 数据

实践教育基地建设研究与探索 / 张晓琪，谢涵伊著
. -- 北京 : 中国纺织出版社有限公司 , 2021.10
ISBN 978-7-5180-8948-2

Ⅰ. ①实… Ⅱ. ①张… ②谢… Ⅲ. ①高等学校–教育实践–研究–杭州 Ⅳ. ① G652.44

中国版本图书馆 CIP 数据核字（2021）第 203566 号

责任编辑：郭　婷　　责任校对：江思飞　　责任印制：储志伟

中国纺织出版社有限公司出版发行
地址：北京市朝阳区百子湾东里 A407 号楼　邮政编码：100124
销售电话：010—67004422　传真：010—87155801
http://www.c-textilep.com
中国纺织出版社天猫旗舰店
官方微博 http://weibo.com/2119887771
三河市宏盛印务有限公司印刷　各地新华书店经销
2021 年 10 月第 1 版第 1 次印刷
开本：710 × 1000　1/16　印张：13.25
字数：230 千字　定价：56.00 元

前 言

当前，教育在综合国力的形成中处于基础地位，国力的强弱主要取决于劳动者的素质，取决于各类人才的质量和数量。建设创新型国家的战略目标，对培育全民族创新精神、培养高水平创新人才提出更为迫切的要求。青少年是在社会上数量庞大、最为活跃的群体，是国家和民族的希望。加大实践教育基地建设力度，为青少年健康成长提供一个良好的环境，有利于提高青少年的创新能力、工程能力和综合素质。

本书作者是在高校从事团学工作的教育人员，负责学生社会实践、学科竞赛、学生会建设等工作。在多年的一线实践教学中意识到如何有效激发学生的学习兴趣，培养实践动手能力强、具有科技创新精神的专业人才是高等教育首要解决的问题。以培养学生科技创新能力为目标，从提升实践教育质量入手，通过分析国外实践教育模式、研究实践教育基地管理体系建设、探索实践教育基地教学资源开发方案、开展科技创新实践活动等内容，形成培养目标引领、管理体系配套、优质实践教学资源支撑的实践教育基地育人体系。

本书以杭州电子科技大学—杭州实验外国语学校联合实践教育基地建设及实施过程等相关工作为基础，涵盖了实践教育基地概述、国外实践教育模式分析、实践教育基地建设研究、杭州电子科技大学实践教育基地管理体系建设、杭州电子科技大学实践教育基地教学资源建设、杭州电子科技大学实践教育基地科技创新活动研究、杭州电子科技大学实践教育基地科创活动及青春记录等内容，旨在为青少年参与课外科技创新活动提供一定的启发，并为实践教育工作者实施青少年科技创新能力培养工作提供一定的借鉴。

本书共 7 章，具体如下。

第 1 章为实践教育基地概述，主要介绍了实践教育基地特征、实践教育基地建设理论、实践教育基地反思性教学等内容。

第 2 章为国外实践教育模式分析，通过对美国“合作教育”、日本“产学研合作”、德国“双元制”实践教育的教学理念、教育模式、运行机制等进行介绍及分析，为实践教育工作者如何实施科技创新类实践教学提供借鉴。

第 3 章为实践教育基地建设研究，介绍了实践教育基地建设面临的挑战、实践教育基地建设方案研究、联合实践教育基地功能及特色，让读者系统地了解我国实践教育的发展历程及实践教育基地建设面临的主要问题，通过分析及研究实践教育基地的育人功能和建设方案，为实践教育工作者如何更好地开展实践教育基地建设提供解决思路。

第 4 章为杭州电子科技大学实践教育基地管理体系建设，通过对实践教育基地组织机构、实践教育基地保障制度、基地实践教学管理系统等研究与建设，让读者了解如何系统地制定实践教育基地各类保障制度，以及如何因地制宜地开展管理体系建设研究。

第 5 章为杭州电子科技大学实践教育基地教学资源建设，围绕实践教育基地教学资源规划、实践教育基地教学内容建设、实践教育基地产学合作协同育人建设等内容，为如何打造开放式实践教学资源，培养基地学生自主研学能力提供一定的借鉴，为实践教育工作者如何开展科技创新类实践教学探索新方式和新路径。

第 6 章为杭州电子科技大学实践教育基地科技创新活动研究，介绍了实践教育基地科技创新活动概述、实践教育基地科技创新活动形式、实践教育基地科创能力培养研究等内容，让读者了解如何参与各类科技创新实践活动以及如何拓展实践教育活动的内容和形式。

第 7 章为杭州电子科技大学实践教育基地科创活动及青春记录，介绍了实践教育基地中学生成员科技创新活动、实践教育基地大学生成员科技创新活动、实践教育基地成员青春记录，重点分享了基地成员多个科技创新活动实例，展现科技创新活动缤纷多彩的魅力，激发学生科技创新兴趣。

本书第 1 章、第 3 章、第 4 章、第 7 章的 7.2 节由张晓琪编写，共计 10.7 万字；第 2 章、第 5 章、第 6 章、第 7 章的 7.1 和 7.3 节由谢涵伊编写，共计 10.3 万字。

在编写本书过程中，得到了我校全国大学生小平科技创新团队指导老师马学条、郑雪峰的支持，在素材整理方面得到了实践教育基地蔡智超、林子尧、李开阳等同学的帮助，在此一并表示感谢。编写过程中，还引用了许多学者的观点和成果，由于难以查明文献来源而未标注，在此一并致以敬意。限于编者水平，书中难免有欠妥、疏漏和错误之处，恳请读者指正。

著者

杭州电子科技大学

2021 年 7 月

目　录

第1章　实践教育基地概述

1.1　实践教育基地特征

实践教学，顾名思义要重在实践。但是这种实践不是一般意义上的实践，而是在教学过程中学习者的实践，是作为实践教学的实践。所以实践教学不仅有实践的一面，还有教学的一面。只看到学习者的实践而忽视教学的实践是片面的认识；相反，只认识到教学的实践而忽视学习者的实践也是错误的。作为实践教学的教学和实践应该是紧密结合共同进行的，在实践之前，要进行实践的理论准备；在实践之中，要对实践做理论指导；在实践之后，要对实践经验做理论总结。在美国等西方发达国家，从幼儿教育开始，学校教育就非常重视实践在教学过程中的重要性，许多理论知识的讲授都是通过实践来实现和完成的，而不是让学生死记硬背。在中国，相对于理论教学而言，实践教学是教学过程中最薄弱的环节，也是亟待解决的重要问题。

知识来源于实践，能力来源于实践，素质更需要在实践中养成，各种实践教学环节对于培养学生的实践能力和创新能力尤其重要。实践教学是高等教育的重要组成部分，对学生的培养质量起着不可忽视的重要作用。实践教学是巩固理论知识和加深对理论认识理解的有效途径，是培养具有创新意识的高素质工程技术人员的重要环节，是理论联系实际、培养学生掌握科学方法和提高动手能力的重要过程。实践教学是指学生在教师的指导下以实际操作为主，进而获得感性知识和基本技能，以及快速提高综合素质的一系列教学活动的组合。它主要包括参观学习、教学实习、生产实践、课程设计、毕业实习、毕业设计、调查调研以及其他性质的实践活动等。

实践教育基地则是承载实践教学任务的重要基础和必备条件，是提高实践教学质量的重要因素。实践教育基地是指按照实践教学的根本目的和要求，在充分研究和把握学生实践特点和规律的基础上，依据一定的模式，按照一定的步骤建立的，使学生能够有目的、有计划、有组织地参与社会政治、经济、文化活动和专业实践，从而提高其专业知识、能力和素养的长期的稳定的场所。实践教育基地包括校内实践基地和校外实践基地，校内实践基地是指其位置在学校内部的实践基地，有利于实践教学体系的实施；而校外实践基地是指通过学校与各类单位合作建设成立，位置在学校外部，用于在校学生提升实践能力的场所，可以将实践教学活动和生产实践结合起来，帮助学生开阔视野，理解和掌握深层次的知识。目前，实践教学更加关注大学生校外实践教育基地。

校外实践教育基地不仅是人才培养的重要基地，更是促进高校与地方产学研合作的重要纽带。在对其相关理论、实践进行深入研究的基础上，结合教育部对实践基地建设工作提出的具体目标、任务、要求来看，大学生校外实践教育基地是指紧紧依靠专业建设积淀，围绕区域优势资源，由高校与科研院所、行业、企业共筹共建，挂靠在企事业单位的，兼具指导功能、培养功能以及示范辐射功能的大学生教育机构，创立联合培养人才的新机制，以此推动校企在特定的培养目标和人才规格下，组建由高校教师和企业专技人员共同组成的师资队伍，协同构建科学的教学内容和课程体系协同实施培养过程，协同制定管理制度和评估方式，促进建立校企联合培养人才的新机制，创新校外实践教育模式，旨在全面深化实践教学改革，提升大学生的创新精神和实践能力，培养适应行业企业需求的高素质创新人才。实践教育基地是高校教学、科研和社会服务的重要平台，是人才培养、素质教育的重要场所。实践基地的建设、运行和管理质量是衡量学校办学水平的重要标志之一，作为学校办学中的一项基础性工作，在学校改革和发展中具有重要的地位。创新型国家建设的关键是人才，实践基地是创新人才能力要素培养的重要渠道和载体。

综合实践教育基地是指服务于不同学科之间的交叉领域，面向不同专业、不同年级的学生，开设校外大学生实践教学的综合性平台，是以转变教育思想、更新教育观念为先导，以提升学生的社会责任感、专业技术、创新意识和创新创业能力为核心，以改革人才培养模式和课程体系为重点，以提升大学生的综合素质、增强大学生的创新能力和创业能力为宗旨，以培养适应创新型国家建设人才需要为目的而建设的大学生自主学习、实践、创新的平台，旨在构建厚实的基础。学校要依托基地，注重兴趣、强调综合、强化实验、自主学习、提高能力、不断创新地综合实践教学新模式。综合实践教育基地是一种融各专业特点、人才培养要求和企业资源于一体的校外学习实践活动的综合载体，是高等院校提高教学质量的重要硬件基础，规范其建设目标、培养定位和功能作用，形成校内外结合、全方位、立体化的校企联合培养格局，构建高校、企业、学生等多方共赢的合作机制，提升学生实践能力和职业素养，实现与社会需求的良性对接，开展规范、系统的系列产学合作教育，承担综合性培养功能，全面提升人才培养水平和质量。

大学生校外综合实践教育基地不仅要承担实践教育改革和创新人才培养的重任，还要注重内涵建设，以高校推广模式和产业链推广模式为抓手，通过示范推广机制创新及平台建设，充分发挥引领、示范、辐射作用，同时应具有以下特性。

资源优质性。以人才培养为宗旨，能力提升为导向，以校外实践教育基地为主要载体，充分发挥企业、行业独特的物质、技术、人力资源优势，开展实践教育联动、绩效考核联评，建立联动区域内学术互动、经验交流、共建、共享、共荣的机制和格局，开创依托行业企业建立专业、互惠双赢的新局面。

基础合作性。基地具有前期良好的校企合作经验优势是建设的立足点、奠定基地建设的前提条件，从而才能更好地开展人才培养、师资培养、企业文化、工艺创新、技术服务与开发、应用推广等活动。

教育直观性。基地利用实物展示、示范操作、仿真模拟、现场教学等直观手段，为大学生校外实践提供大量直观的教育教学资源，改善学生学习成长环境，引导其开展形式多样的感知，深化感性认识，提升学习积极性，提高自身运用知识解决实际问题的水平和能力。

功能多样性。以校企合作为平台，建立校企联合培养人才的新机制，推动高校教育思想观念转变，创新人才培养模式，不断增强大学生实践教育的针对性、多元性、高效性，使大学生实践教育在深度、广度、效度上得到更大的发展空间。

建设长效性。高校大学生社会实践基地建设要结合社会实践基地活动现状，注重建设的长效性和实效性。

1.2　实践教育基地建设理论

1.2.1　实践教育基地建设哲学思维

马克思主义认为，哲学的基本观点是实践观。作为人所特有的存在方式，人的实践能动地作用于客观世界，存在于社会生活的各个方面。实践活动的哲学基础主要包括：人的主体地位是在实践活动中确认的，实践活动是实现人的全面发展的根本途径；在实践教学基地，学生可以研究各种地理现象的发生、发展和变化规律，开展对各种自然地理、人文地理现象的调查。广泛接触社会、接触自然，有益于激发学生的探索精神，增强学生的观察能力、动手能力、思维能力和综合分析能力。通过实践教学，学生在教学中的主体地位得以确立，同时实践教学活动也全面提高了学生的科学素质，实现了全面发展人的根本目的。

1.2.2 实践教育基地建设智能理论

（1）加德纳（Gardner）的多元智能理论在实践教学中的应用

加德纳的多元智能理论承认人的个别差异，认为人的智能是多元的、开放的，坚持人的智能只有领域的不同，而没有优劣之分、轻重之别。每个学生都有各自发展的潜力，只是表现的领域不同而已。该理论关注学生起点行为及个体优势，强调学生潜力的发挥。

从某种意义上说，实践教学符合人才培养特点，它是实现开发潜能、发展人的个性的主渠道。对于大学生来说，他们中的多数具有较强的形象思维智能，也可说形象思维智能是优势智能。他们经常能较快地获取经验性和策略性的知识，懂得“如何做”和“如何做得更好”。因此，针对这类学生的教学，要考虑到教学目标的定位必须明确化，教学内容的传授方式必须转换，教学方法必须适合形象思维，教学场所也应该实现多功能化。

（2）斯滕伯格（Steraberg）的智能理论在实践教学中的应用

20世纪90年代，美国学者斯滕伯格在提出智力三元论后，再次发展了智能理论——成功智力说。在他看来，成功智力是个人获得成功所必需的一组能力，它由分析性智力、创造性智力和实践性智力三部分组成。他认为成功智力尤其是实践性智力与传统的学业智力有明显不同，学业智力和成功智力所展现的领域不同，学业智力以传统的测评呈现，它通常给出一个明确、具体的问题，凭借语言智能、记忆智能加以完成，而实践性智力是个人解决实际工作和生活中问题的能力，它可以从个体应对或完成某项任务的表现来评判。

本科教育具有明显的生产性、职业性和实践性等特点，决定了其培养的人才除了具有学业智力以外，还要具有良好的实践能力。对其实践能力的发展起重要作用的是实践性智力，而经验又是实践智力的重要影响因素。因此，要在了解学生原有经验的基础上，尽可能地发挥经验对智力发展的积极影响，在兼顾学生学业能力发展的基础上，更应强调具体工作和生活中实践性能力的培养。

1.2.3 实践教育基地建设建构主义理论

瑞士心理学家皮亚杰（Piaget）最早提出了建构主义理论，他认为，作为认知主体的人，在与周围环境相互作用的过程中建构关于外部世界的知识，离开了主体能动性的建构活动，就不可能使自己的认识得到发展。认知主体将外部信息纳入已有的认知结构或重组认知结构以吸收新的信息，在这个处于动态发展的矛盾体中，通过不断地建立认知结构与外界的平衡，实现认识的发展。苏联心理学家维果茨基（Vygotsky）则特别强调社会交往在人的心理发展中的作用，并认为人的心理过程结构，最初必须在人的外部活动中形成，然后才有可能转移并内化为内部心理过程的结构。当代美国著名的认知心理学家、教育家布鲁纳（Bruner）的认知学习理论，特别关注知识的结构、学习者的内部动机、多种认知表征方式、探索与发现未知、直觉思维、从多重观点中建构知识和价值等。

根据以上心理学家的理论，可以将建构主义应用于实践教学基地的建设中，研究建构主义在实践教学中的具体应用。根据建构主义的观点，个体学习是学生在已有经验的基础上，主动选择、加工、建构信息的过程，只能由学生根据实践活动中积累的经验构建起来，而不能以实体的形式存在于个体之外。因此，现实教学中要以学生为中心，尽量创设有利于学生学习的环境，激发学生对知识的探索热情。实践教学基地建设的过程，实际上也是为学生发展创设环境、满足学生个性发展的过程。在实际教学中，学生可以不受教学大纲和教材的限制，以及班级教学形式的约束，实践教学不是对课堂教学的简单配合或课堂教学的机械外延，而是强调充分利用学生在课堂学习的理论知识，去解决生产和生活中的实际问 题，提倡与当地的经济建设相联系，努力到各领域寻找和选择自己喜欢的研究课题，激发学生的求知欲望和探索精神。

1.2.4 实践教育基地建设情境学习理论

情境学习理论是西方继行为主义、认知主义之后又一重要的学习理论，可以将情境学习理论观点概括如下：首先，情境学习理论强调知识与情境之间交互作用的过程，视知识为一种基于情境的活动，是个体在与环境交互过程中建构的，学习者在情境中通过活动获得了知识；同时，学习是情境性活动，学习被理解为是整体的、不可分的社会实践，是现实世界创造性社会实践活动中完整的一部分。其次，情境学习还融入了社会建构主义与人类学观点，从参与的视角考虑学习，认为学习者应当是完整的人，这不仅表明与特定活动的关系，还暗示与社会共同体的关系，即意味着要变成一个充分的参与者、一个成员、一种类型的人。因此，学习实质上是一个文化适应与获得特定的实践共同体成员身份的过程。

学生作为学习主体在实践教学基地中观察自然现象，并进行实际操作，实际上就是一种知识与情境相互作用的过程。理论知识学习与实践能力培养融合在一起，创设了一个情境学习的整体环境，不仅开阔了学生的视野，丰富和扩大了知识面，还培育了热爱地球、保护环境的意识。学校和教师也可以通过学生实践教学前后成绩的对比，总结出有益的基地建设经验。因此，情境学习理论不仅对教学中学生的主体性研究有很大帮助，而且对反思传统教学方法、重新理解学习的本质特征也具有重要的借鉴意义。

1.2.5 实践教育基地建设知识观基础

知识观是教学思想、教学理论的前提，不同的知识观支配着不同的教学实践，然而目前大部分教育工作者的知识观还停留在传统知识观的层面，仅将研究锁定在知识的传递与学习上，对其他知识问题则束之高阁，尤其是认为理论教学只需对学生进行知识传授，而无须实践教学。这种提法失之偏颇。可见，对问题的思考理应成为各专业教育教学问题的逻辑起点。本书从比较的视界出发，依据知识的建构性、知识的社会性、知识的情境性等维度，探索当代知识观的特征及其对于实践教学的启示。

（1）知识的建构性

知识的建构性，即从强调客观的理性因素转向强调主体的主动建构。在强调理性至上的传统知识观看来，认知过程是主体对客观世界理性的、被动的反映过程，有关世界的知识是可靠的、僵化的、没有活力的东西；但在强调人际沟通的当代知识观看来，知识不再被看作是有关绝对现实的知识，知识是流动的，是认知主体积极建构的，是主体与客体之间的沟通与对话。因此，不应再视学生仅仅为接受知识的“容器”，教师不应该再自视为知识的权威、学生的主宰者，而应该更多扮演知识的促成者、学生的导师。

（2）知识的社会性

知识的社会性，即从强调个体单向作用转向强调个体间交互作用。在传统知识观看来，知识居于个体内部，只涉及个体本身的世界，而与他人无关，认为获取知识的过程是个体的单向作用；在当代知识观看来，获取知识的过程不再是个体的单向作用，而是人与世界的相互作用，尤其强调人与人之间相互协作的过程。对于专业教学来说，除了使学生掌握理论知识外，更重要的便是培养实践技能、人文素养。

（3）知识的情境性

知识的情境性，即从强调知识的个体学习转向强调知识的情境认知。在传统知识观看来，知识可以脱离特定的情境借助个体的努力习得，知识的产生和所处的文化环境无关；在当代知识观看来，知识是个人与社会或自然情境之间联系的属性以及互动的产物，任何知识的取得都离不开特定的空间、时间、价值体系和语言符号等诸种因素。为此，在构建学生专业教学观的过程中，就必须更多地关注如何在实践中实现教师以经验形态存在的知识向学生个体经验的转化，关注如何通过特定情境的设计提供技能应用的情境，并让学生通过个体的亲身实践把握并 寻求最佳解决途径。

1.3　实践教育基地反思性教学

1.3.1　反思性教学概述

反思的含义是回头思考，即为了日后更好地发展，事后从已经发生的事件中总结经验，提取教训，反思过去是为了将来。因此，理解反思性教学的内涵，就要对反思的基本组成部分有充分理解。反思教学理论大约在 1990 年后传入国内，于是，相继出现了许多本土的理论，国内反思性教学研究的著名学者华东师范大学的熊川武教授的著作《反思性教学》极具代表性，在学术界产生很大的影响，以反思性教学的主体、教学工具的合理性以及反思性教学的设计为切入点，描述了三者的联系和区别，并介绍了国外比较普遍的若干反思模式。国际上普遍比较认可美国学者维拉（Villar）的论点，反思性教学是反思主体利用逻辑推理能力、细致思考的判断和赞成反思的心态进行的批判性反思的过程。除此之外，国内学者也对反思性教学的概念内涵及拓展进行了研究。张建伟将反思性教学理论定义为反思者以自己的教学活动过程作为思考对象，谛视与辨析自我行为、决策以及后果的过程，能提高反思者的自我谛视水平，让自我综合能力得到一定提高。在教学实践过程中，反思主体分析自己的表现并对自己的行为进行改正，从而提升自我专业教学效率和素质，同时提出反思者反思的特点是实践性、针对性、反省性、时效性、过程性。我国研究反思性教学的权威学者熊川武教授指出，反思性教学是指教学实施人利用反思过程，探索和解决教学目的以及教学工具等问题，将教学与自我学习有机结合，不断使教学实践越来越合理。

1.3.2 实践教育反思性教学理论

熊川武教授在分析了西方反思性教学理论的基础上，结合我国实际情况提出了反思性教学理论。它要求反思者不仅要会教学，还要会学习，努力使教学活动最优化。这个理论建立在合理性的基础上。反思目的则采取了个性价值和共性价值互补的方式，并且兼顾了教学工具的技术和人文内容。反思性教学可操作性强，反思者要有较强的反思意识，并在具体的过程中采取相应的措施。反思性教学理论为培养反思型人才提供了理论依据。

反思性教学的基本点是探究和解决教学问题。反思不是简单地对教学实践情况进行回想，而是要去深究决策和技术以及伦理等层面的教学问题。反思性教学的教师不能只是教材传递者或教学大纲的执行者，而是要在领会教材与教学大纲要求的基础上，重点解决教学中存在的问题，并在解决问题的同时优化教学过程、提升教学效果。反思性教学理论为教学实践开辟了新的道路。它启发教师不断反思，探究教学中的新问题，在探索中把自己锻炼成学者型教师，从而改变凭经验教学或简单重复教学的现象。

1.3.3 实践教育反思性教学作用

反思性教学能让反思者产生自己的想法并和别人讨论。假如反思者能在反思性教学实践上给予一定投入，便能够从根本上改变传统的、目的性不强的行为，帮助反思者改变观念，从而有意识、有目的地从事相关活动，提高教学与反思品质。反思性教学是反思者专业发展理想而有效的方法。反思性教学是否能发挥效用，是否对反思者的学习生活产生影响，关键是它能在何种程度上能够变成反思者的日常实践。反思者需要在反思性教学过程中摸索新理念与新方法，还要充分将理论融合到实践中去，以此提高有关学习生活实践活动的深度。

教学反思来自对教学的认识与思索，它让平时生活学习中对生产生活的思索变成习惯，而这种思索也是教学实践中的环节，可以让反思主体从根本上提升自己，便于反思主体自身的进步发展。反思性教学的不同环节有利于反思主体熟悉领域内的知识，提升自我知识水平，取得长足发展。成为反思型人才能提高反思主体职业使命感。教学反思能提高反思者实践教学能力，促进反思者专业素质提高。教学反思能增强学习与工作能力，提高工作效率，增加学习与工作有效性。

实践教学可以理解为在教师传授给学生知识、技能的过程中要让学生实际去做，注重培养学生的学习能力、思考能力、想象能力、动手能力、判断能力和解决问题能力，注重综合素质的培养，注重培养学生改造社会和自然的能力，可以说，实践教学是培养学生实践技能、创新能力的重要环节。

反思实践的方法。其主要方法有三种：自省式，即扪心自问，自我剖析；交互式，即合作学习、对话交流、取长补短；综合式，即要求实习生把教学实践与教学研究及毕业论文写作结合起来。

反思实践的过程。应畅通信息交流渠道，加深实习教师与学生的了解与信任，使师生之间的沟通顺畅；实习教师之间相互听课，通过小组机制讨论交流，加强与实习指导教师的交流，从多方面获得交流信息，从而对交流信息进行观察、分析与整理，再对反思结果提出假设并应用于实践，总结实践过程中的经验，将其体现在实习总结报告中。

反思实践的行为。有效的反思行为来自对实践状况的组织、计划的能力和通过行动对这种计划进行开发和做出反应的能力，只有这样，学生的实践行为才能得到发展。

反思实践的结果。正是通过专业知识的发展，教学环境的把握，运用知识的能力的形成，教师才能真正地对教学实践做出灵活而有效的反应，提高专业实践技能和创新能力。

第2章　国外实践教育模式分析

2.1　美国"合作教育"实践教育

美国学校和企业之间的合作以1906年辛辛那提大学实施的合作教育拉开序幕，经历一个多世纪的发展，逐步走向成熟。美国校企合作的历史较长，由于时代背景的变化、社会经济的发展等原因，涌现出多种各具特色的校企合作模式，主要有：合作教育模式、技术准备计划、青年学徒制、校企契约、赛扶计划、高级技术教育等。

教育是产业竞争力提升的基础。合作教育是美国高校通过职业实践以提高学生综合能力的一条有效途径，也是当今世界各国高等教育积极倡导的一种教育模式。合作教育的思想起源于美国哲学家和教育家约翰·杜威（John Dewey）创立的实用主义教育思想，他的思想对美国的教育产生了一定的影响。他提倡教育与实践相结合，教育必须适应现实需要，注重实用知识与实际技能，使受教育者为将来进入社会打好基础。

合作教育在上述理论背景下产生美国辛辛那提大学的教育改革是产学合作教育产生的标志。1906年，美国的辛辛那提大学赫尔曼·施耐德（Helmut Schneider）首次提出合作的理念，以"工学交替"模式来培养人才。每学年分为"理论学期"和"工作学期"。"理论学期"学生会在校园内进行，学习理论课程；"工作学期"学生会在相关工厂进行，从实践中获取知识技能。这种把课堂教学与工作实践相结合的教育方式，当时被称为"合作教育"。

合作教育是学生、教育机构和雇主间的一种伙伴关系，参与的各方有自己特定的责任。为了有效进行合作教育，各个学院成立了职业实践处以负责计划的管理。职业实践处可作为一个重要的中间机构，来协调学校、雇主、教师之间的沟通，进而完成各个教学环节的实施。通过该管理模式，可有效控制合作教育的质量，并做到持续改进。

2.1.1 “合作教育”实践教育模式

以“工学交替”为主要特征的“辛辛那提计划”，在美国被称为合作教育古典模式。后来对这种模式进行了改进，附加了专门的合作教育管理机构。1909 年，美国东北大学新建立的工程学院，实行所有学生必须参加的合作教育模式；1921 年，文科学校也开始实行合作教育模式，标志着突破了专业的限制、性别的区分，使合作教育模式基本建立起来；1960 年，合作教育模式出现了巨大变化，即合作教育平行计划模式；20 世纪 70~80 年代，美国高等院校在合作教育计划上采用交替式，80 年代以后，实现交替式也实现并行式，即采用双重制。

（1）并行式模式

实现并行式模式的学习一般是针对全日制的学生。学生除了在进行全日制的理论学习外，还要利用业余时间去参加每周 20~25 小时的工作，工作时间学校是认可的。并行式模式的优势：学生的学业不会因工作的打扰而中断；同时可以从雇主方得到相应的报酬；业余工作岗位转化为将来的合作教育的实习岗位。并行式模式的劣势：受交通、时间的限制，寻找愿意为学生的业余时间提供重要工作岗位的雇主比较困难；学生专业学习时间做适当集中安排，以留出工作实践的时间，比如上午学习理论知识，下午去实习，实习时间安排必须与雇主协商，这是一个比较困难的问题。

（2）交替式模式

交替式模式是全日制学习学期和全日制工作学期交替进行的一种模式。在全日制工作学期的工作是学校认可的。交替式模式的优势：学生获得比较集中的工作时间，雇主会安排更重要的工作岗位；学生可以选择的实习地点比较宽泛；学习和工作相对都是集中独立的，相互不会受到干扰，更能够把理论知识完全应用于实践。交替式模式的劣势：学校把教学计划安排得比较紧密，使学生在学习学期把四年内的知识全部吸取，对学生而言消化起来势必比较困难；工作学期的工作完成后重返学校，要求学生对在校的学习有很好的衔接。

（3）双重制模式

根据合作教育项目的要求，美国院校的学制灵活多样，长短不一，针对不同的学校类型和不同的人才培养类型就出现了二年制、三年制、四年制、五年制合作教育计划，这些多采用双重制模式。双重制模式的目的是为学生提供更多的机会，吸引更多的学生参与到项目中。

以上三种模式，它们具有相同的特性，即都涉及学校、教师、雇主、学生等主体；每种模式的运行都由准备阶段、实施阶段、反思阶段三个阶段组成。在对合作教育实践的文献进行梳理的基础上，构建了当前合作教育项目运行的镜像模式。

2.1.2 “合作教育”实践教育运行机制

（1）合作教育的运行环境

美国是当今世界上经济实力最强的国家，其经济繁荣、科学技术发达、人民生活水平很高。由于美国当前的国情，使我们在对美国合作教育实践的探索，把宏观因素作为一个重点的考察因素。合作教育的运行环境在宏观层面包括市场机制，社会和经济发展对人才需求，学校自主办学，法律保障、约束机制等。市场的特点就是开放式的，因此市场机制促使学校、学生、雇主积极主动参与，在人才市场开放的条件下，雇主自主用人、学生自主择业，按照各自的利益来发挥自身的作用。社会和经济的发展势必会对教育的改革带来压力和动力，更高层次人才的需求促使合作教育向适应社会需求的方向培养人才。社会的认可成为人才质量的标准之一，社会认可度也推动了合作教育的发展。学校自主办学，在运行和管理上实行学分制。这种制度保证了学校在政策、资源，以及合作教育计划实施的主动权。美国政府对合作教育曾经立法拨款，对合作教育的发展起到了巨大的推动作用。由于合作教育的特点，学生会在不同的环境下学习，也会涉及人身安全、医疗保险等问题，法律是保障这些问题得以解决的关键；同时三方签订相应的合同书，作为对相互的约束和担保，使合作教育计划顺畅执行。

（2）合作教育的管理方式

从管理角度看，美国合作教育分为强制式、任选式、选择式。从是否计入学分，合作教育还可以分为有学分和无学分两种。在具体的管理方式上，美国合作教育分为集中管理、分散管理和集中与分散相结合管理。但无论哪一种管理方式，校方在合作教育的整个协调过程中，起到了主导性作用。强制式是所有注册的学生，必须参加合作教育项目，合作教育也作为学校办学基本思想的主调；任选式是学生具有选择权，可以在合作教育和非合作教育中选择；选择式是学校具有主动选择权，根据学习成绩及综合表现选择具备条件的学生参加合作教育。美国的集中管理是学校设立专门机构，由学校指定专门的专职人员进行管理和运作；分散管理是学校把权力下放到二级学院，由教学人员作为兼职管理；集中与分散相结合管理则由专职协调员和教师共同承担合作教育的管理协调工作。

（3）合作教育的利益驱动

参与合作教育的各方主体，在利益驱动机制下发挥着自身的作用，为社会和经济发展带来巨大利益，并最终实现学校、学生、雇主、社会的多方共赢。学校的利益：学校利用工作场所所教授的知识，拓展了学生教育的机会；合作教育对学生带来的收入和减轻的负担，使得学生家长提高了对学校办学的信心，提高学校的声誉度；学校的教师和学生都有更多的机会接触到工作场所的高级设备，使学校更能够顺应社会的发展，更新知识资源；教育界与工商业界的联系更加紧密，通过加强就业率增强公众对高等教育的支持。学生的利益：将理论学习与工作经验结合，强化了对理论知识的认知；具备相应领域一段时间的工作经验，积累了职业选择的筹码；学生在校期间已经和雇主之间建立了关系，并且从中获取找工作的技巧，极大地提高了毕业后的工作机会；学生在校期间享受工作带来的收益，减轻了学习的负担。雇主的利益：雇主可以提前物色雇员，大幅改善人事录用过程，并节省了人力资源成本；劳动力结构变得更加多样化；通过合作教育项目招募、雇用雇员，可以提高永久雇员的保有率；增强企业与大学和学生的关系，雇主同时也可以确保课程教学计划和实施的有效性。社会的利益：通过合作教育，向社会输送了具备社会责任感、全球竞争力的劳动力；雇主支付给学生的工资，对低收入和中等收入水平的家庭尤为重要，也减轻了国家经费支付学校所需要的花费。

2.1.3 “合作教育”实践教育分析

（1）我国的“校企合作”与美国“合作教育”的差距

①缺乏有力的政策和法规支持。

美国政府为了保证职业教育的顺利实施，对职业教育进行了立法，美国于1862年颁布了第一个职业教育法《莫雷尔法案》后，1962年国会通过了《职业教育法》，1984年《卡尔·D.柏金斯职业教育法案》修订。1998年《高等教育法》停止了对合作教育的资助，2008年《高等教育法》虽重新资助合作教育发展，但严格规定资金使用范围，2018 年《强化 21 世纪职业与技术教育法》进一步细化绩效指标，加大州政府责任担当。“在众多职业教育法规的保证下，企业把职业教育作为‘企业行为’来看待，企业内有相应的生产岗位供学生生产实践，有规范的培训车间供学生教学实践，有完整的培训计划和充足的培训经费，更有合格的培训教师和带教师傅。”

在我国，1958 年 5 月 30 日，刘少奇在中共中央政治局扩大会议上发表《我国应有两种教育制度、两种劳动制度》的讲话，提出了“半工半读”的教育形式。1958 年 9 月 19 日，半工半读学校、全日制学校、业余学校成为我国主要的三类学校。之后受“文化大革命”的影响，人们开始批判“两种教育制度、两种劳动制度”，几乎所有半工半读学校停办，给校企合作带来灭顶之灾。改革开放后，1980 年，颁发《关于改革城市中等教育机构、发展职业技术教育的意见》，加强学校和企业的联系与合作，增强政策建设。1991 年，《国务院关于大力发展职业技术教育的决定》提倡产教结合、工学结合，企业作为实习基地。2005 年，国务院颁布的《关于大力发展职业教育的决定》、2006 年，颁布《关于全面提高高等职业教育教学质量的若干意见》，实现了新时期我国职业教育改革和发展的新突破。2010 年《国家中长期教育改革和发展规划纲要（2010—2020 年）》，强调政府主导、行业指导、企业参与的办学机制，推进校企合作制度化。

从以上对我国发展职业教育的制度的梳理，可以看出我国的校企合作还停留在口头上、宣传上，并没有明确的条目对企业减免税收、提供经费等。并且我国校企合作受政府重视的比较晚，需要一些具体的政策支持和制度保障，要形成法律条文来保障合作的顺利开展。

②认识程度不够。

我国相对于美国的合作教育来说，首先是对校企合作的认识不够，突出地表现在：理论与实践教学孤立结合；追求短期的利益；重技能、轻理论等。

理论与实践教学孤立相结合。由于认识的误区，人们往往认为理论教学是在课堂上完成，实习、实训在企业的负责下，在实验室中完成，这就导致了教学是离开实践的教学，实践是没有教学的实践的结果。这种观念是与顶岗、在岗实习的目标相违背的，因此在实践中应转变观念，更好地实现理论教学与实践教学的无缝对接。

追求短期的利益。职业教育的定位是为地方经济的发展服务，大部分院校能够获得地方政府的财政资助。但是由于区域经济的发展不平衡，使得政策导向不同，获得的资助也是参差不齐。学校看到与企业合作带来的短期利益，会尽量满足企业的要求，在没有指导教师、打乱上课计划的前提下，也会去迎合企业，这样使学生变成了低层次的打工仔，学校将办学成本转嫁给企业。而企业为了追求利益的最大化，并不是以培养人才为根本目的。追求短期利益最大化，违背了教育的根本宗旨，对学生、教育和社会都是有害的。

重技能、轻理论。我国职业教育的一个明显的思想误区是“理论够用、注重技能”，认为只有企业能锻炼学生的技能，将企业引入学校或将学生送进企业就可以达到培养目标。但在实际的培训中，学生接触到的往往是单一的技能，不具备完善的职业能力，更没有创新、持续发展的能力。

③服务功能、支持系统不健全。

美国的合作教育，为学校科研成果转化提供了平台，使得科技成果和信息能在学校和企业间打通。而在我国，部分高职院校的专业设置与人才需求是不匹配的；同时国家在技术创新、重大项目方面也未给予政策倾斜，高校的科研水平不高，对企业的作用也不明显。因此我国开展校企合作，应该在人才培养创新、人才资源开发、科研项目上制定相应的政策保障。

（2）美国合作教育对我国的启示

①制定配套的法律法规，成立专门保障机构。

我国在 1996 年颁布了《职业教育法》，但并没有配套相关的职教法规，缺乏完备的职教法规体系。中央教育部和各地方政府应明确相关规定，制定专门的校企合作法规，明确校企合作双方的权利和义务，确保合作做到实处。同时，《高等教育法》和《企业法》应修订相关条款，明确规定高职院校与企业加强合作的文件。

美国早在 1962 年就成立了国家合作教育委员会，后来又成立了合作教育协会。委员会和协会负责协调合作教育工作，学校自身设有自己的合作教育部。在我国，可以起到类似作用的是行业协会。行业协会是一种民间组织，行政上不受政府约束。职业院校根据自身需要可以加入行业协会，企业为协会会员，这样协会发挥着“桥梁”和“纽带”的作用，通过协会的居间沟通，校企之间的合作就会开展得比较顺利。

②加强对校企合作的认识，重视多层次的合作。

首先，对校企合作的认识，不能建立在金钱和利益的层面。学校和企业之间形成的是相互支持、相互促进的关系，而不是相互获取资金、福利等。企业参与校企合作是实物投入、人员投入、技术投入等，为社会培养技能型、实用型人才。学校也不应想着从企业获得什么样的好处，来挫伤企业的积极性，这样不利于校企合作的持续开展。其次，在教学环节上，不能简单地认为完成学校的理论学习、去企业完成实习就是校企合作，应在项目实施前，做好充分的论证，设计出合理便于操作的机制和内容，实现实践环节与理论环节有机融合。最后，对于校企合作中重技能、轻理论的思想也要引起足够的重视。

纵观美国校企合作的历史，校企合作最初是由于当地企业技术工人短缺，体现了学校与当地中小型企业合作，为当地经济发展服务的特色。但在我国，学校与中小企业的合作比较困难。主要原因是学校与中小企业接触较少，不了解这些企业的人才需求；如果把职业教育和中小企业对接作为政府的一项工作，这样成功的概率会很大。

2.2 日本“产学研合作”实践教育

日本经历了长达近半个世纪的持续发展后，自20世纪90年代以来进入了相对低迷状态。在日本经济发展停滞的十年，转变经济增长方式势在必行。建立政府搭台、校企共同参与的合作成为日本科技创新的有效途径。政府提供服务、企业提供支持、高校致力于转化的教育改革制度创新，为落实日本科技创新起到了推动作用，值得我国研究与借鉴。

在日本常用“产学合作”或“产官学合作”来表示产学研合作。“产”是指产业界、企业;“官”是指政府;“学”是指学术界,包括大学与科研机构等。从“产学官”的功能划分，“产”具有负责与承担创新风险的功能；“官”则具有支援与转化创新成果的功能；“学”具有提供和创造学术源泉的功能，“产、官、学”三者虽然不同，却有共同的关键问题就是“技术”。日本许多产业的成长都与“产官学合作”体制有很多关系，与政府的主导作用密切相关。因此产学合作是“大学和企业之间以人才、研究为中心的包括共同研究、人才培养与交流、技术转移等”在内的广泛的交流活动。

2.2.1 “产学研合作”实践教育特点

日本政府视产学研合作教育为基本国策，并将其制度化。日本政府从20世纪 90 年代末以来非常重视产学研合作，1996 年 7 月，制订了《科学技术基本计划》；1997 年 1 月，提出了《教育改革计划》；1983 年，日本建立了大学与企业开发产学研合作教育的制度；此外还陆续建立了委托研究制度、委托培训制度、经费划拨与使用制度、研究权属保障制度等制度。1998 年，日本又通过了《大学技术转让促进法》和《研究交流促进法》；2003 年 7 月，通过《国立大学法人法》；2005 年 12 月，日本经济团体联合会就实现“创新日本”提出综合提案，代表了日本产业界对以产学研合作创新的最新认识和需求。20 世纪末，日本实施了规模宏大的“科学技术基本计划”，使产学研再创辉煌。1996 年，日本政府制订了第一期“科学技术基本计划”，提出了产学研联合的相关政策，倡导以产学研为支柱，促进人员交流，推进科研成果的实际应用。2001 年，日本政府开始实施第二期“科学技术基本计划”，再次强调产学研的重要性，指出大学作为“硅谷”的地位更加凸现。2006 年，日本实施第三期“科学技术基本计划”，制定了科技进步和国家创新的基本方向。2011 年，日本实施第四期“科学技术创新计划”，加大了对大学绿色创新事业和创新体系的关注。

以企业为土，共同培养高级科研技术人才。以企业为主体的产学研合作是日本创新体系的重要特点，在共同合作研究的项目中，企业组织承担的研究项目占 90% 以上。到 20 世纪 90 年代以后，企业比例有所下降，下降至 80%。在人才培养和交流方面，企业提供经费、场所和课题，帮助进入企业实习的研究生完成整个学业。与此同时，日本的一些大学经常举办产学研沙龙，以促进产学研之间的沟通与交流；企业技术人员也可到大学研修甚至任教。调查显示合作教育制度对产业技术发展起了很大作用，已经成为创新体系的重要内容。日本以企业为主体的产学研合作是其国家创新体系的重要组成部分，在当今世界的经济与科技强国中，日本是后进国家中通过提升企业自主创新能力实现战后经济高速增长、科技实力快速提升的典型国家。《2019 年度全球竞争力报告》显示，日本位居世界第 6 位、中国位居世界第 28 位，证实了以企业为主体的产学研合作体系的优越性。

2.2.2　“产学研合作”实践教育模式

日本创新体系的主要特点是以企业为主体的产学研合作，其主要模式有共同研究、委托研究、受托研究员、合作研究中心、科技城和高新技术园等。

（1）共同研究模式

共同研究模式是指高校教师、研究人员和企业的研究者在平等合作的基础上，共同就研究课题进行开发，其实施主体是企业，以企业为主体的实施项目占80%以上。据日本部省统计资料显示，1998年，日本大学与民间企业进行的联合研究课题的数量为2569项；2003年，国立大学与民间企业共同研究课题为8023个，开创联合研究制度实施以来的最高纪录。研究领域涉及生命科学、情报通信、环境、纳米材料四个重点领域。合作对象有民间企业和中小企业。共同研究发生的研究费用由合作单位双方共同承担，产生的效应和成果也由双方共同享有。根据实施研发场所的不同，共同研究又分为普通型和分担型。普通型是研究人员同在大学里进行研究，利用学校的资源。而分担型则是分别在各自的环境，利用自身资源的优势，将承担的任务进行分工完成。

（2）委托研究模式

委托研究模式是指政府部门和企业委托大学和科研院所等研究机构向企业提供科研成果，以此协助企业的研究开发的研究工作。项目所需研究经费由委托者负担，并且只出经费，不派研究人员，其成果也属于委托者。高校接受委托者的委托，并与委托者就研究项目经费、期限、成果等签订合同。

（3）受托研究员模式

受托研究员模式是指企业的技术人员到国立大学接受研究生水平的指导，把握最新的研究动态。通过企业与大学人员的互动，促进信息流通与知识转移，并且提升了研究素质和研究能力，使企业未来的研发更具有活力。在新的形势下，企业的技术人员不仅可以到学校进修，也可以作为学校的兼职教师，担任某一课程的讲学或实验实习。企业的技术人员接受研究生水平的教育与指导，代培费由委托企业承担。代培期限原则为1年，在这期间可以带课题也可以不带课题。

（4）合作研究中心模式

合作研究中心模式是在1987年开始，为了推动地方产业的合作，加强与产业界联系，日本大学建立了共同研究中心，这是设立的以推进产学共同研究为目的的中枢设施。在合作研究中心进行技术研修、技术咨询、研究信息提供等各种活动，其既作为研究的场所，同时也是企业技术人员接受培训的课堂。目前，日本许多国立大学设立了地域共同研究中心，同时私立大学也竞相设立同样的研究中心。

（5）科技城和高新技术园模式

科技城和高新技术园模式主要是为了产生集群效应，使日本多家研究教育机构和民间组织共同合作，积聚大量的科学技术人才，共同研发新产业、技术、新产品。日本政府出资在全国建立了许多研究场地，如筑波大学科技城、关西科技城、横滨市高新技术园地、九州七县的高新技术园等。目前，高新技术产业主要包括信息技术、生物技术、新材料技术三大领域。科技城和高新技术园，成为科技创新和产业化发展的重要基地，对促进科技成果转化、培育创新型的高科技企业和企业家、孕育新的技术革命和新兴产业、促进区域经济发展发挥辐射和带动作用。

2.2.3 “产学研合作”实践教育分析

(1) 加强政策方面的支持力度

目前，我国正处在经济建设的转型时期，科技创新对我国转变经济发展方式、提高经济科技水平、经济竞争实力有重要的作用。产业界对科学技术的需求，也把我国“产学研合作”发展提升到了一定的高度。市场的驱动和政府的推动并行，并在扩展科技成果转化能力，拓宽成果转化源头、优化创业创新环境、完善科技中介的发展机制等方面给予政策支持。

产学研合作需要一系列的法律、法规政策对其进行规范和提供保障。我国已经制定和实施了《中华人民共和国促进科技成果转化法》(1996 年)、《关于促进科技成果转化若干规定》(1999 年)、《科技进步法》(2007 年)、《关于促进自主创新成果产业化若干政策》(2008 年) 等一系列法律法规，但还很不完善。政府应进一步完善促进产学研合作的制定环境，向科技计划、技术进步、技术创新、技术引进、科技成果转化与产业化政策倾斜，制定大学技术转移促进法。激励大学与企业的创新合作。

(2) 完善体制、机制建设

我国产学研合作的体制和机制建设都还不完善，主要原因是学校与企业的联系是自发性的，沟通渠道不畅，机制不顺。在我国《国家中长期科学和技术发展规划纲要》中指出：建立企业为主体、产学研结合的创新体系为突破口，全面推进中国特色国家创新体系建设，大幅度提高国家自主创新能力。大学在创新型国家体系中的使命是教育和科学研究。近年来，又提出了大学的社会责任和贡献使命，这一使命正在推动产学研一体化向前发展。

产学研一体化建设，需要完善的体制机制。日本的大学知识财产本部组织、技术转让机构和民间组织的配备值得我们借鉴。首先，在大学里设立共同研究中心，它是跨部门的协调机构，起到学校内部及学校和企业之间的桥梁作用。其次，成立知识财产保护机构，对产学研究的成果进行切实的保护，明确专利的权力化，使企业能够不间断地对知识创新进行投资。最后，成立技术转让机构，对提高科研成果转化、满足企业需要的创新信息、提升核心竞争力具有重要的作用。

（3）创新“产学研合作”形式

为了进一步加强学校和企业之间的联系，应积极促进产学研合作的新形式。在日本有的通过网络联系，如发送电子邮件和电子期刊等，有的是征集学术论文，还有就是共同开展学术交流会等。并通过科技成果展览会、学术交流会、论坛、讲座等多种宣传，来扩散科技成果供求信息，以增强科技成果交易的形成。

我国校内产学研结合的形式，应加强实习实训基地建设，或是以股东的形式创办科技企业。北大方正、清华紫光等是校内产学研结合的成功典范。此外还应将学校的智力资源和社会的优势资源相结合，成立大学科技园。使其孵化中小型企业，加速高新科技成果的转化与产业化。当然每一种合作形式，都离不开沟通与协调的枢纽，因此我国还要借鉴日本的产官学合作协调机构，使交流网络、技术协商、共同研究等顺利进行。

2.3 德国“双元制”实践教育

德国是在“二战”结束后的废墟上发展起来的世界经济强国，作为现代大学理念的首倡者和实践者，它的成功在于扩大高等教育规模的同时把发展应用型技术教育作为高等教育改革的重中之重，其理念和行动也在相当长的时间内影响和控制了现代大学教育的发展方向。德国过去的高等教育重心是旨在建立“教学和科研相统一”的学术性大学，但在 20 世纪 60 年代初，随着工业化、信息化的服务性社会快速发展，以及在高等教育大众化等因素的影响下，德国提出了以应用性大学培养应用型人才、综合性大学培养科学中坚的高等教育改革目标。并在此期间建立起了新型的高等职业教育机构——应用技术大学，以此来实现职业教育和应用型技术教育的并重。从而形成了一套具有德国特色的教育体系，应用技术大学也成为德国两大高等教育支柱之一。回顾德国应用型人才教育的发展历史：从 1968 年，西德各邦决定整合原有的造型设计学校、工程师专门学校，创办专业学院。到德国统一后，东德地区也普遍设立高等应用型人才培养性质的专业学院。这些院校的学制一般是4～5年，其中有公立也有私立。但由于课程重视职业导向和实用技术，起先被视为一种非大学性质的高等教育机构，就此成为高等职业技术学院的雏形。直至其中的一些学院开设了学士与硕士课程，且获得培养工程师的教育资格认证后，这些学院才正式成为德国学制中的技术学院或应用技术大学。再到现在德国的156所应用技术大学，以及115多万的应用技术大学学生。

长期以来，大学垄断了德国的高等教育，且德国大学的固守学术取向传统，坚持一种统一的培养和学习标准，反对分层、分类型的观念。当时德国的高等教育是典型的精英机构，与现在比较而言，可以说是只有极少数的人才有机会进入大学进行深造，大学生在18～25岁的仅占0.85%，每万名居民中的大学生人数也仅为11人。正是为了满足德国经济发展对于大量实践能力突出的应用型人才的迫切需求，德国的教育民主化运动才会不断地发展。在这些人才的培养上，原本德国中等教育层次的职业技术教育已经不能满足各界的需求，也无法适应和满足大量非传统学生对于实用导向和职业导向的高等教育需求。社会的需求必将引起社会的关注，大学教育因此站在了改革的风口浪尖。起初，在没有十足把握、面对前方朦胧的情况下，德国选择在大学开办应用型专业来解决人才的需求，但在大学内部占据了多年统治地位的传统势力的深刻影响下，使得该措施无法有效实施，这个尝试也以失败告终。在变革失败之后，这个社会需求的现实矛盾依然存在。20世纪70年代初，联邦德国在克服了诸多不利因素后，终于在卡塞尔建立了第一所高等学校。而在此后的十年间，联邦德国先后建立了11所综合性的高等学校。随着不同地区都建立起了综合性的高等学校，招生人数也从1971年的2900人上升到1978年的6万多人，占学生人数的6.5%。之所以说综合性的高等学校是德国教育史上一次重大的变革，是因为其促进了高等教育机会的平等性，也打破了传统学术性大学在高等教育上的垄断地位，使大学教育不再是精英独享的“盛宴”，终于让大学教育走向了大众化。

在德国，根据高等教育的人才培养方向及其办学层次，可以分为以下四个类型：第一，综合型大学及其同等的高校。这些学校具有博士学位授予权，担负着培养学术人才培养的任务；第二，应用技术大学，应用技术大学即高等专业学院，这些学院的发展历史虽然比较短，但如今应用技术大学已然成为德国高等教育的重要组成部分；第三，高等艺术与音乐学院，包括高等艺术学院和高等音乐学院两类院校；第四，职业学院，职业学院最初作为改革试点，于1974年在德国巴登设立。这几类大学主要在办学的定位上有比较大的区别，并非是等级上的差别。也就是说不能从单方面来判断学校或者学生的优劣。

2.3.1 “双元制”实践教育内涵

（1）德国“双元制”产生的背景

由于中东石油危机的影响，战后资本主义世界的经济危机大幅蔓延。本次经济危机持续时间长、规模较大，客观上较大地改变了德国职业教育的走向。受经济危机的影响，劳动力市场供求关系由“人力供不应求”转为“人力供过于求”，供求关系发生了根本性变化。高层次实践性、应用型人才越来越符合市场的需要，而专科学校的人才应用性方面远远低于企业培训的人才。由于就业的压力使专科学校开始寻求与企业合作开发新的适应社会需求的路子，在职工培训和学徒培训中加强与学校的合作。这种学校—企业的职业教育模式即“双元制”在德国高等职业教育领域孕育而生。

（2）德国“双元制”的内涵

“二战”后，德国“双元制”模式成为德国经济起飞的“秘密武器”。德国“双元制”是德国人才培养的主要模式，为德国的经济做出了重要的贡献，为德国劳动力就业市场输送了高素质、高质量的人才，为德国国民经济保持持久竞争力发挥了不可磨灭的作用。“双元制”中的“双元”分别为教育机构和企业，二者互为依存，相辅相成。这种模式是由教育机构和企业按照角色分配来共同承担学生的文化教育和专业技能培训。学生在充分利用双方优势和资源的基础上，具有学生和学徒双重身份，将理论和实践相结合，从而培养兼具专业理论知识和专业技能的高素质技术人才的一种教育制度。

德国“双元制”模式实质上是校企合作办学、工读交替进行的办学体制和教学模式。教学培训过程分别在学校和企业进行，分工合作实施。学校负责基础文化课程和理论知识，企业则负责实际操作培训；以企业训练为主，学校教育为辅的职工培训制度。这种制度的实施办法为：一些不进入全日制学校的青年，向具有资格招收学徒的企业报考相应的一种培训专业，被录取后可以成为企业的学徒工，并与企业签订培训合同。学徒期一般为2~3.5年，培训期间每周三天半到四天在企业学习实际操作，一天到一天半到职业学校学习理论知识。学徒期满参加全国统一考试，考试合格者发相应的毕业证书。在学生就业方面，毕业证书作为就业的依据，实行双向选择。学徒工毕业后既可以在企业工作，也可以到其他单位；同时企业也有权力拒绝学员继续在企业工作。

德国“双元制”模式教育的内涵主要有以下几个方面。

①培训主体为职业学校和企业两个主体。

②学生接收理论和实践两种知识。职业学校教授理论和文化知识；企业传授职业技能和职业经验。

③教材的选取来自两种不同标准。培训企业的实训教材是全国统编教材，由联邦职业教育研究机构编写；职业学校的理论教材不是全国统一的，而是由各出版社组织编写。

④培训主体采取不同的实施方式。企业遵循德国联邦职教机构统一制订的各专业框架教学计划；职业学校则遵循所在州文教部颁发的教学计划组织教学。

⑤教育主体包括由企业雇员组成的实训教师和由国家公务员组成的理论教师两类教师。

⑥学生同时兼有企业学徒和职校学生两种身份。

⑦学生需要参加由行业协会组织的企业技能考试和学校组织实施的资格考试两类考试。

⑧毕业获得培训证书和毕业证书两类证书。

⑨相应的经费由企业和职业学校分别承担，企业占多数。

⑩培训主体接受不同类型的法律约束。职业学校则遵循《职业义务教育法》，企业培训遵循《职业教育法》。

2.3.2 “双元制”实践教育特点

（1）校企合作、工学结合，以企业为主的办学模式

德国的“双元制”最明显的特点是学校与企业合作，共同参与学生的培训。企业在经费、设备投入、师资配备、业务参与等方面，发挥着主体作用。

①在经费投入中，企业负担学习材料、培训场地、实训设备、培训师傅的工资和学徒的津贴，据统计企业每培训一名学徒，完成 3 年的培训期大约需要支付 10 马克。

②在设备投入中，企业还设有专门的培训车间，并配备精良的设备和实训原材料。培训学徒在工作岗位之外，还可以从培训班车间接受专业的知识和技能。

③在师资配备中，企业要有高水平的培训师傅。培训师傅通过国家统一的师

傅考试，取得培训师资资格。他们的综合素质一般都比较高，除了具有娴熟的职业技能，还要有心理学、劳动法等方面的知识。在企业中的学徒，在工作岗位和培训车间，都会有专门的培训师傅来指导，学徒从师傅身上吸取必要的理论知识和专业技能。

④在业务参与中，体现了企业的需求，按照培训规章、培训规格，结合企业的实际，制订相应的培训计划。培训规章是由雇主联合会、雇工联合会、有关的联邦部及联邦职教所共同参与制定的。培训规章中对培训职业的名称、培训年限、培训规格、培训总计划、考核等有明确的说明。

（2）“双师型”“双技能”，以职业能力为主的培训模式

“双师型”是指来自学校的优秀教师和来自企业生产活动第一线的技术人员和工程师。“双技能”是指专业基础技能和岗位实践技能。“双元制”的特点是通过校企合作，构建学校、企业“双课堂”，依托校内文化教育、校外企业实践双基地，培养专业基础技能和岗位实践技能双技能的以职业能力为主的培训模式。

“双师型”教师队伍的建设，来源于采用了先进、科学的教师培养模式。通过三种方式来体现：一是让教师走进企业，了解企业的经营管理模式和就业环境，教师有针对性地学习企业中的实践技能，应用于课堂；二是需经过两次国家考试；三是为了使教师积累更多的实践经验，需要基本具备了职业教师的全部条件即通过一年的指导教学和一年的独立教学。

“双技能”的培训主要在企业中以职业能力为主来进行。“双元制”职业教育培训的学生，是企业所需要的人才。学生大部分时间是在企业进行实践操作技能培训，能够将学习的理论知识尽快运用到企业的生产实践，并在实践中使用最先进的设备和技术，目的在于让学生培训结束后能够很快地适应工作岗位。

（3）“立法保障”“行业协会”，共同约束的评价准则

“双元制”是在国家立法和行业协会双保障下的一种办学制度。德国是一个法制比较健全的国家，联邦德国的《基本法》中对教育的条款是德国教育事业最重要的法律依据。

从立法的保障来看，德国关于职业教育的法规较多集中在各行业的企业、青少年的权利和义务，“双元制”形式确立的立法是 1938 年的《义务教育法》；之后 1959 年，东德人民会议通过了《关于学校事业社会主义发展的法律》；1960

年通过《青少年劳动保护法》；1976 年又通过其修订法案。《手工业法》于 1965 年颁布，其后曾做多次修正。1969 年颁布的《职业教育法》是德国职业教育最重要、最主要的法律基础，对德国的职业教育起了极大的推动和促进作用。

此后在 1972 年颁布了关于企业生产、销售经营等方面的一部法律——《企业基本法》；1981 年 12 月，联邦政府颁布了《职业教育促进法》，1983 年开始实施。

此外，德国还相继出台了《职业教育促进法》《关于工商业协会权利的暂行规定的法规》等，这些法律构成了联邦职业培训的主要法律框架，成为职业培训中若干问题纲领性的文件依据。2016 年 10 月，德国联邦教育与研究部（BMBF）提出，以“职业教育 4.0”应对“工业 4.0”时代的挑战。“职业教育 4.0”主要是对劳动者的数字化职业资格与能力提出新要求。同时，德国联邦教育与研究部部长明确提出，德国职业教育人才培养目标是培养适应社会经济发展、产业快速变革的现代化的“职业人”和拥有数字化能力的技术技能型人才。

德国的职业教育有众多政府部门、职业教育机构、行业协会和企业的参与。行业协会在校企合作中充当着不可或缺的管理角色，是职业教育的业务主管机构。

德国“双元制”模式下的考核由行业协会来负责。行业协会同时具有对学校和企业培训资格的认定，还负责组织统一的职业培训考试。考试也是从理论和实践两个环节对学员进行考核，分为中途和期末两次。合格者由行业颁发全德国有效的证书。德国的职业教育是在法律框架体系下，由政府部门、企业、社会机构、职业学校、行业协会共同参与，共同保证了职业名称、职业要求、职业教学计划、职业教学、职业考核的顺利实施。

（4）“市场化”“需求性”，共同导向的运行机制

德国具有完善的劳动力市场和培训市场。各州的劳动部门也都设有职业咨询中心，青年人可以根据自己的兴趣和爱好，去咨询中心了解劳动力市场和培训市场的供需状况，选择适合自身的培训职业。德国的职业教育办学机构对于专业的确定，依据企业发展的现实需要和中长期愿景，结合企业生产规模、经济效益以及劳动组织结构的调整情况，选择出具有综合性、适用性和相对科学、稳定的专业课程。

所以在“双元制”的培训下，培训企业和学校分别按照各自的职责对学徒进行专业技能和文化理论知识，行业协会和各州的文化教育部也按照各自的“分工协作”对职业培训进行监督和管理。由此可见，“双元制”不仅是一种成功的培训模式，市场化、需求性共同导向的运行机制，而且是一种完善的职教制度。

2.3.3 “双元制”实践教育分析

（1）“双元制”教育在德国取得成功的原因

德国的“双元制”教育的成功取决于特定的历史原因、特殊的经济结构等的影响。

①历史原因。

13 世纪，学徒培训制度就广泛存在手工行业。16 ~ 17 世纪的星期日学校的兴办，使得学徒培训与星期日学校最初合作，也成为“双元制”模式的萌芽。19 世纪，德国技术的变革、经济的发展，机器生产逐渐取代手动操作，在农业社会向工业社会转变的过程中，对劳动力的需求也提升了层次，极大地推动了职业教育的发展。19 世纪末 20 世纪初独立于生产的实训工场及跨企业培训场所得以迅速发展，实训体系逐渐完善，但是还未制度化。从 20 世纪 30 年代至 70 年代“双元制”培训模式完成了其制度化过程。1969 年，联邦政府公布了《职业教育法》，这是德国企业培训的法律基础。

②经济结构。

德国人口只有 8200 多万，但却是仅次于美国、中国、日本的第四大经济体。德国以重视出口、重视制造业，具有良好的基础设施和教育资源的“德国模式”而闻名。探究德国的经济结构，其特殊性如下。

德国的产业结构中，第二产业占比重较大。1970 年，第二产业所占的比重为 49%，即便是到了 2010 年也还占 40% 左右。德国的传统产业为手工业，发展到今天以尖端制造业、机械、精密仪表制造、电子光学仪器较为发达，成为德国的支柱产业。由于这样的产业结构也势必带来注重专业化程度高、技术工人需求性强的就业结构。“双元制”正是重视实践技能的培养，适应于工业生产过程中对技能岗位需求的针对性。

德国的原材料相对缺乏，主要依靠进口自然资源，进行加工输出工业制成品和服务。人力资本是保证工作运转的重要力量，也是保护国家市场安全的重要资源。

德国的跨国公司重视人力资源的开发，把员工的培训纳入企业的发展规划，将员工的素质与企业效益相结合。家庭式的小企业则很自然地能将一些传统手工艺代代相传。近年来，新兴产业的兴起，对传统工业造成了冲击。市场全球化的加剧、服务业的增长、生产和服务的流水线作业凸显出高素质的劳动者在创新管理模式与新材料生产中的作用。

（2）德国“双元制”教育面临的问题

尽管目前德国“双元制”教育是一种比较理想的培训方式，但本身也面临着许多问题。

企业在“双元制”教育中发挥主导作用，“双元制”过分依赖于企业，与经济发展联系紧密，所以易受经济危机的影响。在经济发展良好时，企业会注重人力资源的培养和储存，会把更多的经费投入教育。但是按照市场经济的原则，在经济发展不景气的时候，企业首先会考虑到的是企业运营与生存，在投资行为上就会非常谨慎。近几年来，拥有一流培训供给条件的大型企业连年消减“双元制”培训岗位，高失业率势必减弱雇主参与培训的积极性，导致“双元制”处于困境边缘。

《职业培训条例》是培训计划实施的依据，是以职业为本位、培训专业专门化的培训。其优点就是职业针对性强的培训，学徒毕业之后能很快进入工作状态。其缺点是培训工种单一、培训方式相互隔阂、培训专业过分专门化，使培训者适应能力降低。

培训主体之间的协调至关重要。如果学校和企业在教育上没有达到共识，一方面企业认为学校的理论教育与企业的训练脱节，致使对学生的培训难以取得较好的成效；另一方面学校由于经费投入跟不上经济部门的发展，特别是现代化的服务部门的职业上，以致在理论教学上出现质量问题。

（3）我国借鉴德国“双元制”教育的经验

①健全法律法规。

直到 1996 年中国才有了第一部职业教育法，比德国的晚了将近三十年。就目前我国现行的《中华人民共和国职业教育法》并没有明确地限定企业的职责，企业参与职业教育的程度还远远不够。只有形成完善的法律监管体系，明确政府、企业、学校、行业协会等多方面的职责和义务，使之积极参与形成有效合力，才能保障职业教育改革、职业教育走上可持续发展道路。因此，健全的法律法规是中国校企合作教育发展的基石。

②加强校企合作。

德国的“双元制”最明显的特点是学校与企业合作，共同参与学生的培训。

企业在经费、设备投入、师资配备、业务参与等方面，发挥着主体作用。而目前中国基本上是学校一方一厢情愿，企业方却缺乏合作的动力和愿望。这样的状况下，难以获得充足的资金来源，缺乏实训的基地、培训的师傅、就业的机会等。加强校企合作，在现阶段显得尤为重要。校方要主动联系企业，获取企业在实训设备、实训基地、信息资源、技术指导等方面的支持，使企业和学校实现双赢。我国的企业应该肩负职业教育的培训，为自身企业的发展储备后备力量，实现学校与用人单位的无缝对接。

③完善课程体系。

职业教育的社会需求性充分体现在专业设置应与当前经济发展变化及产业结构相适应。"双元制"的课程模式充分体现了以职业活动为核心的设计思想。在课程体系上按照企业需求原则、相对稳定原则、广泛适应原则来设置。现代化的产业对员工的要求需具备团队精神、创新思维、适应能力、外语能力等多方面的综合素质。因此，传统职业教育的知识和技能，并不能满足 21 世纪职业人才需求的专业素养。中国的专业教育应把教育重心转移到培养高素质的应用型人才上来，使其具备跨岗位、跨专业、跨职业的基本素质，探索一条有中国特色的专业教育改革之路。

④重视师资培养。

中国一方面要借鉴德国的教育模式；另一方面要结合自身的实际情况，建立具有中国特色的师资培养模式体系。目前，专业教育的师资问题主要反映在三个方面：一是师资数量不足；二是教师学历亟待提高；三是教师的知识结构不合理。教师自身应该具有终身学习的观念，在教学的同时不断提高自己的学术修养和教学技能，以满足新时期专业教育的需求。"双师型"师资队伍越来越成为我国高等院校发展建设的重要评价指标。借鉴德国"双元制"的教育理念，培养培训模式、教师任用和考评制度，切实做好"双师型"教师队伍建设，促进我国高等教育健康持续快速发展。

第3章　实践教育基地建设研究

3.1　实践教育基地建设面临的挑战

3.1.1　我国实践教育发展历程

（1）发展初期

新中国初建时期，国内产业百废待兴，迫切需要大批技术劳动者为恢复工农业生产，发展国民经济贡献力量。1950 年，全国高等教育工作会议颁布了《高等学校暂行规程》，指出普通高校培养目标应当是具有扎实的理论知识并能够进行实际应用的专门人才，同时在教学上要满足国家经济社会建设的需要。这就从政策高度及教育发展规划上强调了发展产教融合的重要意义。《关于实施高等学校课程改革的决定》中，明确表示高等学校要同政府以及各个业务部门、机关组织、行业企业等，建立紧密的联系。将学生的实习和参观作为重要教学内容。充分表明开展育人活动需要高校与企业相互配合、协同发力。为了适应经济建设需要，从 1951 年底开始，我国高校开始进行院系调整，最早在工业院校开展，目的就在于改善招生规模结构，培养大批工程技术专门人才。1953 年，高等教育部部长马叙伦在政务院召开的政务会议上做了《关于加强高等学校与中等技术学校学生生产实习工作的问题》报告，该报告主要提出了在学生参与生产实习过程中迫切需要重视的三方面问题：一是加强思想教育，高校和企业负责人要充分重视学生实习；二是统一组织领导，建立生产实习指导委员会；三是生产实习所产生的经费由高校和企业双方共同承担。这一报告催生了《关于加强高等学校与中等技术学校学生生产实习工作的决定》，为新中国成立以来产教融合发展奠定了制度基础。到 1955 年底，高等教育部将部分专业实习场所固定为三年（1956—1958），便于增强生产实习的计划性。

从这一时期来看，政府角度虽未明确提出产教融合、校企合作，但已将学生的生产实习作为人才培养的重要环节，并强制要求高校执行，体现出高等教育服务于社会发展的特定功能，为我国第一个五年计划建设提供了大量人才。

（2）探索期

1958 年，中共中央和国务院颁布了《关于教育工作的指示》，指出了“两条腿走路”的办学方针，包括“教育必须同生产劳动相结合”“三结合”“六并举”等内容，同时将生产劳动列为学校的正式课程。但由于“左”倾思想的影响，其中一些错误思想引发了“教育大革命”。主要表现在过分强调高校生产劳动，甚至发展到以生产劳动代替教学活动的地步。有些农业院校甚至要求全体师生到农村劳动锻炼 1 ~ 2 年。这些做法忽视了高等教育发展的内在规律，以生产劳动将专业的实习活动取而代之，单纯地将教学与生产劳动相结合，严重影响了高等教育质量。直到 1961 年《教育部直属高等学校暂行工作条例》即《高校六十条》出台，纠正了 1958 年以来高等教育发展中出现的错误，使教育重新回归到正常秩序。1962 年，全国高等工业学校工作会议修订了《本科各专业教学计划规定（草案）》，要求教学实习（包括金工实习）及生产实习，一般为 12 ~ 20 周。但实际上，1960 年起我国进入经济困难时期，企业发展步履维艰，大部分学生并没有真正参与到生产实习中。

社会经济因素的影响使得高等教育政策的调整作用没有得到有效发挥，这一时期的产教融合发展也是曲折的，从最初的摸索到过分激进，再到稳定调整，尽管并没有取得大的成就，但也为后来发展提供了借鉴与教训。伴随着 1966 年“文化大革命”的开始，高等教育事业也逐渐停滞不前。因此，这一时期产教融合发展状况本文不做过多研究。

（3）高速发展期

1978 年改革开放成为教育发展的重要节点，我国高等教育重新振作，焕发了新的活力。为了弥补“文化大革命”期间教学活动缺失的状况，在相当长的一个时期内，高等学校将学生的实习及生产活动时间大量压缩，以理论课取而代之，渐渐出现“重理论，轻实践”的倾向。为提升教育事业服务国家发展的能力，1985 年《中共中央关于教育体制改革的决定》指出高等院校应当有效满足经济和社会发展需要，为强化这一能力，高等院校要增强与生产科研单位及社会其他各方面的联系。高等教育管理体制改革带动了人才培养模式改革，也为产教融合发展提供了机遇。在职业技术教育领域尤为显著。1985 年，上海工程技术大学纺织学院与加拿大滑铁卢大学合作，共建产学研合作教育试点。该学院成为改革开放以来我国首个进行国外合作教育模式尝试的学院，为产教融合的国际化发展奠定了一定的基础。同时，社会各界普遍意识到技术人才的重要性，教育部门出台具体文件，要求职业技术院校深切重视学生实习工作。如 1989 年《关于技工学校深化改革的意见》中，要求加强实习工厂（场）的建设，争取到 1995 年使每个学生都能在上生产实习课时有一个自己的工位。一场产教融合的实践在全国轰轰烈烈地展开，与此同时，域外一些国家开展合作教育的优秀经验模式也传入国内，受外来因素影响，产教融合也开始更多借鉴西方模式，并与本土实际状况结合，致力于提高质量。1990 年，全国首次教育与生产劳动相结合（主题合作教育）会议在深圳大学召开。1992 中共十四大召开后，《中国教育改革和发展纲要》《中华人民共和国高等教育法》《面向 21 世纪教育振兴行动计划》这些文件的出台都为高等教育加快发展脚步提供了良好的政策土壤，产教融合也迈上新的台阶。高等教育办学自主权的下放，更多的民间社会力量涌入高等教育领域，多元化办学体制逐步形成。在这一过程中，产教融合的优势也不断显现，校企双方经过资源整合，人才培养质量有了较大提升。

（4）全面发展期

进入 21 世纪，工程教育对经济产业发展影响不断深入，“211 工程”及“985 工程”的实施使高校对社会经济贡献不断彰显，一大批先进科研成果转化为现实生产力，极大地提升了高校发展产学研合作的积极性。2004 年，教育部启动“高等学校教学质量和教学改革工程”，提出今后工作重点是培养大批应用型技术人才，这就表明要深化产教融合，职业教育应当以学生未来就业为主要办学准则。在有关教育部门的热情支持下，一大批行业企业与职业院校对接，为职业院校提供教学设备、师资培训，极大地促进了职业院校育人模式的改革。在高等教育领域，高校参与产教融合成果不仅彰显于培养模式的变化，还极大地推动了国家创新体系建设，通过创办大学科技园，孵化科技企业，大幅加快了新兴技术产业的发展。除此之外，“回归工程”运动、“大工程观”教育理念以及 CDIO 工程教育改革都驱使着工程教育走向产教深度融合之路。2010 年，卓越工程师教育培养计划的开展，明确了产教融合在高等教育领域的突出地位。基于此，产教融合、校企合作协同育人越来越得到教育界与产业界有识之士的重视，各项发展举措不断出台，极大地推动了全国范围内产教融合的发展，从实习基地建设延伸到共同制订培养方案、共同编制课程教材等深层活动。

（5）开拓创新期

2012年1月，教育部、中宣部、共青团中央等七部委下发了《关于进一步加强高校实践育人工作的若干意见》，要求充分认识高校实践育人工作的重要性，统筹推进实践育人的各项工作，推动实践教学、军事训练、社会实践活动的紧密结合，切实加强对实践育人工作的组织领导，努力推动高校实践育人工作取得新成效、开创新局面，标志着高校实践育人工作进入开拓创新的阶段。2017年5月，习近平总书记在与北京大学师生座谈时指出："广大青年要树立和培育社会主义核心价值观。要笃实，扎扎实实干事，踏踏实实做人。青年有着大好机遇，关键是要迈稳步子、夯实根基、久久为功。青年要把艰苦环境作为磨炼自己的机遇，把小事当作大事干，一步一个脚印往前走。"从此，大学生社会实践活动在党的十八大精神和习近平总书记系列讲话精神指引下，以"实现中国梦"为主题，为实现中华民族伟大复兴这个宏伟目标而努力奋斗。2017年10月18日，习近平总书记在第十九次全国代表大会上指出："青年兴则国家兴，青年强则国家强。青年一代有理想、有本领、有担当，国家就有前途，民族就有希望。中国梦是历史的、现实的，也是未来的；是我们这一代的，更是青年一代的。中华民族伟大复兴的中国梦终将在一代代青年的接力奋斗中变为现实。"这是期待"时代新人"有所作为，希望年轻的大学生能为"中国梦"贡献自己的力量，希望他们能够将"中国梦"与自己的成长紧密联系起来，并在实现"中国梦"的过程中树立社会责任感。从习近平总书记的系列重要讲话中可以看出总书记对青年大学生给予厚望，并期望大学生能将信念化作行动，以实际行动为"中国梦"添砖加瓦。通过积极参与社会实践活动，明确自己所负担的责任和使命，舍去"小我"，成就"大我"，时刻将个人的发展与国家发展、民族复兴紧密结合，为"中国梦"画上浓墨重彩的一笔。2020年，教育部等八部门联合印发《关于加快构建高校思想政治工作体系的意见》指出："深化实践教育，推动构建政府、社会、学校协同联动的实践育人共同体。"

我国经济总量已跃居世界第二，人民的生活质量不断提高。在经济较好发展的大环境下，国家发展对人才的要求不再是单一的技能，而是着重培养更全面的人才，全面发展成了大学生的内在要求。对大学生的正确教育，是要使学生对自已有正确的认识，谦虚地向他人求教，从而有更大的发展空间。引导大学生积极参与社会实践活动，将学到的知识运用到实践中，然后从实践中学习新知识。不断从实践中锻炼大学生的动手能力、创新能力，真正让教育促进大学生的全面发展。大学生的全面发展不仅关系大学生自身价值的实现，更重要的是国家和社会的发展。这一阶段国家出台了一系列推动大学生社会实践活动政策文件，使社会实践开展越来越顺利，育人功能越来越明显。

3.1.2　实践教育基地面临的挑战

（1）学科专业建设与产业转型升级的适应度

工程教育的发展与国民经济建设息息相关，因此其学科专业的建设发展也反映着当前产业发展的需求与规模。目前，大数据、云计算、人工智能等新兴产业层出不穷，势必要引起工科专业结构的调整。新工科建设行动路线中就指出，到 2020 年直接面向新经济的新兴工科专业比例要达到 50% 以上。这也意味着传统的学科专业面临被撤销的风险。从教育部公布的《2017 年度普通高等学校本科专业备案和审批结果》中可以看到，采矿工程、应用物理学、应用化学等传统专业都在被撤销专业之列。专业的设置和调整是根据毕业生就业率等指标来衡量的，用人单位的需求反馈也是影响专业调整的主要因素之一。产业的转型升级影响着企业的发展方向，企业的发展战略规划和人力资源需求对高校专业建设也产生了作用。因此，提高学科专业建设与产业转型升级的适应度，是新工科建设的重点，也是产教融合育人发展的意义所在。

（2）企业与高校育人双主体的融合度

育人的双主体性是产教融合这一育人模式主要特征。以往，校企合作都是以高校为主体或者以企业为主体开展育人活动，另一方则处于附属地位，而处于附属地位的往往是企业。这就导致了产教融合“两张皮”的情况出现，由于企业处于附属地位，主体性得不到有效发挥，对产教融合的合作意愿自然也就减少。因此，提高企业与高校的融合度是深化产教融合发展成果的重要前提，也是培养新工科人才的必要措施。在《国务院办公厅关于深化产教融合的若干意见》中，将强化企业重要主体作用摆在了显著位置。充分表明企业的参与程度直接影响着产教融合的质量。因此，要加强高校与企业的融合度，首先要转变观念，认识到企业在人才培养过程中不可或缺的重要作用，引导企业参与到课程与教材的编订、学时的分配、教学方法的选择等过程中，实现真正意义上的产教融合。

（3）政府宏观调控的力度和行业协会的监管度

教育的政治功能决定了我国教育事业的发展离不开政府的支持和引导，在高等教育大众化和市场经济不断发展的今天，政府也逐步放权，鼓励高校自主办学。但是要统筹高校和企业共同参与人才培养活动，政府作为宏观调控者这一角色必不可少。从《国务院办公厅关于深化产教融合的若干意见》到《职业学校校企合作促进办法》，都体现着政府推进产教融合的意志，通过政策、金融支持等方式，为产教融合提供有力保障。产教融合作为一种独特的育人模式，其发展成效如何，需要第三方组织来进行评价。行业协会在监管和指导企业行为之外，也应该对产教融合的成果进行合理评价，以此来确定产教融合发展过程中的问题所在。可以确定的是，在产教融合更加深入发展的大趋势下，政府、教育主管部门以及行业协会的作用也应当得到彰显，产教融合是一项系统工程，除了高校和企业之外的第三方力量的加入对其发展是十分有益的。

3.1.3 实践教育基地建设思考

（1）国外校企合作模式的经验总结

①校企合作模式，依据所处国家的环境而形成发展。

受中东石油危机和战后资本主义世界的经济危机大幅蔓延的影响，劳动力市场供求关系由“人力供不应求”转为“人力供过于求”，供求关系发生了根本性变化。德国“双元制”模式孕育而生。高层次的实践性、应用型人才越来越符合市场的需要，因此德国模式务实性强，以共同培养高质量的职业技术人才为轴心进行其他方面的合作。美国校企合作的历史较长，由于时代背景的变化、社会经济的发展等原因，涌现出多种各具特色的校企合作模式，美国“合作教育”模式求全求大，形式多样，这与他们在国际上所处的政治经济地位有密切的关系。日本模式视产学研合作教育为基本国策，并将其制度化和规范化。我国校企合作与国外相比，产学研合作在深度和广度上都存在着差距。2008 年次贷金融危机后，中国提高了在国际事务中的话语权，中国特色社会主义突破了传统计划经济的框架。我国应从人口问题、就业问题、教育体系不够健全、法制不够完善等这些社会问题的基本国情出发，加大对产学研合作教育的认识，提升人才培养的质量。

②立法保障与社会民间团体共同参与形成合力。

德国“双元制”是在国家立法和行业协会双重保障下产生的一种办学制度。德国是一个法制比较健全的国家，同时又有众多政府部门、职业教育机构、行业协会和企业的参与。美国政府曾经对合作教育立法拨款，对合作教育的发展起到了巨大的推动作用。由于合作教育的特点，学生在不同的环境下学习，也会涉及人身安全、医疗保险等问题，法律是保障这些问题得以解决的关键；同时三方签订相应的合同书，作为对相互的约束和担保，使合作教育计划顺畅执行。

日本政府视产学研合作教育为基本国策，并将其制度化。日本政府在 20 世纪 90 年代后进一步加大对产学研合作的推动力度。同时在日本有许多与学术相关的公益法人，他们是通过在民间集资而设立的财团法人和学会法人，其共同的目的是振兴学术研究。而我国的校企合作还停留在口头上、宣传上，并没有明确的条目对企业减免税收、提供经费等。并且我国校企合作受政府重视比较晚，需要一些具体的政策支持和制度保障，并形成法律条文来保障合作的顺利展开。

③以企业为主、企业需求为导向的合作模式。

德国的“双元制”最明显的特点是学校与企业合作，共同参与学生的培训。企业在经费、设备投入、师资配备、业务参与等方面，发挥着主体作用。我国相对于美国的合作教育来说，首先是对校企合作的认识不够，突出的表现在：理论与实践教学孤立式结合；追求短期的利益；重技能、轻理论等。以企业为主体的产学研合作是日本创新体系的重要特点，在人才培养和交流方面，企业提供经费、场所和课题，帮助进入企业实习的研究生完成整个学业。以此同时，日本的一些大学经常举办产学研沙龙，以促进产学研之间的沟通与交流；企业技术人员也可到大学研修甚至任教。而目前我国基本上是学校方一厢情愿，企业方却缺乏合作的动力和愿望。在这样的状况下，难以获得充足的资金来源，缺乏实训的基地、培训的师傅、就业的机会等。

（2）产教融合育人思考

当前产教融合还面临不少瓶颈和制约因素，比如教育人才培养和产业需求存在着“两张皮”，主要表现：宏观层面，教育和产业统筹融合、良性互动格局尚未根本确立。一些地方发展“见物不见人”，教育资源规划布局、人才培养层次、类型与产业布局和发展需求不相适应，技工、高技能人才求人倍率居高不下，部分高校毕业生就业压力持续增大，人才供需结构性矛盾凸显。微观层面，产教融合、实践育人的人才培养模式尚未根本形成，校企合作“学校热、企业冷”，处于浅层次、自发式、松散型、低水平状态。企业参与办学积极性不高，课程内容与职业标准、教学过程与生产过程相对脱节，重理论、轻实践问题普遍存在。政策层面，缺乏促进产教融合、校企合作的整体性、系统性政策供给，激励保障服务还不到位，政府企业学校行业社会各负其责、协同共进的发展格局尚未健全。

产教融合的核心是要让行业企业成为重要办学主体，这是深化教育供给侧结构性改革的重大举措，既涉及宏观的教育布局和结构，又涉及人才培养模式改革，还事关教育组织形态和服务供给多元化，是完善现代办学体制和教育治理体系的一项制度创新。在制定《国务院办公厅关于深化产教融合的若干意见》过程中，我们紧紧把握贯彻新发展理念，推进人才和人力资源供给侧结构性改革的要求，按照党中央、国务院的决策部署，将深化人才发展体制机制改革和推进供给侧结构性改革结合起来统筹推进。同时，将落脚点放在提高教育质量，优化服务供给，切实解决人才供需“两张皮”的现实问题上，推动教育与经济社会发展相协调，促进就业创业，引领和支撑产业转型升级。

坚持问题导向，重点聚焦与就业市场、企业需求、创新创业直接相连的职业教育、高等教育，重点聚焦调动企业参与积极性，发挥企业重要主体作用，形成政府、企业、学校、行业、社会协同参与的工作格局，着力构建产教融合一揽子政策体系。宏观上，发挥好政府统筹作用，同步规划产教融合和经济社会发展，优化职业教育、高等教育布局结构，促进教育和产业联动发展。微观上，促进人才供需两端相向发力，引导产业需求融入人才供给，促进产教融合供需对接，支持产教融合开展人才培养和科技创新；政策上，着力完善体系，综合运用投资、财税、用地、金融和试点，形成激励保障协同支持，强化组织实施。

3.2 实践教育基地建设方案研究

目前，社会上存在着许多实践教育基地，形式广泛而却不能真正发挥作用，究其原因多种多样。我们要认真仔细地分析其根源，才能建立一套完整的行之有效的实践教育基地育人体系，用长期的规划、完备的体系各司其职、发挥基地优势，培养创新人才，为国家输送栋梁。本节以杭州电子科技大学—杭州市实验外国语学校实践教育基地建设为例，阐述实践教育基地建设方案和联合实践基地特色。

3.2.1　实践教育基地育人体系建设研究

在人类社会中，要做成一件事的条件总概起来有人力、财力、物力三方面。这三个条件中，人是主体、是最活跃的因素。在实践活动中，人的因素是第一位的，人才第一体现得尤为突出。当然，人的因素并不仅仅指个人的才智，也包括人的社会组织水平等。有人而无财、物，便是英雄无用武之地，也做不成事。因此，所谓实践基地建设，就是让人、财、物能自然地结合、有效地结合，实现一种“人能尽其才，财能尽其用，物能畅其流”的和谐状态。

基地育人体系按照是否具有实体和刚性来分，可分为物质的和人文的两部分，将环境分为硬环境和软环境两大类，硬环境是由物质环境和刚性的管理体制及人员组成；软环境是由人文环境、弹性的学习规划和评价体系组成。其中物质环境的要素是由校园房舍、仪器设备、经费奖惩等组成，人文环境主要由科学创新精神、各项规章制度、长期的学习规划、治学氛围组成。硬环境与软环境的相互渗透和融合程度，决定了人性物境和物性人境，人性物境主要由人才和体制组成；物性人境主要由学习规划和评价体系组成；它们渗透融和得越多，人性物境和物性人境的范围就越大，成果的大小也越显著。

为了解决这些实际出现的问题，特此提出了建立实践教育基地育人体系，有效地解决场地、设备、资金的一系列问题，在培养内容和培养方式上将中学和高校的模式有机地结合起来，形成一种更加适应青少年综合素质提升的培养模式。

①做一份基地培养模式的方案，确立操作基调。

如建立从初中到高中到大学的长期培养规划；培养的课程内容要有理论重实践、有基础重探索；教育模式以项目为驱动团队合作共同完成；管理模式为线上线下同步管理；考核方式以竞赛为检验的标准。这些方面决定了育人体系的培养模式，决定了体系的特点，也决定了体系是否能解决目前基地不能完成培养创新能力的原因，真正落地。

②做一份机构组织图。

将中学课外兴趣小组、大学生科技社团、高校科协中心三者及其外联单位有效组织起来，资源共享，在培养学生创新能力的过程中落实场地设备等物资需求。比如设备和场地的使用，在不影响高校教学科研以及学生课外开发的基础上，免费开放给中学同学使用。

③做一份人员组织图。

将中学生、课外兴趣小组辅导教师、大学生社团成员、社团指导老师、高校科协中心管理教师、中学班主任、学员家长等各人员有效地组织起来，各司其职，在培养学生创新能力的过程中落实每个岗位的责任和义务，让基地正常运作起来，让育人体系发挥作用。比如，对于整个体系而言，中学生的辅导教员由大学生社团成员、课外兴趣小组辅导教师、社团指导老师三部分组成，尤其大学生社团成员承担了教员的大部分培育指导任务，这是一个非常有效的解决方案，既解决了教员人员不足的问题，又解决了教员专业知识深度和广度兼具的要求，同时培养了社团成员为受益于社会、反馈于社会的奉献精神，也给中学生一种有别于老师的同龄人的情感，课堂是兴趣自然、无拘无束，有利于开展创新能力的培养。这些有百利而无一害的做法要深入挖掘，才能开发全社会的力量为国家培养下一代创新人才。

④做一份培养规划。

按部就班地实施，脚踏实地地培养，那创新就会功到自然成。培养规划从初中开始到高中到大学，前后历时十年，横跨一个年代，如果我们好好利用这人生中宝贵的十年时间，能为青少年培植好科创的土地、播下科创的种子。这个规划会跨越孩子需要经历的初级中学、高级中学、大学三个学校，是整个在校学习生涯的一大半时间以上，如果没有规划、各自为阵、东培养一把西培养一下，到了大学阶段再来感叹我们的孩子缺乏创新能力啊！这样的感叹于事无补，还不如好好地沉下心来认真策划一个长期的培养规划，这样对孩子才是一种负责的做法。十年科创规划从初中的课外兴趣小组开始，以课程内容为基础的科学普及开始，进入高中后在课外兴趣小组的基础上进行选拔进入基地的实验班，学习专业浅显的理论知识及与其紧密相连的实验环节，理论联系实际、深化动手能力，经过一个学期的培养通过考核进入专业班，对整个专业体系进行综合提高，对多门课程的知识进行综合应用，能独立完成一些简单的小项目，初步进入分组合作训练，初步具有发现、观察需求能力，解决问题时会积极开动脑筋，具有一定创意，经过一个学期的培养通过分组项目考核进入竞赛班，按照竞赛的日程进行创新能力的培养，学习创意项目的立项、资料的查找、查新的综述、作品的制作、论文的撰写、专利的申请、答辩的训练等，从准备选题到区赛、市赛、省赛、国赛，以项目为驱动、以实训为手段、以提升为目的、以获奖为追求，经过半年的准备和半年的比赛，最终希望通过自己的努力获得奖项，实现了自我价值，也是成功的体现。获得通往高校“三位一体”自主招生的门票，通过面试综合考核，经过高考被高校录取，成为大学生后，进入科技学生社团，进行双创孵化、创新技术、自主创业或参加各类学科竞赛（如全国大学生电子设计竞赛、全国大学生智能汽车竞赛、全国大学生 FPGA 创新设计竞赛等）和各类科技创新竞赛【如浙江省大学生科技创新活动计划（新苗人才计划）项目申报、中国“互联网 +”大学生创新创业大赛、“挑战杯”全国大学生课外学术科技作品竞赛、“挑战杯”中国大学生创业计划大赛等】，获奖保研或开创高新科技企业，继续不断深入研究。完成科创人生的梦想。

⑤做一份完备的培养内容。

涵盖专业的基础、交叉学科的基础和某些方向上的最新研究内容，内容以小部分简单的理论加上大部分动手实训为主，让学生在培养的过程中看得见、摸得着、做得成。以电子专业为例，涉及专业的基础如 MSC51 和 STM32 单片机、树莓派等；交叉学科的基础如 C 语言、Python 语言、APP 开发、WEB 开发等；某些方向上的最新研究内容如图像识别技术、可编程逻辑器件 FPGA 电路设计、物联网技术、人工智能技术等。配套理论和实训，学习掌握一批模块，如摄像头模块、无线通信模块、飞行传感器模块、基本输入输出模块等。巧妇难为无米之炊，没有这些基础知识和探索的空间，如何能培养同学们的无限创意，让他们追着这些内容去掌握使用、深入研究、触类旁通、融会贯通，为创新能力的培养培植肥沃的土地。

⑥做一份教学管理软件修改方案。

将现有的教学管理软件修改一下以适应跨学校、跨年龄、跨内容的管理需求。如学员在初中阶段所在学校不同于高中阶段所在学校时、当学员的年龄不是同一个年级时，如何对他的学习记录、课程评价提供管理；当对某位学员发生的课程同时有理论课程、实践课程、竞赛课程时，如何能在同一个系统内实现管理等。

⑦做一份全面的管理制度

以保障基地育人体系的正常运行、发挥作用。这份制度包含：

a. 岗位制度，规范了融合育人体系中的各个角色各司其职、协同配合、共同完成体系的运行；

b. 奖励制度，对付出努力认真办事的人员如最佳学员、最佳教员、优秀指导教师、优秀社团指导教师等进行精神和物质方面的奖励；

c. 财务制度，保障体系运行经费的收支规范，如学校专项拨款、比赛获奖奖金、家长投入、参赛项目费用报销、器件和耗材费用报销、专利申请费用报销、往返车辆费用、奖励费用等；

d. 保障制度，保障系统运行所需的各种资源的采购和配备并明确来源，如教室场地和实验室的安排、测量仪器和设备的安排、项目所需器件采购、运行所需资金的筹措等。

e. 选拔制度，为体系运行选拔优秀教员，为培养创新人才选拔优秀学员，建立一套选拔机制，用最好的教员培养出最好的学员，让优秀成为培养体系的常态；

f. 安全制度，保障体系运行时所有行为主体的生命和财产安全，如在进行动手实验的过程中要遵守的设备使用安全规定、焊接设备必须在教员的监护下完成操纵规定、四旋翼作品在调试中的防护措施规定等。

通过以上七点的准备，有了一整套解决方案，并且将人、财、物这些条件有机地结合起来，有效地运行起来，才能够将实践教育基地育人体系建设成为一个名副其实的科技普及的载体、科新文化的容器、科技创新的摇篮。

3.2.2　实践教育基地组织机构建设研究

实践教育基地主要实体部分由中学的课外兴趣小组、高校学生社团、高校科协中心三部分组成，外围有其他高校或研究所、校企合作单位、中学其他机构如财务部和教务部、采购单位、外协单位、政府部门等。核心人员有：中学生、辅导教师、社团团员、指导教师、管理教师。辅助人员有：班主任、学校财务人员、学生家长、高校和研究所的专家学者、校企合作单位的技术工程师、政府部门的竞赛组织人员、采购店家和外协单位联系人等。

体系的运行主要有以下事务：教学实践规划安排、其他工作的日程安排、突发事件的处理（学员因病请假、课程冲突等事宜的联系等）、社团与兴趣小组的沟通联系、社团和实验中心的沟通联系、理论授课内容的编制、教学模块的设计与制作、实践教学活动的设计、管理硬件装置的开发（远程预约）、教员授课或带领学生分组实训、线上学习结果的登记、学员考核理论和实践题的编制、学员的选拔晋级、教员的选拔、实验室及设备的共享安排、实验设备的培训、实验室安全培训、项目所需元器件的采购、项目所需电路板的外协、邀请相关专业专家学者做前沿报告、邀请校企合作单位技术工程师介绍行业技术动向、联系政府部门竞赛组织人员、组织参加竞赛展示、专项经费的收取和支出、兴趣小组与家长的沟通联系、兴趣小组与班主任的沟通联系、优秀学员和先进教员的评选等。

将这些单位部门、人员、诸多事务组织并有效管理起来，大家按计划逐步实施，保障基地育人体系安全、高效地运行。

3.2.3 实践教育基地培养模式探索

（1）学校规划

育人体系培养模式的时间跨度非常长，经历从初中到高中再到大学的十年时间，这种沉浸式的培养方式符合创新能力培养的科学规律，有人妄图在短时间内突击培养出有创新能力的人才是不可能实现的。而这种长时间的培养模式，由于跨越了多个学校和多个学龄阶段，对各自有着不同学习考核目标的单位来讲，要统一规划、协同配合、共同不懈努力培养是很难做到的，谁也不会主动提出超越自己掌控范围的规划，即使提出规划也无法指挥其他单位来实行，因此需要有一个机构，可以跨校联合、统一规划，通过长期的教导引发，成就学生科学创新素养的形成，这就是实践教育基地育人体系存在的真正意义。

基地育人体系培养规划如图 3-1 所示，规划在不同的阶段有不同的要求，在初一年级阶段及假期，学习课程体系中的基础授课部分，以不需要其他设备就能动手实践的计算机课程为主，比如 C 语言、Python 语言初步语法和使用环境介绍。初二年级阶段及假期，学习简单易于开发的 MSC51 单片机及其外围简单输入输出模块、Keil5 开发环境以及 proteus 仿真软件，在没有 MSC51 单片机开发板的情况下可以仿真运行代码，观察效果，最后下载代码到 MSC51 开发板，固化程序形成作品。初三年级阶段及假期，学习树莓派开发平台及常用传感器模块，初步了解 Linux 操作系统，使用 Python 语言编写代码，了解函数库以及开源库的概念。通过对初中生 3 年的实训，要求当遇到简单的问题时，能在网上比如百度、知网、CSDN 等，搜索到相应的解决方案，根据文章资料看懂别人的想法，调试代码通过，下载到树莓派，完成特定功能的作品解决实际问题，形成项目的初步概念。高一年级阶段及假期，学习深化 C 语言设计算法概念，明白程序不光用来解决一些简单的事务处理，如开始做什么、接下来做什么、然后做什么、最后做什么，程序还能处理一些特定复杂问题，如 PMW 算法、PID 算法等，初步设计算法的概念为使用开源库打下基础；学习 STM32 单片机以及 C 语言单片机开发环境，将各种算法在 STM32 上运行，达到对外控制输出的目的，如控制平衡车、四旋翼等；学习外围各模块如无线通信模块、飞行传感器模块等。高二年级阶段，学习 Web、APP、微信小程序、数据库等互联网技术以及与单片机构成物联网技术，学会用 STM32 如何通过 MQTT 协议完成与后台数据库的数据交换，构成物联网；同步进入竞赛环节，初次参加比赛，学习比赛所经历的所有过程，创意到作品到产品，先后经历创意萌发、确立项目、可行性论证、查找资料、设计方案、开发调试、作品初成、不断测试、持续改进、撰写论文、形成作品、申请专利、参加竞赛，以项目为目标，在完成项目的同时也在根据培养规划一步一步地实现培养目标，不断地磨炼鼓励青少年针对自己感兴趣的问题进行科学的探究与实践，最终完成项目，形成具有一定学术价值的科研论文，创造出具有一定市场价值的创新产品，实现了人生成功的第一步；从创意萌发到参加竞赛的过程如图 3-2 所示。

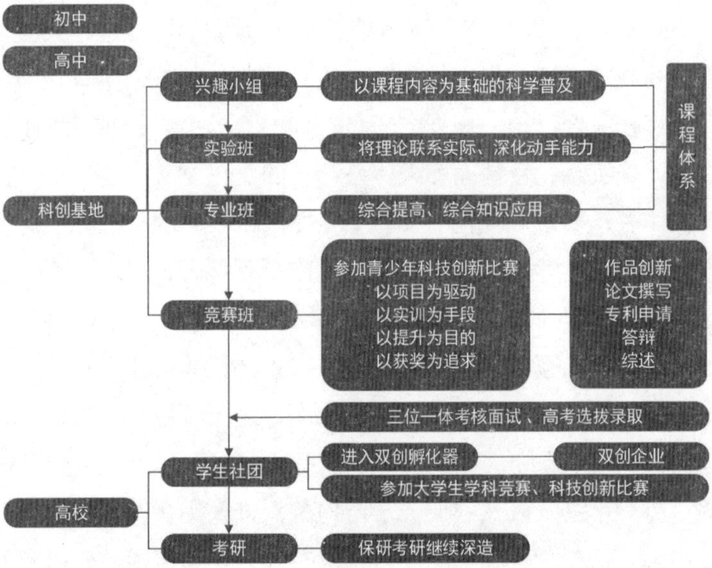

图3-1　基地育人体系培养规划图

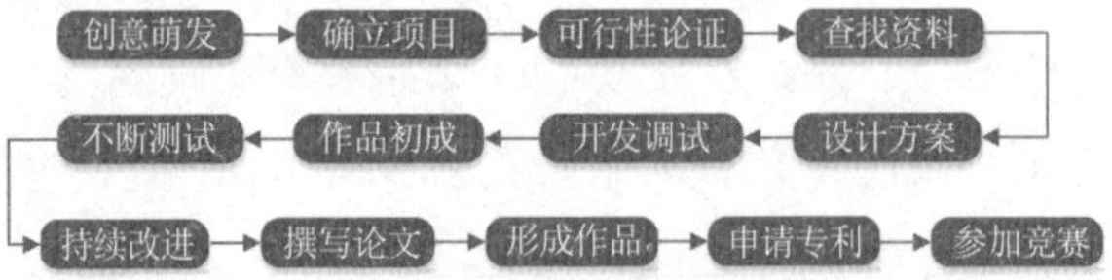

图3-2　从创意萌发到参加竞赛的过程图

高三年级阶段及假期，学习 FPGA 初步和 VerilogHDL 硬件描述开发语言初步，初步涉及图像识别技术以及图像学算法腐蚀膨胀等，用硬件描述方式完成电路的设计；学习外围各传感器模块如摄像头模块；同时可以再次参加竞赛，在第一次竞赛获取的经验基础上，争取获得更佳的成绩。接下来，通过“三位一体”对接高校录取，进入大一年级阶段的学习，到了大学进入学生科技社团，此时条件、环境都已具备，成长飞速，科创的能力突飞猛进，可以参加双创孵化，创办科创类公司；也可以参加各类科创类比赛或学科类比赛，在比赛中提升自己的科创能力，其间申请发明专利、发表科技论文、在获得奖项的同时积累保研的资格，为进一步深造打好基础。这就是实践教育基地融合育人体系的十年规划，通过规划让学生脱胎换骨，一步一步踏入科技创新的殿堂。

（2）基地教员

基地的教员主要是大学生社团的成员，他们有充足的时间、扎实的专业基础和优秀的动手能力，大学生给中学生授课时用同龄人的语言、网红的词汇、课堂有趣而不拘束，大幅增加同学学习的兴趣。

（3）重视实训

我们以电子学专业为范例，科普课程内容涉及的语言类开发平台有 C 语言、Python 语言、开发数据库 SQL 语言、开发 APP 的 Android-Studio、开发 Web 的 HTML5 网页开发语言、Javascript 前端开发语言、PHP 后台开发语言等；硬件开发平台有 MCS51 单片机、STM32 单片机、树莓派、FPGA 可编程逻辑器件等；这些课程配合一些功能模块如摄像头模块、无线通信模块、飞行传感器模块等；配套需要学习一些算法如 PWM 算法、PID 算法、高斯滤波算法、姿态融合算法等，内容比较全面。但这些课程知识的授课对象是中学生，就必须进行改变，理论部分要简单通俗地介绍，对动手实训要重点强调，看得到、摸得着、学得会是我们保持同学兴趣的最好手段，所以这是实践教育基地融合育人体系的一个重要原则，把握这个原则，让同学从实际功能中学会反思，从出现的问题中学会思考，它的原理是什么，带着问题去咨询教员、查阅资料，更能牢牢掌握原理。

（4）项目驱动

项目驱动采用工程项目载体实施项目驱动式教学的思路。从课内到课外，以任务促进专业技能的培养，解决理论教学抽象难懂、理论与实践脱节等诸多问题，真正做到“以学生为主体，以项目为中心促进教和学”，实现教师课堂教学、学生课外实践和以及竞赛培训等工作的一体化融合，使得学生不仅掌握专业技能而且为参加各类竞赛获得了宝贵的经验。真正做到“以学生为主体，以项目为中心促进教和学”，提高教学质量，促进学生竞赛获奖。在完成项目的过程中，教员是引导、协助发现问题、指点解决问题的关键点，教导如何通过对多种方法的比较，择优而用。学会多种方法的融合，产生一种新的效果更佳的方法。团队合作的则可以合众人之力、发挥各自的优势、分工合作共同去完成一个大型的项目。

团队合作需要有前期的规划、不断地沟通讨论、群策群力、集思广益，充分发挥“三个臭皮匠，顶个诸葛亮”的精神，努力发扬艰苦奋斗的品格，互相鼓励、互相鞭策、永不放弃。也要发挥“三人行，必有我师焉”的谦虚的品格，向队员学习、取长补短、力争任务完成得尽善尽美。

（5）线上线下同步管理

线上发布任务、线下课堂教学、竞赛项目管理等可在同一个软件中同步管理，方便教员、辅导老师、指导老师对学员各方面学习情况的了解和掌握，为晋级考核提供基础数据。

（6）学员选拔

学员根据水平的高低分为兴趣班—基础、实验班—实训、专业班—综合、竞赛班—全能，对学员的选拔在每个水平阶段完成学习后进行考核，通过理论和实践两方面的考核淘汰一部分不达标的同学保留在原水平段继续学习，水平达标的同学晋升到高一级的班级学习，这种淘汰的机制是选拔人才的重要手段，会有利地促进整体的水平。

（7）竞赛检验

参加国家部委组织的各类科技创新比赛，“养兵千日，用兵一时”，平时艰苦的训练，竞赛场上的一较高低，全面检验培养成绩。创意、制作、撰文、演讲样样精通，区市省国逐级晋升、公平公正、大家认可。

根据以上七点的模式描述，科创培养人生规划 + 项目驱动科普教学 + 参赛获奖检验标准，这就是实践教育基地育人体系的创新培养模式。

3.3 联合实践教育基地功能及特色

3.3.1 高校选才的来源

（1）高校需要具有科研素养的学生

科研素养是指从事科研工作的科研人员应具备的素质。主要由科研意识、科研方法、科研精神构成。科研意识是指积极从事科学研究的心向，潜心捕捉和发现科研课题的探求欲；科研方法是指包括选题、搜集资料、社会调查、实验研究、统计处理、总结研究成果、撰写研究报告等具体方法和经验；科研精神是指勇于探索、刻苦钻研、团结合作、不断创新等精神动力。强烈的科研意识、科学的科研方法和崇高的科研精神，三者在构成科研能力中，相互依存、相互促进。

科研素养不是一蹴而就的，都是需要长时间的学习知识 + 阅读 + 思考 + 实操 + 总结 + 升华的过程，最后周而复始地循环，在不断地吸取养分的同时，慢慢地培养科研素养。李开复离开卡内基梅隆大学时，他的教授海博曼（Heberman）说："你从学校带走最有价值的不是一份论文，而是你分析和独立思考的能力、研究和发现真理的经验，还有科学家的胸怀。当你某一天不再研究这个领域的时候，你依然能在任何一个新的领域做到最好。"这就是科研素养的巨大作用。它就像是一个宝藏，无论你做何事都能从中获取宝贵的经验和学习新事务的能力。

基地要为中学生打造最具学术价值的科研活动，从而培养和磨砺出令人骄傲的科研素养。要培养学生出色的学术能力，需要严格规范的科研项目实训，通过实训不仅要让他学会独立的学习和研究，还要使他具备批判性的思维、缜密的逻辑表达、优秀的信息检索和对所学知识的归纳能力。

基地要以科普教学、科研实训、论文撰写、创新竞赛等为主要形式，先学习基础科普知识后开发创新思维，通过社会调查，将获得的创意通过自己的手变成一个满足市场需求的产品，最终在培养科研素养的同时得到自信，得到别人的认可，得到成功。无形之中帮助中学生在这个巨大变革的时代中，提升竞争力，掌握终身受用的学习能力，更加从容地应对未来挑战。基地鼓励有创新潜质和学科特长的青少年进行系统的科学普及和研究，通过项目的完成情况发掘青年英才，为高校输送优秀的具有科研素质的创新人才。

（2）高校科技创新类特长自主招生

为了能为国家选拔一批有学科特长或创新潜质的青少年，国家在高考制度改革中不断创新、不断试点，探索一种人才选拔体系，既能做到公平公正择优录取，又能做到不错失具有科研创新能力的潜藏人才。国家允许浙江省和上海市试点"三位一体"自主招生，以浙江省为例。

《2019 浙江省普通高校招生工作实施意见》第九点第 29 条：普通类提前录取。有政审、面试、体检等特殊要求的军事、公安、定向招生、三位一体综合评价招生、定向培养士官试点，及经过批准的国际关系学院、外交学院、北京电子科技学院、香港中文大学、香港城市大学等院校、航海类等专业，实行提前录取。提前录取高校（专业）可参考浙江省普通类分段线，在第三段线上提出最低文化成绩要求。

浙江工业大学、杭州电子科技大学、浙江工商大学等多所高校纷纷指定了符合自身特色的“三位一体”的招生政策，从中可以看出高校对科研素质的共同要求，自主招生考试经过公平公正公开的“三公”措施，阳光招录有志青年，考试涉及科普和专业知识，面试对科研素养、创新能力、项目实训等尤为重视，最终得到自招分数排名，再按照一定比例根据高考加上招考分数得出总分，根据总分排名前后录取特色人才。

（3）高校科技社团培养模式的接轨

高校科技社团在高校培养学生创新能力方面发挥着越来越重要的作用，其地位也相应地受到了学校和学院更多的重视。“为竞赛而设，为科研而聚”，这是科技社团诞生和发展的力量源泉，高校科技社团是科技创新爱好者的俱乐部，为培养学生创造性思维和创新能力提供人文环境和技术支持。专业社团接纳了对专业社团活动感兴趣的学生，同时为学生兴趣爱好得以实现提供了很好的平台。他们因为志向相近而走到一起，互相启发互相帮助，组队 PK，参加各类科研项目、各种科创比赛，成为合作伙伴。专业型社团的活动方式是第一课堂教学活动的延伸，两者之间存在区别但是并不脱节。专业型社团的活动形式多种多样，内容丰富多彩，并且具有很强的针对性，以我院工科专业型科技社团为例，开展了一系列的活动，主要包括：横向科研研发合作、电子设计大赛、飞思卡尔智能车竞赛、数学建模大赛高水平竞赛以及省新苗、全国大学生创新创业大赛、全国大学生互联网 + 大赛、全国大学生创青春大赛科技创新比赛等。这些活动都是基于学科专业知识的一种探究性学习活动，大学生积极参与其中并认真实践，提高了理论联系实际的能力。学生运用书本上学到的知识解决了现实问题，从中获取的成就感会激发学生的专业学习兴趣，掌握从事科研创新的基本方法和技能，促进科研创新能力的发展。此外不同的专业的科技社团互相交流，对同样一个问题有不同的看法、不同的解决思路，这种学科的交叉，也能激发学生的创新意识和创新思维。

3.3.2 中学素质拓展训练的要求

基地是中学和高校之间承上启下的桥梁，基地建设采用深度融合的育人模式，对一个学生的学习黄金期的科研人生规划，利于国家、利于高校、利于中学、利于学生，多赢局面会让整个社会共同来筑起科创兴国的巨浪。中学对学生科研素质拓展训练主要有以下三方面的要求。

（1）开展课外活动，培养创新思维

基地在中学生开展课外活动中起到以下作用：

①从创新性和实用性角度，指导学生确定研究课题；

②指导学生研习参考资料、科学文献；

③指导学生设计并完成相关的社会调研、科学实验；

④和学生一起完善研究思路、列出研究大纲；

⑤指导学生进行学术报告、论文等科创成果的撰写。

（2）课程改革的推进

从 2008 年开始，我省高考改革就已经启动：英语听力、信息技术、通用技术等科目就已向考生提供 1 年 2 次考试机会；最近教育部发布了信息技术、通用技术于 2020 年进行课程改革，基地可以在课程的设置、资源的配置、教员的配备、实验场地和仪器设备的提供上给予课程改革强有力的支持，从而大力推进课程改革的步伐。

（3）以赛检学，以赛促学

基地可以培养学生参加创新竞赛，如“明天小小科学家”、全国青少年科技创新大赛等，基地通过先培养兴趣后参加比赛的模式，在实战中提高中学生创新能力。用公平的竞赛检验学习的效果，用竞赛促进能力的培养。

“明天小小科学家”是一项面向高中生开展的科技创新后备人才选拔和培养活动。活动旨在发现具有科研潜质的优秀学生，鼓励他们选择学习科学技术专业、未来投身科学研究事业。活动接受品学兼优且拥有个人科学研究成果的高中生自由申报，通过对学生创新意识和科研能力等综合素质的考察，遴选出 130 名学生给予不同等级的表彰和奖学金资助，并授予其中 3 名学生“明天小小科学家”称号。

全国青少年科技创新大赛是由中国科协、教育部、科技部、生态环境部、体育总局、知识产权局、自然科学基金会、共青团中央、全国妇联共同主办的一项全国性的青少年科技竞赛活动。大赛具有广泛的活动基础，从基层学校到全国大赛，每年约有 1000 万名青少年参加不同层次的活动，经过选拔，500 多名青少年科技爱好者、200 名科技辅导员相聚一起进行竞赛、展示和交流活动。全国青少年科技创新大赛不仅是国内青少年科技爱好者的一项重要赛事，而且已与国际上许多青少年科技竞赛活动建立了联系，每年都从大赛中选拔出优秀的科学研究项目参加国际科学与工程大奖赛(ISEF)、欧盟青少年科学家竞赛等国际青少年科技竞赛活动。

3.3.3 实践教育基地育人特色

杭州电子科技大学—杭州市实验外国语学校实践教育基地要发挥应有的作用，具有以下七个特色。

①基地的培育持续周期贯穿中学和大学，整个周期长达十年，每位同学实实在在地学习掌握科学知识和动手实践能力，这种学习过程有较长的持续性，并非单纯参观这么简单。科创活动统一规划由浅入深层层递进，根据课程知识体系的难易，结合学生自然的生长发育统一规划，这是目前没有哪个学校能凭借一个学校一己之力就能让学员在校期间实现的。

②基地以大学科研社团的学生为教员主体、指导教师为辅助，大学生带中学生，顺利衔接，用自身体会经历指导学弟学妹们。既解决了教员不足的问题，又培养了大学段同学的自身能力。

③基地构建“线上线下混合、课内课外融合、理论实践结合”实践育人模式，为创新能力培养创建新的学习手段。通过在教学平台上开设课程，在教学平台上开放共享实验教学项目等，满足学生随时获取课程教学资源的需要，实现了线上线下混合式教学；延伸了实践教学的时间和空间，实现了课内实验与课外实践环节的融合；基地是深化课程改革的主战场，做到课外辅助课内，并且深化课内。

④基地以赛促学，以赛促选，将兴趣和动手能力培养同步提升，通过组织学生积极参与各级创新比赛，设计各类创新项目，使学生将掌握的理论知识更好地应用到创新实践中，同时用竞赛来检验学习效果、提高自信，用比赛获奖作为成果导向激励教员和学员发愤图强。

⑤基地针对性强，基地以培养科技创新能力为目的，中学开展的科技课外活动为高校输送优秀人才，大学开展科技创新比赛为了保研或从事科学研究，为国家输送高素质的科研人员。

⑥基地采用“实验、实训、实践”方位实践教学体系，高度重视实践，为创新能力培养创建新的学习方式。采用“实验慕课”和“翻转实验室”的方式，把课内实验变革为自主实践，解决传统科技创新实践教学中“教学内容、教学方法、课程组织及时间安排”上存在的问题；引导学生进行研究性探索，逐步培养学生的自主实践能力。以科技创新实践改革为切入点，优化实践内容、强化实践环节；

让学生提前进入理论与工程实际相结合的训练阶段，鼓励和帮助学生尽早进入实验室完成创新性实验设计，积极参加各种科技创新比赛，培养学生的科技创新能力。

⑦基地精心设计多学科交叉融合的实践项目，建立动态项目库，为创新能力培养创建新的学习内容。结合科学研究和行业需求，采用持续动态更新的模式完成实践项目库的更新和建设，项目库包括科研项目、工程实际项目、科技创新项目等。实践项目首先用于科技创新实践教学，学生将项目功能进行优化、完善、扩展后可用于各类创新创业训练计划和学科竞赛活动，经逐届传承、培育后可进行产学研项目开发，将产学研项目分解提炼后重新加入实践项目库中，构建了动态更新的项目库建设体系。

第4章　杭州电子科技大学实践教育基地管理体系建设

4.1　实践教育基地组织机构建设

实践教育基地的建设离不开机构实体，所有的人员及活动必须依托在机构实体上，机构实体是体系落地的载体，在整体体系中承担支撑作用。组织机构主要由高校实验示范中心、高校科技学生社团、中学课外兴趣小组三部分主体组成。高校实验示范中心主导规划并提供设备保障，高校科技学生社团主导教导并提供人员保障，中学课外兴趣小组主导组织并提供资金保障。三方分别提供人、财、物的保障，构建“三合一”强有力的支撑，为实践教育基地的运行保驾护航。

4.1.1　高校共青团

高校共青团借助多年的实践教学和组织比赛的经验、根据专业知识特点、结合中学生动手实践能力，规划设计一套适应于中学到大学的长达十年的课程支撑体系，并提供与课程支撑相关的设备保障，利用高校现有场地和设备，在保证学生完成学校要求的实验实践教学前提下，实施共享开放、开放远程示范课程等举措来满足实践教育基地育人体系的运行。

以“实践教学紧密跟踪新技术发展，把实践创新能力培养融入实践教学的各个环节”为教学理念，建立了随新技术发展的动态实践教学体系，创建了一种“课内实践、课外实践、工程训练、学科竞赛一体化”的开放式自主实践教学模式。采用“自编教材、自制仪器与实验内容改革一体化建设”的方法，保证了实践教学紧密跟踪新技术发展。

依据培养目标建立了三级能力培养体系；依据三级能力培养体系，构建了多层次、模块式实践课程体系，组建了科技创新实践教学教师团队，由此形成了一个完整的实践教学体系。

模块式能力培养：按能力培养目标划分，构建了一个相互依托、协调的三级能力培养体系。依据三级能力培养模块，对实验课程进行优化，设置了相应的实验课程及课外实践模块，并结合多层次实践内容，构建了一个多层次、模块式实践课程体系。

知名公司与校团委联合建设联合实验室、实训基地课、课程实践基地等，企业资深技术工程师免费来校或学生去公司参加讲座培训，公司不仅为学生免费申请器件，还在使用时提供技术支持，公司向国家教育部申请了协同育人项目帮助学校在新技术的应用和推广，公司还积极参与各类竞赛的赞助，成为重大竞赛器件的供应商，大力推进器件的应用力度，使学生会用、爱用，既资助了学生科研创新，又扩大了自身在大学生中的影响力，与杭州电子科技大学开展校企合作的有：美国国家仪器有限公司（National Instruments，简称 NI）、德州仪器（Texas Instruments，简称 TI）、阿尔特拉（Altera）、赛灵思（Xilinx）、美国微芯半导体（Microchip）。

校团委利用学校学科优势，积极组织大学生学科竞赛和创新竞赛。以大学生科技创新活动计划“新苗计划”、校内学生科技立项、对学生创新项目进行培育、孵化；以大学生“挑战杯”课外科技作品竞赛、创业计划竞赛为过程载体，对学生项目进行分学科、分层级筛选；目前学校的大学生科技竞赛开展良好，成果丰硕，学生科研能力提升明显；学生通过自主完成创新性研究项目设计、项目实施、报告撰写、学术交流等工作，锻炼和提升学生的科研能力。学生学科竞赛成绩有了显著提高，2018 年以来，团队教师指导学生获得省级以上科技项目 41 项，先后为台湾松瀚公司、浙江省中医院等企业和社会单位开发人体经络分析仪、自组网灯控等 25 项产品。

4.1.2 高校科技学生社团

科技学生社团是高校学生科研的大本营，社团通过层层选拔、悉心培养，锻炼同学从大一进校以来就不断地积累专业知识和实训能力，不光要学习课内知识，还要大量扩展课外信息，通过不断地高强度训练，提升科研能力，并积极参加学科创新竞赛。由于自身有良好的科技创新的基本素质，往往能在大赛中一举夺魁、取得佳绩，从比赛中积累丰富的比赛经验。有些社团成员本身就从“三位一体”考试制度中受益被学校录取，现在又回报社会，支援中学科技创新工作，担任实践教育基地的教员一职反哺中学生。在培养科技创新能力上现身说法，以切身体验指导中学生为何学习、如何学习，为实践教育基地的运行提供了人员保障。

以校团委负责的大学生科技创新孵化器社团为例，前身为杭电—Microchip创新人才孵化器。作为领先的单片机和模拟半导体供应商，该公司一直致力于为中国大学在校学生提供全方位的、高质量的工程教育。美国微芯半导体公司与杭州电子科技大学合作，于2009年联合成立“杭电—微芯大学生科技创新孵化器”，由学校提供场地、美国微芯半导体公司提供常用器件和开发工具，每年资助10～20位优秀本科生进驻社团。从一年级开始着手微芯产品的学习和设计能力培养，以自学为主；二年级进行实践培训；三年级开展自主设计，并参与科研和承揽第三方设计；四年级能够出专利、论文和创新技术产品等成果，完成培育过程。

4.1.3 中学课外兴趣小组

（1）中学课外兴趣小组课程体系建设

实践教育基地的合作中学部分以杭州市实验外国语学校为例。

杭州市实验外国语学校（以下简称杭实外）地处国际化发展的前沿阵地——钱塘新区，比邻浙江省最大的高教园区。学校创建于1995年，曾经是杭州大学外国语学院跟开发区合办的第一所配套学校，也是杭州市最早实行寄宿制、小班化教学的国际化双语学校。学校有小学、初中和高中三个部组成，有两个校区，现有54个教学班，2300多名学生和300多名教职员工。

围绕校训：自主、责任（培养每个孩子有自主的能力和负责任的态度），培养“具有世界眼光、中国情怀，敢于逐梦未来的自主创造者、负责任的新时代小公民”。构建“341”课程体系，即“三个层次四大支柱一线贯穿”，三个层次课程包括基础素养类、拓展深化类和综合运用类；四大支柱课程包括崇德修身类、健美身心类、发展知能类、增长才干类；一线贯穿是指本校“自主、责任”办学理念。

三个层次课程具体内容如下。

基础素养类：国家规定性学科课程。此类课程是面向全体高中学生开设的基础性课程，旨在促进学生在知识与技能、过程与方法、情感态度与价值观等方面的发展，促成学生未来发展所需要的科学、人文素养。

拓展深化类：包括学科拓展课程、学科应用课程、大学初级课程、学科前沿课程、学习力培养课程，旨在培养学生在学好基础性课程之后进一步拓展深化，拓宽知识，培养兴趣特长，开阔视野，提高应用能力和生活品质。

综合运用类：包括综合实践课程、学科交叉课程、活动体验课程，旨在培养学生综合运用知识，在实践中不断提高综合素养和研究创新能力，培养奉献和服务精神，强化社会公民意识。

四大支柱课程具体内容如下。

崇德修身类：培养学生的爱国情怀、高尚品德，正确的人生观、价值观和世界观，涵养美好人格，培养奉献社会的服务精神，形成现代公民的良好素养。

健美身心类：培养学生健康的身体、阳光的心态，具有良好的艺术修养和审美能力。

发展知能类：为学生奠定知识基础，开发思维能力，培养运用知识解决问题的能力和研究创造的能力。

增长才干类：培养学生在实践中应用知识的能力，培养良好的人际沟通协调能力，强化社会人意识，树立良好的责任感。

一线贯穿课程具体内容如下。

立足“自主、责任”的理念，贯穿高中三年的学习，主要包括培养学习习惯、开发学习能力、提高研究能力和创造能力等课程内容。

衔接课程具体内容如下。

“三位一体”课程：针对高校三位一体（学考等第、高考分数、面试）招生方案，科学制订三年教学计划。通过组织活动和专家指导，提高面试水平；通过夯实基础和能力培养，提高学考等第。

自主招生课程：针对 985 高校自主招生（竞赛、高考分数、面试）招生方案，科学制订三年教学计划。通过组织活动和专家指导，提高面试水平；通过思维训练和能力培养，提高综合素质。

（2）中学课外兴趣小组课程体系的作用

中学兴趣小组是中学生接触科学、学习科普知识、培养科技创新能力的摇篮，许许多多的科创达人都是从中学开始就埋下了科创的种子。兴趣小组活动是课堂教学的延伸，开展兴趣小组活动不仅是全面贯彻教育方针和实施素质教育的需要，而且可以丰富校园文化生话，提升学校办学水准，可以让学生视野开阔、丰富知识、增长智慧、激发学习兴趣。为了调节学校文化氛围，兼顾学生的全面发展，积极培养学生的个性特长，丰富学生的校园生活，提高学生的综合素质，培养学生的创新精神和实践能力。

中学兴趣小组在实践教育基地融合育人体系中的作用有以下三点。

①组织学生参加科技创新培养，重点在于组织。对参加科创能力培养的对象——中学生的有效组织是联合基地开展一切活动的根本，学校对兴趣小组活动要坚决实行“六定”管理措施，保障组织的有效性。组织培养的同时也要组织学生参加各种竞赛，为校争光的同时自己获得成功的自信。为能更好地完成课外活动的学习目标，必须加强对学员的培训管理，做到上课严格出勤和上课纪律，注重鼓励和表扬，时刻关心和爱护学生。

学校采取的“六定”措施分别是定内容、定学生、定时间、定地点、定教员、定目标，具体内容如下。

定内容：各组要按照学校的统一安排，结合本组实际，制订学期教学计划，细化到周、学期应达的教学目标。使辅导活动有计划、有目的、有步骤地进行。

定学生：各组在学科组的指导下，由指导教师与班主任协商选择参加活动的学生，确定人员，落实人数，以学科组为单位将兴趣小组学生名单汇总，一式两份，交教务处一份。

定时间：全校各个活动小组建立以后，确定本组活动的时间，一经确定不得随意变化，辅导教师要做到不迟到、不早退、不随便旷课，并做好学生活动记录。

定地点：教务处负责协调好各活动小组的活动场所，要尽力排除外界干扰，地点一经确定，不随意变化。

定教员：结合学校兴趣小组的实际，与辅导教师商定确定好教员，教员必须辅导好一个小组的课外活动，要充分做好年度的辅导计划和安排，保证辅导质量。

定目标：辅导教师要认真分析学生实情，根据辅导项目及特点，确定本组辅导目标，在每学期期末结束前辅导教师要进行总结汇报辅导成果，在学期终了按此目标进行评价。

②与家长积极全面沟通，说明实践教育基地育人体系的优势，孩子在体系中有哪些获益，需要家长在时间和经济上给予的支持，加上学校的一些投入，使育人体系在资金上得到保障。

③通过每个阶段的考核，以及平时培养过程中的学习记录和成绩评价，做好学员的等级评定和等级晋升降级工作。从最初的报名工作，先初步选定参加信息技术活动兴趣小组学员，到完成阶段学习后的考核评价；从兴趣小组成员，到实验班、专业班、竞赛班不断晋升，直到获得竞赛名次，都需要辅导教师不懈的努力和无私的奉献。

兴趣小组辅导员在不断地组织管理过程中还可以参加科技教育创新成果竞赛，这是面向科技辅导员开展的各类科技教育优秀成果的集中展示和评比活动，是为了鼓励科技教育工作者在教育教学改革方面的创新，提升科技教育教学服务水平。

4.2　实践教育基地保障制度建设

实践教育基地保障制度分为三个部分：管理机构、管理制度和管理系统。

管理机构包括管理机构组成和管理人员组成，定义了基地的主要三个组成机构以及其他实践活动时的外延机构，定义了各机构在活动中涉及的任务角色及其相互之间的关系。

管理制度包含岗位制度、财务制度、保障制度、选拔制度、奖励制度、安全制度等保障基地育人体系运行的一系列制度，“没有规矩不成方圆”，为了基地能有条不紊地运行，制度不可缺失，就如同基地运行的“法律”一般，在体系内的各个机构各个角色都必须共同遵守、共同维护。

管理系统是基地育人体系开展教学活动、实践活动、竞赛活动、选拔活动、奖励活动等一系列活动时的软件后台保障，也是上述一系列活动所需的资源如物联网——万物互联第一步实训课程教案、传感器——机器感知到的五彩世界实训课程教案、智能车与自动化控制实训课程教案、四旋翼无人机初探实训课程教案、基于 Python 和树莓派的图像处理系统开发实训课程教案等各类资源存放的地方。将资源和活动相结合，以课程或项目的形式有机地组合在一起存于云端服务器，每个教员、同学、辅导员、指导老师、班主任、家长都可以登录客户端，设置、完成各自的任务或查看各自所需的信息。管理系统是基地信息化的必须配备，离开了数据实践育人将会成为一句空话，管理系统是教学实施落地的强大工具，比如它可以支持教员在远程发布学习资料、布置学习任务、批改递交的答案、统计同学的成绩等；可以支持学生登录网站，选取课程，获得需要学习的文本、图片、视频等教学资源，根据教员布置的任务完成理论和实践任务递交学习和操作结果，以及查看教员对他递交作业的批改意见和评价等。

管理机构是基地的实体基础，包含参与实践教学的机构和人员；管理制度是基地的保障机制，是“法律”规范，引导大家围绕着基地以实践育人为中心运行；管理系统是基地的支持平台，是数字化管理的依托，既节约了一些人力和物力，又为基地的运行提供强大的数据支持服务，为实践教学的一系列活动保驾护航。三者相辅相成，融为一体，缺一不可，下面我们分别介绍这三个部分。

4.2.1 管理机构组成建设

实践教育基地管理机构运行涉及 3 个主要机构（中学课外兴趣小组、高校科协中心、高校学生社团）和 10 个次要机构（中学教务部、外联部、财务部、政府部门、校企合作单位、其他高校、研究所、知名企业、采购单位、外协单位）。

中学课外兴趣小组的中学生也称中学学员，是实践教育基地服务的两大群体之一，中学课外兴趣小组作为管理这些学员的主要后勤保障机构，为他们提供活动场所、活动用品，组织参加实验中心的实践活动，提供用餐保障、来回交通保障，组织报名参加各类科技竞赛及展示活动，与班主任及任课老师协调突发事件的处理（学员因病请假、课程冲突等事宜的联系等），联系政府部门组织比赛人员协调学校证明和上交材料等事宜，与家长的沟通联系和对专项经费的收取和支出，与中学财务联系进行基地各项活动所需经费的报销等。

高校科协中心为实践教育基地的实践教学提供仪器设备保障的主要机构，为学员提供丰富的实验设备和实验场地，在保证正常的实验教学秩序下，可以在周末或假期对学员免费开放，让这些昂贵的仪器设备在空余的时间发挥作用，开放共享极大地提升学员做科学探究的条件，为学员安排实验室场地和实践教学时间、安排实践教学配套的仪器设备，培训实验室仪器设备的安全操作及使用、培训实验室各项规章制度、培训实验室突发事故应急响应处理流程，并在对外交流时为基地邀请相关专业方面的专家学者做前沿报告、邀请校企合作单位技术工程师介绍行业技术动向等。

高校学生社团是为基地的理论教学、实践教学、竞赛指导提供人员保障和技术保障的主要机构，为基地的教学活动提供讲授和答疑、为基地的实践活动提供示范和引导、为竞赛提供指导和协助，为学员的教学实践制订长期统筹的规划安排，与中学课外兴趣小组的辅导老师联系预约学习的时间地点，与高校科协中心的管理教师联系预约实验室，协助实验室老师整理实践教学需要配备的仪器设备及接插线、测量线等物品，编制理论实践课程的授课内容，以项目为驱动的教学项目设计，教学模块套件的设计与制作，管理系统软件的修改和硬件装置的开发，带领中学学员分组实训，线上学习的结果评阅，社团内教员等级考核和选拔，学员理论考核题和实践考核题的编制，优秀教员的评选，优秀学员的评选，邀请毕业的优秀学长分享自己的学习经历等。高校学生社团的新成员也称大学学员，是基地服务的两大群体的另一部分，高校学生社团不光要为基地提供人员和技术保障，还要担负起对大学学员的后勤保障任务，由社团指导老师来承担，如外购元器件、外协投板、外勤去中学进行理论教学的交通费及餐费等费用的报销、带队参加各位竞赛及所产生的住宿、交通、参赛报名费等费用的报销等。

将这些机构部门、各机构人员、各机构资产、各机构投入经费等人、财、物三者有机地组织、管理并有效地运行起来，大家按计划按部就班地实施，构建实践教育基地安全、高效运行的保障体系。

4.2.2　管理制度建设

为保障实践教育基地的正常运行、积极发挥育人作用，应建立一套全面的管理制度。这份制度包含：总则、运行考核管理体系、基地负责人管理制度、实践教学活动管理制度、学员管理制度、奖罚制度、财务管理制度、安全管理制度等。

4.2.3　管理系统组成建设

基地管理人员运行涉及 6 种主要角色（基地负责人—高校社团指导老师、中学课外兴趣小组学生、高校学生社团大学生、高校学生社团教员、中学课外兴趣小组辅导教师、高校科协中心管理教师）和 8 种次要角色（名誉主席—各主要机构领导、中学班主任、中学家长、中学财务、政府机构竞赛组织人员、校企合作单位技术工程师、其他高校研究生的专家学者、知名企业就职学长或攻读硕士博士学长）。各角色通过岗位说明书对其在基地育人体系中承担的具体职责、工作权限、工作关系以及奖励内容等进行描述，例举社团指导教师兼基地负责人、课外兴趣小组辅导教师和高校学生社团教员三个主要角色的岗位说明书，如表 4–1 ~ 表 4–3 所示，表述基地的运行规则。

表4-1　社团指导教师兼基地负责人基地岗位说明书

岗位名称	社团指导教师兼基地负责人	所属部门	实践教育基地高校学生社团
管理归属	无	管理对象	中学辅导教师、中心管理教师、教员、大学学员
职责概述	组织管理实践教育基地，协调各部门人员、保障基地运行		
具体职责	职责要项	职责描述	
	保障运行	为基地教学实践制订长期统筹的规划安排	
		制定批准基地的各项制度、规定的实行	
		向基地名誉主席汇报运行情况和获得的成绩及存在问题	
		学员晋级理论考核题和实践考核题的编制	
		社团内教员等级考核和选拔	
		编制理论实践实训课程的授课内容	
		带队参加各类国家科技创新竞赛	
具体职责	外联事务	联系实验中心管理教师预约实验室	
		联系辅导教师预约时间地点，协调教员授课	
		邀请毕业的优秀学长分享自己的学习经历	
		联系外购单位为学员采购元器件等	
		联系外协单位为学员外协投板等	
	财务事宜	教员外勤授课的交通费及餐费等费用的报销	
		带队参加竞赛所产生的住宿、交通、参赛报名费等费用的报销	
工作权限	有决定基地规划、制度改革的权力		
	有参与确定“优秀教员”评选的权力		
	有参与确定“优秀学员”评选的权力		
	有参与确定中学学员晋级的权力		
	有参与“优秀辅导教师”评选的权力		
	有决定学生社团费用支出的权力		
岗位任职资格	工作经验	三年以上社团指导老师相关工作经验指导学生获得国奖二项以上	
	学科要求	电子信息类专业老师	
	技能要求	有较强的社会沟通能力	
奖励内容	每年参加“最佳社团指导教师”评选，奖励1000元由所在高校分院学支出；每年基地参加青少年科技创新大赛获得区奖奖励500元/项、获得市奖奖励1000元/项、获得省奖奖励2000元/项、获得国奖奖励3000元/项，同一项目以最高奖励颁发。奖励由所在中学支出		

表4-2 课外兴趣小组辅导教师基地岗位说明书

岗位名称	课外兴趣小组辅导教师	所属部门	课外兴趣小组
管理归属	基地负责人	管理对象	中学学员
职责概述	组织管理课外兴趣小组，为基地中学学员提供后勤保障		
具体职责	职责要项	职责描述	
	后勤保障	提供学员兴趣小组活动场所	
		提供学员兴趣小组活动用品	
		组织学员参加高校科协中心的实训课程	
		提供学员用餐保障、来回交通保障	
		组织学员报名参加各类科技竞赛及展示活动	
	反馈信息	与基地负责人协调规划课程内容	
		知会基地负责人中学课程体系改革内容	
	外联事务	联系班主任协调突发事件	
		联系政府部门组织比赛人员协调学校证明和上交材料等事宜	
		与家长的沟通获取培养经费	
	财务事宜	对接学校课外科技活动专项经费的收支	
		对基地活动产生费用的报销	
工作权限	有参与“优秀教员”评选的权力		
	有参与确定中学学员晋级的权力		
岗位任职资格	工作经验	一年以上带班相关工作经验	
	学科要求	科技老师	
	技能要求	有较强的社会沟通能力	
	兴趣爱好	对电子信息技术有浓厚的兴趣	
奖励内容	每年参加“最佳辅导教师”评选，奖励1000元由所在中学支出；每年带队参加青少年科技创新大赛获得区奖奖励1000元/项、获得市奖奖励3000元/项、获得省奖奖励8000元/项、获得国奖奖励20000元/项，同一项目以最高奖励颁发。奖励由所在中学支出		

表4-3 高校学生社团教员基地岗位说明书

岗位名称	高校学生社团教员	所属部门	高校学生社团
管理归属	基地负责人	管理对象	学员、采购单位、外协单位
职责概述	为实践教育基地提供教员，保障基地教学活动顺利开展		
具体职责	职责要项	职责描述	
	保障运行	为学员讲授理论课程并答疑	
		带领学员分组实训	
		指导协助学员参加科技创新大赛	
		协助实验室老师整理实训所需仪器设备及接插线、测量线等物品做好开课准备	
		线上学习的结果评阅	
		管理系统软件的修改和硬件装置的开发	
工作权限	有参与确定“优秀学员”评选的权力		

续表

岗位名称	高校学生社团教员	所属部门	高校学生社团
岗位任职资格	工作经验	中学学员教员要求：二年以上社团学习经验并参加国家级科技创新比赛一次以上； 大学学员教员要求：三年以上社团学习经验并购获得国家级科技创新比赛国家级奖项一项或省级奖项二项以上；	
	学科要求	电子信息类专业、计算机专业、自动化专业	
	技能要求	有较强的实践动手能力和较号的表达能力	
奖励内容	每年参加“最佳教员”评选，奖励500元由所在中学支出；每年指导参加青少年科技创新大赛获得区奖奖励1000元/项、获得市奖奖励2000元/项、获得省奖奖励3000元/项、获得国奖奖励5000元/项，同一项目以最高奖励颁发。奖励由所在中学支出		

实践教育基地管理制度

第一部分　总则

一、目的

为全面落实中学课外兴趣小组、高校科协中心、高校学生社团三大主要机构从人员、资金、设备三方面为基地运行提供客观条件的保障、客观评价基地负责人、高校社团指导老师、中学课外兴趣小组辅导教师、高校学生社团成员——教员的职责履行效果，规范和完善中学和大学学员的行为标准，建立有效的激励约束机制，从而帮助基地提高实训教学的效率，提升深度融合育人的作用，确保基地的教学活动落地，实现基地在各大竞赛中获奖的战略目标，特制定本制度。

二、适用范围

本制度适用于基地所有活动的参与人员。

三、管理原则

公平、公开、公正；考评导向、过程控制；权责一致。

四、考核评价小组

成立基地运行考评小组，负责基地工作人员效率考评、基地学员成绩考评及申诉相关决议。

组长：基地负责人——高校社团指导教师

副组长：名誉主席——各主要机构领导

组员：中学课外兴趣小组辅导教师、教员——高校学生社团成员

秘书：高校学生社团外联部部长

第二部分 运行考核管理体系

五、基地考核评价小组是基地各机构效率管理工作的组织执行机构，承担基地各机构效率管理的计划、组织、实施和监督职责。

六、高校学生社团是大学学员学习效率管理工作的组织执行机构，承担大学学员学习效率管理的计划、组织、实施和监督职责。

七、中学课外兴趣小组是中学学员学习效率管理工作的组织执行机构，承担中学学员学习效率管理的计划、组织、实施和监督职责。

八、各级工作人员职责：根据各岗位职责说明书要求，负责本岗位或下属岗位的考核工作。

九、考核周期：基地各机构部门工作人员的考核按年度进行，考核时间在暑假假期进行，奖惩按教学年度执行。基地学员实行学期考核，考核时间在假期进行，奖惩按教学年度执行。

十、基地对学员考核结果及应用：依据分数划分为“卓越、优秀、良好、合格、基本合格、不合格”六个等级，比例分别为10%、20%、20%、20%、20%、10%。

十一、基地对工作人员考核结果及应用：指导教师、辅导教师、教员年度考核根据考核分数划分为“优秀、称职、不称职”三个等级，比例分别为20%、60%、20%。

十二、考核的过程中，基地名誉主席受理工作人员考核事项的申诉，指导教师和辅导教师受理学员的考核事项的申诉，通报基地负责人组织考评小组进行裁决。若五个工作日内无申诉，即认定结果有效，将作为考评结果应用的依据。

第三部分 基地负责人管理制度

为了保障基地管理工作的正常开展，特制定以下管理制度。

十三、基地负责人带领考评小组认真负责、公平公正完成考评任务。

十四、基地负责人妥善处理工作人员和学员的各项申诉。

十五、基地负责人在执行集体决定和日常工作中，要认真履行职责，工作不推诿，敢于负责，团结协作，廉洁奉公。

十六、基地负责人要坚持注意深入基层调查研究、了解情况、不断改进、充分听取各部门工作人员、教员和学员的意见，做到决策的民主集中。

十七、基地负责人每学期至少召开一次协调会议，现场帮助解决实际问题。

十八、基地负责人每学期至少二次听课督导，要全面了解和掌握教员的教学情况和学员的思想动态，为进一步改进基地工作提供依据。

第四部分　实践教学活动管理制度

实践教学活动包括课前备课、实训指导、作业批改、课后讨论答疑、考试测评等几方面，是基地管理的重要内容。

十九、备课基本要求：

（1）备好课是上好课的基础，是提高课堂教学质量的关键。每位教员必须充分认识备课的重要性，认真钻研实训内容，认真、充分地备好每一堂课。

（2）备课必须以十年规划为目标，实训内容为依据，明确实训内容的编排，基本技能训练的要求；明确每一课时的目的要求、任务和具体内容。

（3）备课要正确地掌握和处理好实训内容的重点、难点，明确每一课时应传授的知识和应掌握的技能。

（4）备课既要准备上课的内容，更要准备教法和学法。要从学员的实际情况出发，科学地安排教学步骤，充分体现“教员为主导，学员为主体，实训为主先，获奖为主旨”的教学原则，激励学员当好学习的主人。

（5）认真准备教案。教案要条理清楚、步骤合理，能实际指导上课，不做表面文章。教案以课时为单位编写。教案的内容包括教学目的要求、重点、难点、课时安排，有教学过程(包括设计的问题)，有 PPT 设计，有实例练习设计。

（6）提倡课后写教学后记，总结优缺点，积累经验。

二十、上课基本要求

（1）课堂教学是实施教学活动的主要场所,每个教师必须认真上好每一堂课，充分利用课堂上宝贵的时间。

（2）上课前应布置学员预习内容，培养学员的自学能力，提高课堂效率。

（3）课堂的教学目的要明确，授课和带领实训时要围绕重点、难点，节奏紧凑，力求使学员能掌握本课的知识和技能。

（4）要积极改革课堂教学方法，贯彻启发性原则，引导学员勤动脑、勤动口、勤动手，充分调动学员思维的积极性，使课堂生动活泼，使学员能举一反三，灵活运用。

（5）积极开发教学套件和模块，为实训教学提供保障。

（6）严格上课纪律，做到上课时不迟到，不坐教。

二十一、作业布置与批改要求

（1）作业在学呗平台上发布、递交、批改，利用线上教学手段，可以跨越空间的障碍。

（2）作业的设计要遵循“精、活”的原则，要注重能力的培养、要注重发展学员思维，提高实效。

（3）作业要求学员做到按质按量按时完成，注意培养和训练学员养成细心审题，积极动脑的良好习惯。

（4）作业批改要认真、及时，批语要多鼓励学员的想法，指导学员自行改正。

（5）建立学员学习成绩考评机制，优秀学员表扬奖励制度，激励学员的学习积极性，培养学员严谨的治学态度。

第五部分　学员管理制度

二十二、学员守则

（1）明确学习目的，端正学习态度，树立远大理想。

（2）刻苦学习，不畏困难，勤于思考，虚心请教，努力掌握科学专业知识和技能。

（3）尊重教员，上课认真听讲，按时完成作业，积极支持和配合教员完成教学活动，支持教员改进教学方法，提高教学质量。

（4）遵纪守法，严格遵守基地的各项规章制度，维护正常的教学秩序。

二十三、课堂守则

（1）按时上课，不迟到、不旷课。

（2）遵守课堂纪律，听从教员的指挥。

（3）上课时要认真听讲，记好笔记，不准随便说话，不做与上课无关的事情。

（4）保持教室卫生，禁止携带食物进入教室，禁止乱扔纸屑、果皮和废弃物。

（5）爱护教室内的教学设备、仪器和设施，未经教员允许，不得擅自动用教学仪器和设备。

（6）课后认真做好值日，负责关好门窗、电灯、电扇等。

二十四、学员考勤和请假制度

（1）考勤由教员负责记录，每课填写，学期结束汇总，报给秘书（学生社团外联部部长）。

（2）上课时间一般不准请假。

（3）学员请假必须事先履行请假手续，向课外兴趣小组辅导教师和社团指导教师申请，批准后方可生效。

（4）对迟到、早退和旷课的学员，应予以批评教育，影响其学习成绩考评。

二十五、考核晋升制度

（1）每学期成绩分为竞赛季和非竞赛季；非竞赛季成绩按实训科目、作业、考试三项内容考核（占比分别为：30%、20%、50%）总成绩；竞赛季成绩按训练科目、作业、考试三项内容考核总成绩占 20%，竞赛成绩占 80%。

（2）每门实训科目缺课 1/3 者（含请假），不允许参加考试。

（3）实训科目不及格者，不允许参加竞赛。

（4）每学期成绩作为评级的依据，根据评级进行晋降级的操作。

二十六、与学员家长联系制度

（1）为了使学员家长了解学员在基地学习情况，基地与学员家长建立联系制度，进行信息反馈，以取得家长对基地的支持，配合基地对学员进行管理教育。

（2）为了使学员家长了解学员在基地实训时需要使用的耗材，基地与学员家长进行信息反馈，以取得家长对基地的支持，配合基地上交学员的实训耗材费用。

（3）学校按学期将学员成绩和最佳学员名单由兴趣小组辅导教师通知家长。

第六部分　奖罚制度

二十七、学员学期考评奖罚措施

（1）获得“卓越”等级享受免试推荐代表学校参加全国科技创新比赛。

（2）获得“卓越”等级可参加本学期“最佳学员”评比。

（3）获得“卓越”“优秀”“良好”等级的学员给予晋升。

（4）获得“卓越”和“优秀”等级可以担任全国竞赛和项目实训组长。

（5）获得“合格”和“基本合格”等级不予晋升，有待提升。

（6）获得“不合格”等级给以降级。

（7）获得“不合格”等级取消参加竞赛的资格。

二十八、工作人员年度考评奖罚措施

（1）获得“优秀”等级的教员、指导教师、辅导教师给予晋升。

（2）获得“优秀”等级的教员、指导教师、辅导教师可参与年度“优秀教员”“最佳指导教师”和“最佳辅导教师”评比。

（3）获得“优秀”等级的教员、指导教师、辅导教师可指导学员参加本年度各类竞赛。

（4）获得“不称职”等级的教员、指导教师、辅导教师给予降级。

二十九、带队参赛奖励

（1）辅导教师每年带队参加青少年科技创新大赛获得区奖奖励1000元/项、获得市奖奖励3000元/项、获得省奖奖励8000元/项、获得国奖奖励20000元/项，同一项目以最高奖励颁发。

（2）指导教师每年基地参加青少年科技创新大赛获得区奖奖励500元/项、获得市奖奖励1000元/项、获得省奖奖励2000元/项、获得国奖奖励3000元/项，同一项目以最高奖励颁发。

（3）教员每年指导参加青少年科技创新大赛获得区奖奖励1000元/项、获得市奖奖励2000元/项、获得省奖奖励3000元/项、获得国奖奖励5000元/项，同一项目以最高奖励颁发。

（4）奖励由荣誉归属学校支出。

第七部分 财务管理制度

为了进一步规范基地的财务管理工作，提高专项经费和家长课外兴趣小组投入经费的合理使用，特制定本管理制度。

三十、根据省教育厅等部门关于规范教育收费、进一步治理教育乱收费工作的通知精神，基地要在扎实做好实训教学和竞赛活动的经费保障机制的同时，规范收费行为，严禁“乱收费”现象。

三十一、基地负责人是收费管理的第一责任人，分管财务经办人是直接责任人。基地根据实际活动列出所需物品清单、单价及总价，除专项资助经费外，不足部分授权辅导教师通知学员家长向学员所在学校财务部门缴纳课外兴趣小组活动费用，其他任何单位和个人均不得擅自增加收费项目、扩大收费范围或提高收费标准。凡违反收费管理制度，有乱收费行为的工作人员将给予严肃处理，情节严重者，报请上级主管部门处理。

三十二、基地收入

（1）收入凭证必须使用财政部统一印制的非税收入收据和往来结算收据，不得使用自制据、万能据等“白条”入账。

（2）基地在取得各项预算外收入（包括家长缴纳课外兴趣小组活动费用、高校学生社团对外承接项目获得的劳务费等），要做到应收尽收，并全额纳入基地预算管理。

三十三、基地支出：实训教学过程中的元器件采购、PCB电路板外协制板、焊接钻孔等工序所需耗材等，基地的经费支出严格执行预算，凡预算中没有安排的购物项目基地不得安排支出。

三十四、实物保管：建立健全财产物资的管理制度。基地要建立资产登记簿。对于一次性购买的物品，要建立实物领缴登记簿，领用人要在登记簿上签字确认。每学期末，基地组织人员对财产物资进行清查盘点，做到账账相符，账实相符。

三十五、对支出发票审核

（1）真实性。主要审查原始凭证所记载的业务是否确实存在，原始凭证所记载的业务内容与实际发生的经济内容是否相符，严禁弄虚作假。

（2）合法性。审查经济内容是否符合有关政策、法律、法规、制度，是否按规定的开支标准办事，是否符合审批权限，是否符合节约原则等。

三十六、财务结算：每学期末，基地要组织相关人员对本学期所发生的收入、支出及时进行稽核。

三十七、财务公开：财务稽核后及时在基地公示，接受大家的监督，并形成财务分析报告，作为基地负责人下一学期财务预算的主要依据。

三十八、财务报账制度

（1）实行报账制度的原则和目的：有利于规范基地财务管理，便于宏观统一管理。

（2）坚持“保运转，促发展”的财务支出原则。

（3）确保基地经费重点用于实训教学、竞赛等教学活动支出，严控非教学性支出。

三十九、预算管理制度

（1）为加强基地经费预算管理的综合性、有效性、可控性，更好地贯彻“量入为出、收支平衡”的总原则。

（2）收入预算：遵循“全面性、真实性、细化性”原则，各校年初对本单位当年可能取得的各项收入进行预算。

（3）支出预算：坚持“统筹兼顾、保证重点”的原则，在确保正常运行开支的前提下，合理安排本单位的事业发展支出。

第八部分　安全管理制度

四十、加强基地教室、实验室、多媒体教室、机房的安全防范，配备防盗、防火设备。实行专人负责、责任到人。

四十一、教室安全管理制度

（1）学员不准在教室内追逐打闹，随便搬动课桌、椅。

（2）教室内不准乱拉私接电源，乱设插座，乱充电。

四十二、实训场所安全管理制度

（1）学员进入实训场所时需遵守各种规章制度，服从现场教员指挥。

（2）严格按设备（焊接设备、台钻、剪切机）的操作规程进行操作。

（3）不乱接电源，未经管理人员许可不使用其他用电设施。

（4）只要有学生在实训活动，就必须有实训教员在场。

（5）对实训场所进行安全检查，要求离开时必须切断电源，关好门窗，清理桌面、地面，清除隐患。

（6）对库存的易然、带腐蚀危险品，要求专人管理，严格出库制度，定期检查，账物相符。

（7）在进行实训时，应对调试过程中出现的危险进行防护，如四旋翼作品在调试中的护目镜、防割手套等防护措施规定。

（8）如发生事故，必须及时上报，不许隐瞒不报，或拖延上报，重大事故要立即抢救，同时保护好事故现场。

四十三、学校组织外出大型活动等管理制度

（1）组织学员外出参加实训教学活动，必须充分考虑活动场所、线路、交通工具、气候环境等方面的安全性。

（2）组织学员活动的辅导教师应切实负起安全责任，学员应自始至终在辅导教师的带领和保护下开展活动。

第九部分　附则

四十四、各部门、各工作人员可根据基地管理制度相关原则，同时结合部门实际情况，制定相应的考核办法、实施细则，提报考评小组审核、备案后方可执行。

四十五、本规定的解释权、监督执行权归基地考评小组。本规定自颁布之日起生效。

4.3　基地实践教学管理系统建设

实践教学管理系统是管理信息化的重要环节，实践教育基地利用管理系统对跨学校、跨年龄、跨内容的实践信息进行管理，客观地反映实际情况。如学员在初中阶段所在学校不同于高中阶段所在学校时、当学员的年龄不是同一个年级时，如何对他的学习记录、课程评价提供管理；当对某位学员发生的课程同时有理论课程、实践课程、竞赛课程时，如何能在同一个系统内实现管理时等，具体管理系统介绍如下。

实践教育基地实践教学管理平台，实行PC端和移动端同步为师生服务的模式，方便了用户的操作与体验。

根据角色不同，实践教育基地实践教学管理平台将用户分为实验室管理员、教师、学生三种身份，功能如下。

学生：实验预约、工位预约、预约管理、课堂实验、作业提交、个人课表查看、个人信息管理等。

教师：实验室预约、预约管理、新增课程、新增实验、安排实验、已安排实验管理、考勤管理、课堂实验、个人课表查看、个人信息管理。

实验室管理员：学期管理、实验室管理、实验室预约审核、答疑室、个人信息管理。

（1）教师管理功能

教师常见的功能与使用流程。教师使用流程如图4-1所示。

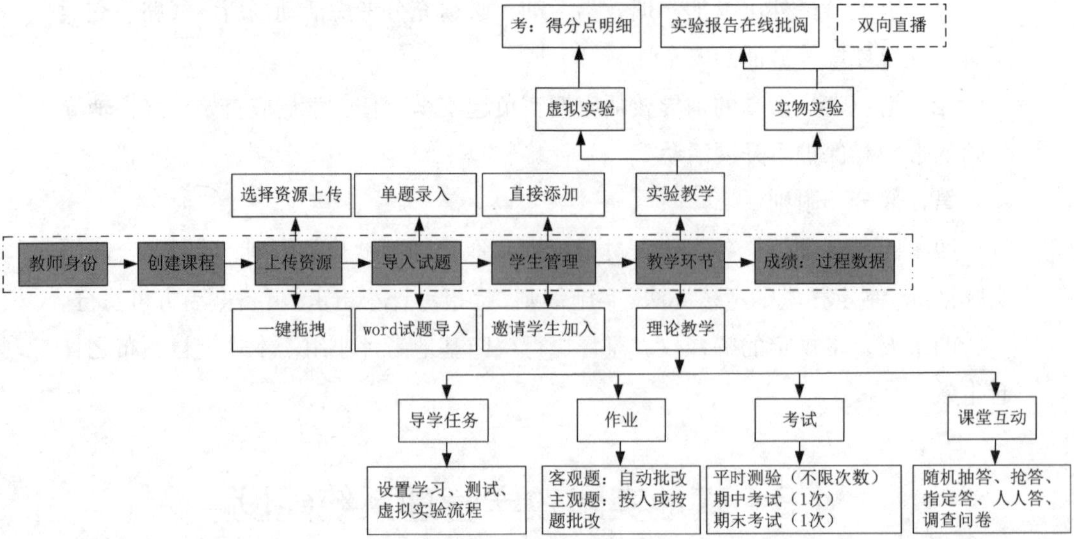

图4-1 教师使用流程

（2）学生管理功能

①创建教学班：单击“班级”，进入班级管理页面；单击“创建教学班”按钮，在弹出框中输入“教学班名称”，单击“保存”按钮。

②添加学生：邀请学生加入教学班。

单击“邀请加班”，如图 4-2 所示。

图4–2　教学班管理页面

将班级二维码或邀请码发给学生，学生通过学呗课堂 APP“加入班级”扫一扫二维码，即可加入教学班，如图 4-3 所示。

4–3　班级二维码及邀请码页面

③将学生导入教学班。

在图 4-4 中，单击“学生名单”，弹出如图 4-4 所示的教学班花名册管理页面。

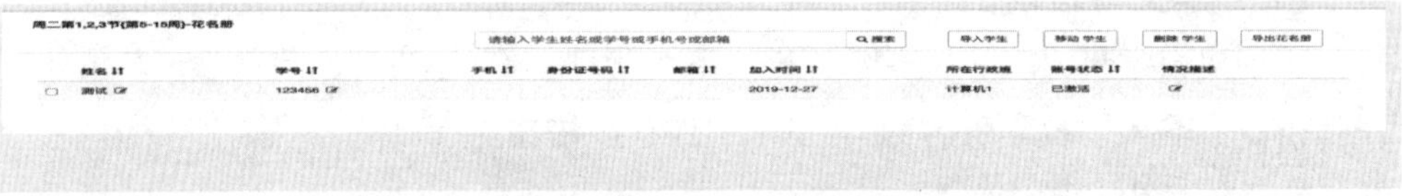

图4-4　学生花名册管理页面

单击“导入学生”，选择“从机构批量导入”，如图 4-5 所示，即可将机构树下的某一节点下的全部学生导入；选择“从机构单个导入”，可通过学生的姓名、学号、手机号或邮箱搜索机构下的学生；选择“从教学班导入”，可导入其他教学班的学生。

图4-5　学生花名册管理批量导入页面

（3）课程管理功能

创建课程：打开门户网站并登录，单击右上角的“创建课程”按钮，如图 4-6 所示，弹出如图 4-7 所示创建课程对话框。

图4-6　创建课程页面

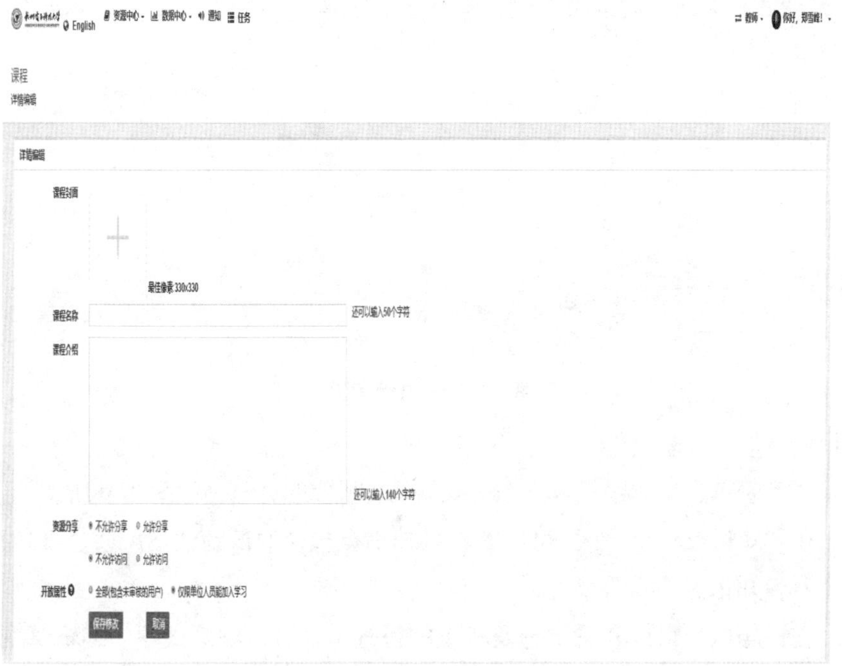

图4–7　创建课程对话框页面

课程分享：课程负责人可以将课程（包括：课程资源、试题库、试卷库、作业库、学习地图等）打包复制给指定的教师，受分享的教师接收到分享通知。课程负责人也可以直接创建分享二维码，并设置是否需要审核。教师扫一扫二维码提交申请或立即获得课程。

课程权限设置：课程负责人可以设置任课老师、助教的权限。

教学团队：课程负责人可以设置本课程的教学团队。教学班的任课教师只能在教学团队中选择。

进入课程：单击图片或“进入课程”按钮，即可进入“课程”页面。“课程”页面包括：资源、班级、题库、作业、考试、成绩、答疑、实验等模块。

课程资源上传：单击“资源”，进入资源管理页面。将计算机本地的课程资源文件夹拖拽到蓝色虚框内，释放鼠标后，系统就会自动进行识别检查。识别检查完毕后即可批量自动上传，如图 4–8 所示。

图4-8　资源管理页面

（4）题库管理功能

①题库管理：单击“题库”，进入课程试题管理页面，如图 4-9 所示。

a. 在“知识点”目录区，可以查看各知识点包含的试题数量（通过下拉列表，可以查看各知识点的得分率）。

b. 在试题区，可以查看试题及相应的得分率，可以删除试题、编辑试题。

c. 可以批量导入或单题录入试题。

图4-9　试题库管理页面

②知识点管理。

a. 单击“编辑”，进入知识点编辑状态。

b. 单击“导入章节”可以导入课程资源目录；单击“添加章”则可以添加第一级知识点，如图 4-10 所示。

c. 将光标移动到“章”上，会出现动态菜单。通过动态菜单，可以添加节或重命名章、删除章，如图 4-11 所示。

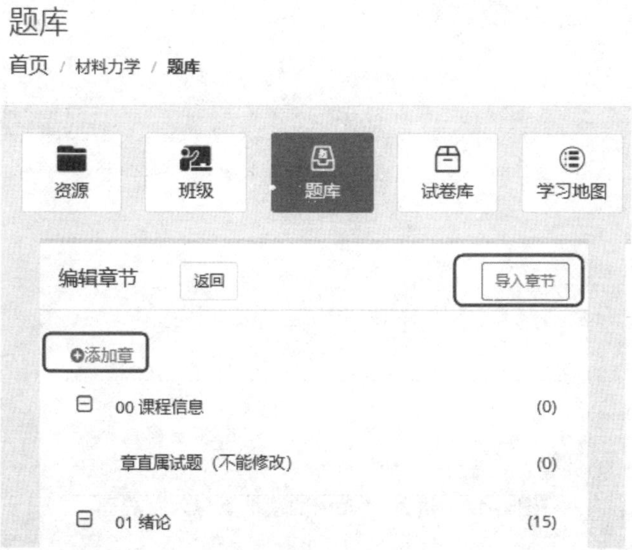

图4-10　导入章节或添加章页面

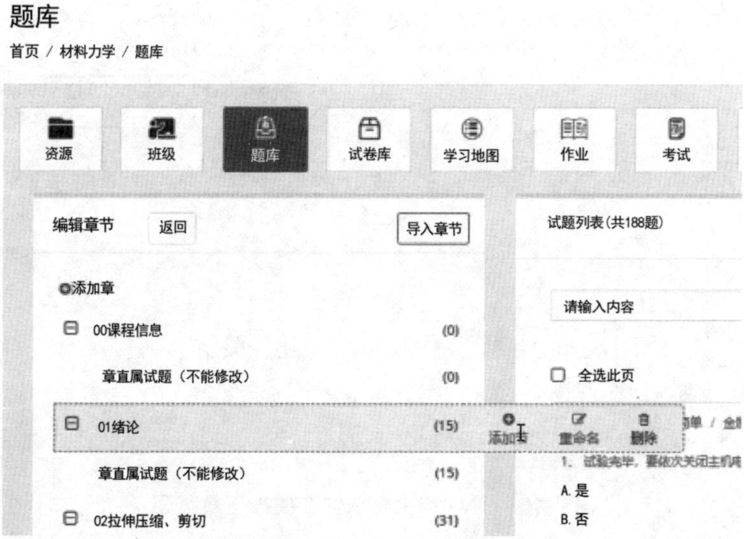

图4-11　添加节或修改章的名称页面

③批量导入试题。

a. 单击“批量导入(word)”按钮，进入“word 试题批量导入”界面，如图 4-12 所示。

图4–12 进入“word试题批量导入”界面

b. 单击“word 试卷示例”模板，如 4–13 所示，下载示例模板，并根据模板，整理好试题。

图4–13 “word试卷示例”模板下载页面

c. 单击“选择 word”按钮，如图 4–13 所示，并选择题库中创建的 word 文档，系统就会自动对 word 文档进行解析，并将试题分离出来。设置试题关联的知识点、分值等，如图 4–14 所示。

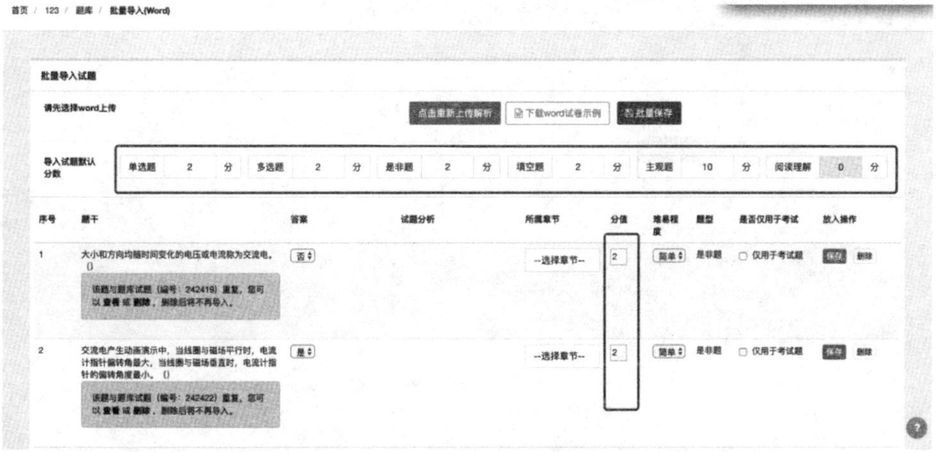

图4-14　自动解析word文档、自动分离出试题页面

d. 单击“批量保存”按钮，即可将试题保存到题库。

（5）作业管理功能

作业分两种方式：普通作业和练习卷作业。练习卷的作业与考试操作基本相同。普通作业，如“课后习题 1.1、1.5”，用一段描述性的语句说明作业的内容。普通作业只能由老师手动批改。本节主要介绍“普通作业”方式。

①发布作业任务：指定作业类型、作业描述、班级、作业时间、是否允许补交、附件等参数。

a. 单击“作业”，选择“创建作业”或在试卷库中选择“布置作业”，如图 4-15 所示，进入添加作业页面。

图4-15　进入“布置作业”页面

b. 设置作业“参数”，如图 4-16 所示。

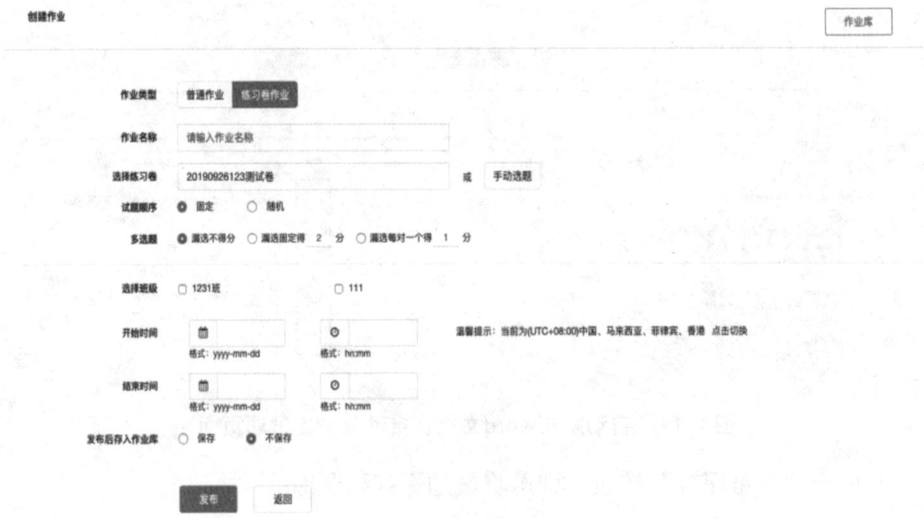

图4-16　设置作业参数页面

c. 单击“发布”按钮，即可完成作业布置。

②开始作业。

a. 自动开始作业：达到设置的时间，自动开始作业。

b. 强制开始作业：单击如图 4-17 所示的“立即开始”按钮，即可立即开始作业，但作业的截止时间不变。

图 4-17　立即开始作业页面

③作业批阅。

a. 单击“成绩”按钮，如图 4-18 所示，即可查看学生作业提交情况。

b. 单击“批改”按钮即可查看该生提交的作业，并给分。不合格的学生还可以“打回”重做。

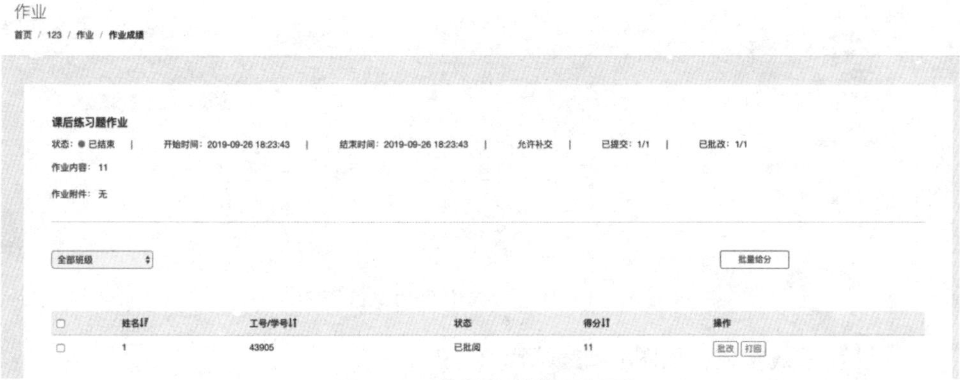

图4-18　作业完成情况页面

④补交作业。

可以单击“补交”按钮，如图 4-19 所示，并设置补交的截止时间。学生在补交截止时间之前，可以补交作业。

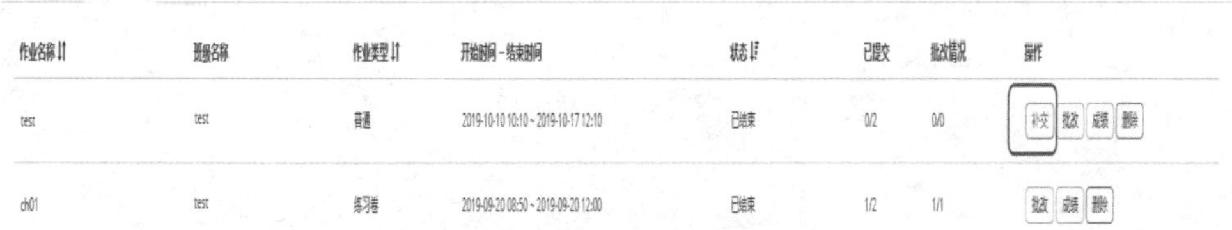

图4-19　补交作业页面

（6）考试管理功能

①创建考试。

a. 单击“考试”，选择“添加考试”，如图 4-20 所示，或在试卷库中点击“添加考试”，进入添加考试页面，如图 4-21 所示。

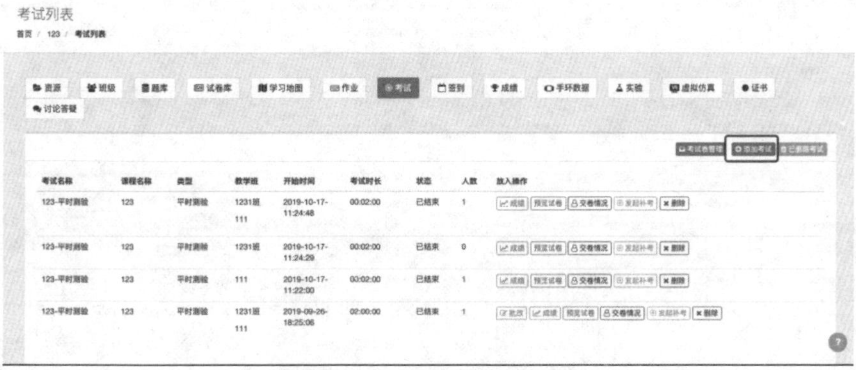

图4-20　添加考试页面

图4-21　从试卷库中添加考试页面

b. 设置考试参数，如图 4-22 所示。

图4-22　web版创建考试页面

c. 单击“保存”按钮，即可创建考试，并自动添加到考试列表中，如图 4-23 所示。

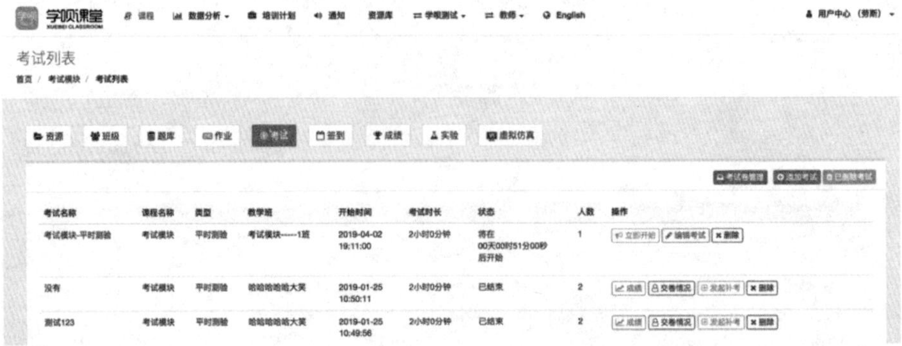

图4-23　web版考试列表页面

②开始考试。

a. 自动开始考试：系统时间到达所设置的考试时间，自动启动考试。

b. 手动开始考试：直接单击“立即开始”按钮，如图 4–23 所示，即可强制开启考试。

③考试监控。

a. 单击右侧“交卷情况”按钮，如图 4–24 所示，弹出“学生交卷情况列表”。

图4–24　进入“学生交卷情况列表”页面

b. 在“学生交卷情况列表”框中，可以查看考生的状态，包括是否参加考试及是否交卷等，如图 4–25 所示。

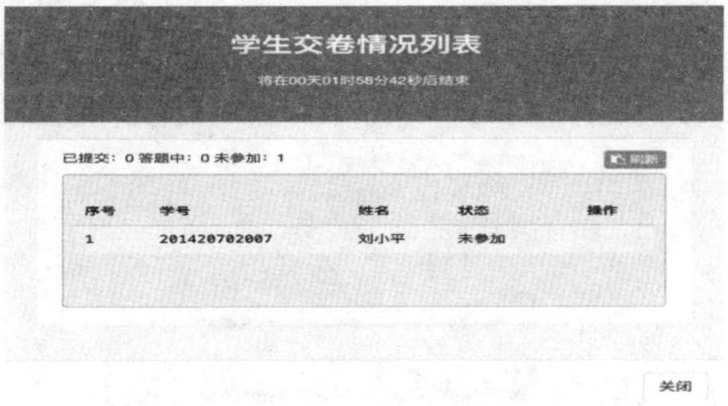

图4–25　web端学生考试情况页面

④试题批改：客观题由系统自动批改。主观题的批改采用人工批改。“学呗课堂”提供两种批改方式：按人批改和按题批改。

填空题由系统自动批改，但教师可以进行审核。审核时，只显示自动批改为错误的填空题。

⑤试卷分析（以手机端为例）。

通过试卷分析，发现教学死角，及时巩固。

a. 单击“考试”按钮，点击一项考试，在弹出的快捷菜单中选择“成绩分析”，如图 4–26 所示，即可进入试卷分析页面。

b. 整体分析：如图 4–27 所示，以柱状图形式展示该次考试的成绩分布情况，可显示出每个成绩段的人员数。

c. 调阅学生的试卷：单击每个学生，如图 4–28 所示，即可调阅学生的试卷。

d. 查看教学死角：单击“试题分析”，即可查看试题得分率，得分率越低，说明学生掌握越差。

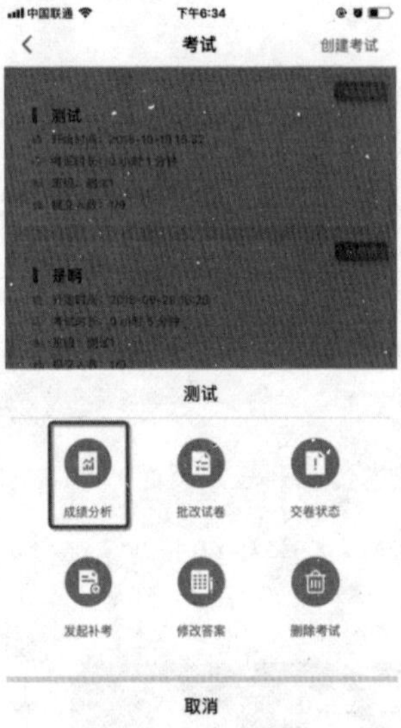

图4–26　成绩分析页面

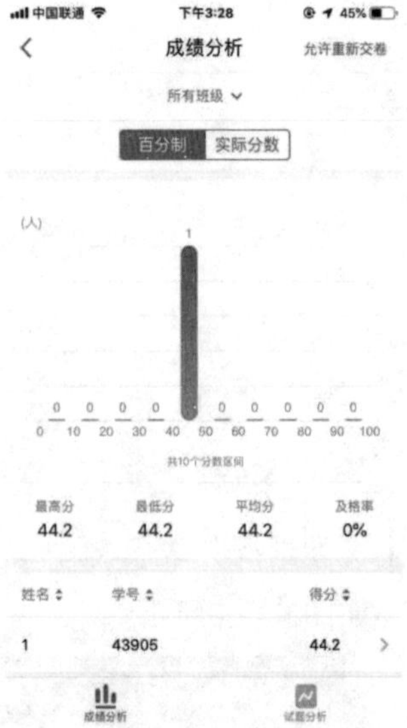

图4–27　试卷整体分析页面

图4–28　试题分析页面

e. 查看课程考试动态变化情况：单击“趋势分析”，会用图表形式显示该课程历次考试的分数情况及变化情况，如图 4–29 所示。

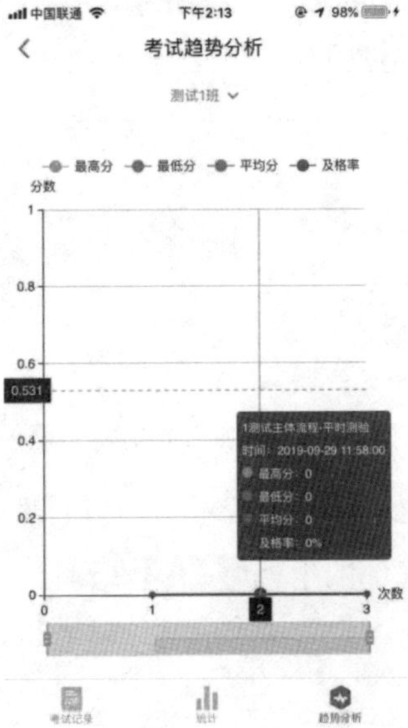

图4–29　课程考试动态变化情况页面

（7）试卷管理功能

①试卷库：提供创建试卷、编辑等功能。

单击“组卷”按钮，如图 4–30 所示，即可进入试卷库组卷页面。

图4–30　进入“试卷库”页面

根据意图出卷：通过指定章节、题型及对应的数量等，一键生成试卷。

a. 选择“按章节智能组卷”，然后选择出卷的章节范围、输入各章节各类题型出题数量，如图 4–31 所示，系统会从所选的章节中随机抽取出试题，点击保存后，底部会展示出各题出题数量，可查看当前各试题分数及总分。

图4–31　按章节出题页面

b. 单击“预览试卷”，如图 4–32 所示，可以查看到整张试卷的内容。如果试题不符合要求，可以点击底部的返回继续编辑题目。试卷会默认生成试卷名称，单击可修改名称。

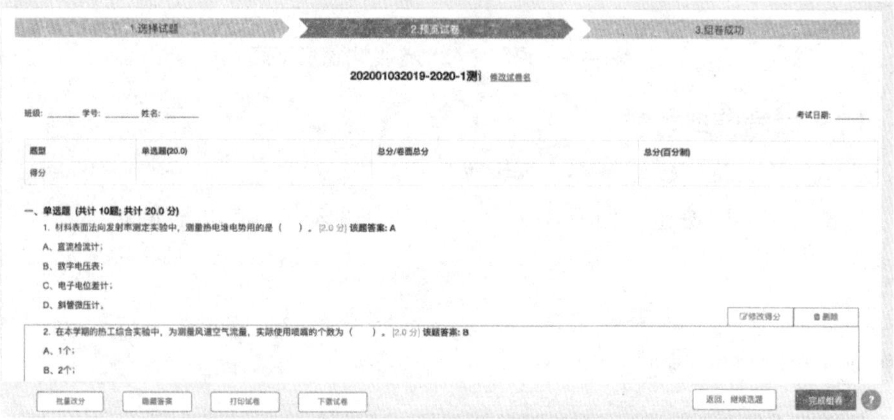

图4–32　进入“预览试卷”页面

c. 单击“完成组卷”后，即可完成智能组卷，试卷会保存到试卷列表中。

②手动组卷：直接从题库中手动选择并添加试题，完成试题组卷。

a. 单击图 4–32 中的“自由手动组卷”按钮，即进入选择试题页面。

b. 添加试题。通过知识点、关键词等选择符合要求的试题，然后单击试题后面的“选题”按钮，即可将该题添加到试卷中，如图 4–33 所示。

图4-33　手动添加试题页面

c. 试题添加完成后，可以单击“预览试卷”，查看是否满足要求。

d. 单击“完成组卷”，完成手动组卷。

第5章　杭州电子科技大学实践教育基地教学资源建设

基于“资源开放与共享机制协调、硬件平台与软件资源协调、自主研学与质量监管协调”的实践资源建设理念，建设了高层次的优质资源平台，包括“基本实践教学”“科研成果转化”“企业合作共享”三大类科技创新实践教学资源，科技创新教学改革资源组成架构如图 5-1 所示。

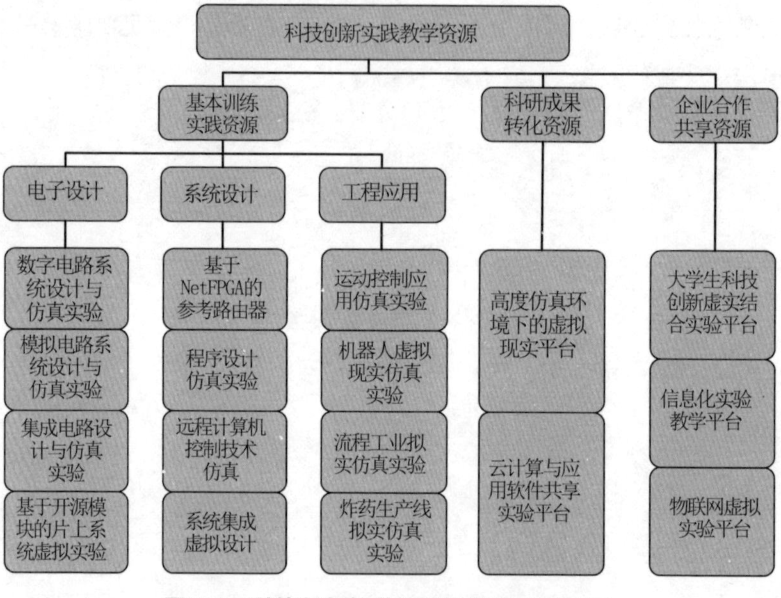

图5-1　科技创新教学改革资源组成架构图

（1）基本实践教学资源

包含电子设计、系统设计和工程应用三部分科技创新实践内容，注重学生基本技能的培养。电子设计由“数字电路系统设计与仿真实验”“模拟电路系统设计与仿真实验”“集成电路设计与仿真实验”“基于开源模块的片上系统虚拟实验”四部分组成。系统设计由“基于 NetFPGA 的参考路由器”“程序设计仿真实验”“远程计算机控制技术仿真”“系统集成虚拟设计”四部分组成。工程应用主要由“运动控制应用仿真实验”“机器人虚拟现实仿真实验”“流程工业拟实仿真实验”“炸药生产线拟实仿真实验”四部分组成。

（2）科研成果转化资源

科研成果转化资源由“高度仿真环境下的虚拟现实平台”和“云计算与应用软件共享实验平台”两大部分组成，注重学生新技术及应用能力的培养。依托电子科学与技术和电子信息工程等国家级优势特色学科，将科研成果转化为实验教学资源，科研反哺实验教学，以高素质人才培养作为科研工作的出发点与落脚点；将学科建设的成果转化为人才培养优势。

（3）企业合作共享资源

企业合作共享资源由“大学生科技创新虚实结合实验平台”“信息化实验教学平台”“物联网虚拟实验平台”三部分组成。注重学生工程应用综合创新能力的培养，主要从解决工程实际问题出发，采用工程通用仿真软件进行电路仿真设计、虚实结合调试、产学研项目开发等逐级深入的实践培养环节；与行业应用实现无缝对接，满足电子信息技术人才培养需要。让学生达到在实验室所学所见即工业现场所用的高度，在建立现代工业自动化的宏观概念同时，实现仿真系统、真实过程控制系统的组态调试。

5.1　实践教育基地教学资源规划

5.1.1　实践教育基地建设条件

基地十分重视师资队伍建设，成立了一支勇于创新、热心于科创实践指导的教师队伍。实践教育基地主要成员来自于我校大学生科技创新孵化器社团（2016 年获得全国大学生“小平科技创新团队”称号，当年全国 50 个、浙江省 2 个）。

孵化器社团致力于物联网控制电路设计与网络数据分析以及生物医疗信号处理与控制电路设计。自成立以来，在学科竞赛、科研项目、辅助教学、服务社会等方面取得了一定成绩，在国家级、省级科技竞赛中获奖 32 项，获得国家级大学生创新创业训练计划项目、浙江省“新苗人才计划”资助项目 6 项。实验室先后与杭州市中医院等单位建立合作关系，所研发的部分项目产品已投入使用。目前，实验室正创办高新技术产业园区企业，计划在未来几年内将技术转化为产品，推向市场，积极为社会服务。

实践教育基地教学模式，参照和借鉴我校《创新性实验》课程，该课程的主讲教师同时兼任实践教育基地的指导教师。

本课程是电子信息类专业重要实践性课程，课程总学时为32学时。面向专业为电子信息工程、电子信息科学与技术、电子科学与技术、通信工程、信息对抗与技术、光信息科学与技术等专业。本课程开课学期为第5、第6学期，是学生在完成基础实验后，针对实际工程问题，三人一组，自主思考，申报完成一个应用实验项目，重点是创新。课程通过介绍数个综合性电子系统的设计思路和设计方法，给出一些对应的实验要求，让读者自己去探寻掌握电子系统设计技术及其创新的途径。实践过程注重工程能力、分析能力和创新能力的培养，通过实践的启迪和大量的有创意的实验项目训练，能动地激发创新意识，培养自主创新能力；使学生在理论、实践能力和创新精神三方面能得到同步收获。通过本课程学习，可以提高学生运用专业知识分析实际问题，提出解决方案，合理选用现代工具与仿真平台解决实际问题，同时也可以培养学生创新意识和团队意识，本课程的实施，拟达到以下目标。

①能结合实际应用，利用专业知识，根据系统功能和指标，设计实现方案，或者对现有的系统或方案进行优化，体现创新意识；

②针对复杂工程问题，能够选择合理的设计平台或工具（如程序仿真，电路板设计制图工具等），并熟练使用；

③能够自行组队分组（3人一组），培养团队合作意识，胜任团队成员的角色与责任，组织团队成员开展工作完成团队分配的工作；

④能够借助申报选题、中期汇报、期末答辩、撰写报告等环节，就电子信息相关的复杂工程问题，通过书面或口头方式表达自己的观点。

5.1.2　实践教育基地资源建设方案

（1）实践教育基地建设目标

①建立示范性校外实践基地。

基于“杭电—杭实高中 学生科技创新实训基地”开展国家、省、校级的各类学生科技创新计划和学科竞赛活动。

②重构创新能力培养实践教学体系。

以“创新性实验”课程为切入点，侧重学生工程实践能力的培养，对后续系列科技创新实践教学进行改革。基于创新创业能力培养，构建自主研学的实践教学体系和网络实验室，实现了开放共享的实验管理模式。

③总结经验和成果，编写相关指导讲义。

在教学成果建设上，编写科技创新实践相关教材，发表实践教学改革论文。

④学生学科竞赛的成绩取得新的突破。

参加实践教育基地锻炼的学生在国家、省、校级的学科竞赛的成绩更进一步，而且同时低年级学生获奖的等级和比例有大幅提高。

（2）实践教育基地建设实施过程

通过建立校外实践基地，进行基于创新能力培养的信息化实践教学探索；通过开设“创新性实验”课程试点班进行适合新技术发展需要的创新性实践教学体系研究；通过教学项目库的建设与持续更新培养具有工程创新精神的电子信息类专业人才，更好地服务于省属高校电子信息类本科学生的工程创新能力的培养目标。实践教育基地建设具体实施过程如下。

①充分调研，科学论证，顶层设计。

团队教师调研了如美国 Michigan 大学、墨西哥蒙特雷科技大学、清华大学、东南大学、西安电子科技大学等国内外知名高校实践课程开设的情况，学习国内外高校的成功经验，制订了科技创新实践平台建设的实施方案。

首先，科技创新实践活动不是孤立存在的，必须与人才培养目标紧密结合，与整体育人体系相协调。本科院校应准确定位科技创新实践在人才培养模式中的功能，明确实现这些预设功能的路径，确保科技创新实践围绕人才培养目标形成系列化活动。其次，要“两手抓”。一手抓场地、指导人员的落实，一手抓管理和评价制度建设。最后，让学生明确本专业培养目标、服务面向、学习任务等，使学生在大学期间能结合自己的志向和兴趣，有意识地学习和有效地开展科技创新实践活动，形成自己的知识结构以及相应的实践能力。

②从实际出发，综合考虑，开设系列科技创新实践课程。

以学生需求为出发点，改变以往受实验条件限制只能开设简单实验的局限性，打破跨学科的实验屏障，以“创新性实验”等科创课程为切入点，支撑复杂的多学科交叉的系统性实验，提升实践教学效果。

③由点到面，整体推进，将重构科技创新实践教学体系。

项目建设依托我校电子设计综合实验室、全国大学生“小平科技创新团队”

以及计算机、电子等学院各类学生科技实践创新实验室，借助“多元化”课程体系开设科创实训课程。以本实验课程为切入点，侧重学生工程实践能力的培养，对后续系列科技创新实践教学进行改革。基于创新创业能力培养，构建自主研学的实践教学体系和网络实验室，实现了开放共享的实验管理模式。

a. 创新类科技竞赛。科技创新活动是培养大学生综合素质的有效手段，是提高大学生就业竞争力的重要方法。因为科技创新活动是一项全面的综合的活动，也是一项将理论应用于实践的活动，大学生的能力和素质能够得到全面的锻炼，解决了高校课堂教学与实践脱节的问题，从而缩小高校人才培养与社会需求之间的差距，增强大学生的就业竞争能力。

b. 科普类课题研发。科普近年来受到了国家的高度重视，科学普及对于提高全民的科学文化素质至关重要，因此将高尖端技术应用于科普中，以广大民众喜闻乐见的形式表现出来，不仅有助于科学技术的传播，也有助于学生创新能力的培养。结合学科的优势，依托丰富的产学研合作经验和实践教学经验，完善智能系统实验室建设和运行管理，增加实验室的开放性，建立基于科普类科研课题的学生研发平台。

5.1.3 实践教育基地教学安排

实践教育基地开设了阶梯递进式的实训教学内容，通过分阶段教学激励学生进行复杂系统工程的研究与设计，通过实践培养创新意识和创新能力。

阶段一

课程性质：科普性理论课程

课程时长：一课时

课程目标：让学生对电子、计算机行业建立概念，有基本的认识。

课程内容：

上半课时：结合科技热点，介绍电子、计算机领域的宏观知识体系结构，提高学生学习兴趣。

下半课时：介绍电子实验仪器的功能和操作方法。

阶段二

课程性质：理论 + 实践课程

课程时长：五课时

课程目标：让学生对物联网技术及物联网设备有一定的了解及基础开发能力。

课程内容：

课时一：对物联网技术进行宏观介绍，内容包括：物联网的前身今世；物联网的应用场景；物联网行业的发展趋势。

课时二：以开发者的身份，介绍物联网开发的关键性技术及开发流程，内容包括：介绍物联网开发需要掌握的技术；介绍物联网开发的常用软硬件；介绍“微控制器”概念，让学生在单片机上运行进行自己的第一次开发。

课时三至课时五：熟悉单片机开发软件及开发流程，尝试通过自己编程实现对单片机的简单控制。

阶段三

课程性质：理论 + 实践课程

课程时长：六课时

课程目标：让学生实际参与传感器物联网项目的开发，在开发过程中加强知识体系的构建、体验团队合作。

课程内容：

课时一：对一个典型物联网系统——温湿度传感节点的软硬件进行剖析，讲解温湿度传感器的原理。

课时二至课时三：学生尝试自主编写代码，完成单片机 + 温湿度传感器结合的环境温湿度采集系统设计。

课时四：介绍网络模块的软硬件组成，介绍目前热门的三种网络协议——TCP 协议、HTTP 协议、MQTT 协议，帮助学生理解数据在网络中的传输过程。

课时五至课时六：学生尝试自主编写代码，完成单片机 + 网络模块结合的无线数据收发系统设计。

阶段四

课程性质：实践课程

课程时长：三课时

课程目标：让学生将模块组合成为系统，完成自己的第一个物联网作品。

课程内容：

课时一：对一个物联网系统进行剖析。

课时二至课时三：学生完成模块联调，搭建自己的第一个物联网设备。

阶段五

课程性质：理论课程

课程时长：二课时

课程目标：对整一期课程中设计的知识点进行总结和复盘，对项目开发过程中团队合作理念的探讨，解答专业、行业选择的相关问题。

课程内容：

课时一：课程内容总结与复盘，以讨论课的形式分享收获、提出不足。

课时二：结课，解答同学关于专业选择和行业选择的问题。

阶段六

课程性质：理论 + 实践课程

课程时长：三课时

课程目标：让学生对四旋翼无人机及其控制技术有一定的了解，让学生亲自体验无人机的控制。

课程内容：

课时一：

上半课时：对无人机相关知识进行宏观介绍，内容包括：无人机的发展历史；无人机的应用场景；下半课时：让学生体验无人机的控制。

课时二：以开发者的身份，介绍无人机开发的关键性技术及开发流程，内容包括：介绍无人机开发需要掌握的技术；介绍无人机开发的常用软硬件；简单介绍无人机飞行过程中用到的算法，帮助学生理解无人机飞行的原理。

课时三：复习单片机开发流程，编写单片机控制程序。

阶段七

课程性质：理论 + 实践课程

课程时长：九课时

课程目标：让学生实际参与无人机项目的开发，在开发过程中加强知识体系的构建、体验团队合作。

课程内容：

课时一：对一个无人机系统的软硬件进行剖析，讲解无人机飞行的原理。

课时二至课时三：学生尝试自主组装无人机，并编写代码实现无人机的起飞和降落。

课时四：介绍无人机上搭载的姿态传感模块以及无人机姿态解算法。

课时五至课时六：学生尝试自主编写代码，完成无人机姿态数据的采集和可视化。

课时七：介绍无人机与遥控器之间的交互过程，讲解无线通信中“数据帧”的概念。

课时八至课时九：学生尝试自主编写代码，完成遥控器与无人机之间的数据交互，能够通过遥控器控制无人机的起飞和降落。

阶段八

课程性质：实践课程

课程时长：三课时

课程目标：让学生将模块组合成为系统，完成自己的第一个无人机作品。

课程内容：

课时一：简单介绍 PID 控制的思想，学生开始进行模块联调，搭建自己的无人机。

课时二至课时三：学生完成模块联调，见证无人机从单个零件到真正能够飞行的全过程。

阶段九

课程性质：理论课程

课程时长：二课时

课程目标：对整一期课程中设计的知识点进行总结和复盘，对项目开发过程中团队合作理念的探讨，解答专业、行业选择的相关问题。

课程内容：

课时一：课程内容总结与复盘，以讨论课的形式分享收获、提出不足。

课时二：结课，解答同学关于专业选择和行业选择的问题。

阶段十

课程性质：理论 + 实践课程

课程时长：三课时

课程目标：让学生对图像处理算法有一定的了解，引入 Python 语言在图像处理中的优势与应用。

课程内容：

课时一：

上半课时：对图像处理相关知识进行宏观介绍，内容包括：图像处理算法的发展历史；图像处理算法的应用。

下半课时：在 PC 机上让学生体验图像处理算法。

课时二：以开发者的身份，介绍图像处理的关键性技术及开发流程，内容包括：介绍图像处理中的常用算法；介绍开源图像处理库——OpenCV 以及编程语言 Python；利用 OpenCV 开源库，在 PC 上编写第一个图像处理程序。

课时三：利用 OpenCV 开源库，完成图像的放大、缩小、二值化、腐蚀、膨胀等基本操作。

阶段十一

课程性质：理论 + 实践课程

课程时长：九课时

课程目标：让学生实际参与图像处理项目的开发，在开发过程中加强知识体系的构建、体验团队合作。

课程内容：

课时一：介绍嵌入式图像处理的概念和硬件平台——树莓派以及软件平台——Linux，进行树莓派的第一次操作体验。

课时二至课时三：体验、熟悉 Linux 中的命令行操作和代码编写方法；体验 Linux 下 OpenCV 开源库的使用。

课时四：介绍 Python 语言语法，利用 Python 语言和 OpenCV 开源库，在嵌入式平台上编写第一个图像处理程序。

课时五至课时六：学生尝试自主编写代码，完成嵌入式平台上的图像处理基本操作。

课时七：介绍树莓派配套 USB 摄像头的使用方法。

课时八至课时九：学生尝试自主编写代码，完成树莓派 + 摄像头的图像采集，实现一个“简易照相机”。

阶段十二

课程性质：实践课程

课程时长：三课时

课程目标：让学生将模块组合成为系统，完成自己的第一个图像处理作品。

课程内容：

课时一：讲解系统工作流程，帮助学生理解图像处理中的关键步骤。

课时二至课时三：学生完成模块联调，完成对图像的采集、处理和输出过程，体验如何用代码而不是修图软件对图像进行处理。

阶段十三

课程性质：理论课程

课程时长：二课时

课程目标：对整一期课程中设计的知识点进行总结和复盘，对项目开发过程中团队合作理念的探讨，解答专业、行业选择的相关问题。

课程内容：

课时一：课程内容总结与复盘，以讨论课的形式分享收获、提出不足。

课时二：结课，解答同学关于专业选择和行业选择的问题。

5.2　实践教育基地教学内容建设

实践教学是育人体系中的重要组成部分，包含了教学计划、实践锻炼、课程资源建设三个部分，教学安排规划根据学生从初中到大学的十年期间，如何进行理论实践课程的规划和竞赛赛程安排规划，结合实际中考和高考的实际状况，对时间进行充分而又合理的应用，最大程度建立科技创新文化环境、根据青少年的智力和能力的发展制定理论实践课程的科学普及，让学生在基地里既能学会科学知识，又能以项目的形式有机地将这些知识联系起来，形成完成项目所必须的设计能力、制作能力、调试能力、协助能力等，逐步培养勤于思考、善于思考的习惯、养成科技创新素养，实践锻炼和课程资源就像是左膀右臂般支撑起融合育人体系的牢固基础，这些不光给同学们带来知识，还在科技创新的征程中发挥巨大的作用，它们是完成实训项目和创新竞赛作品不可或缺的重要部分。下面分别详细介绍这三部分的内容。

5.2.1　基地教学计划

教学安排纲要如图 5-2 所示分为两个部分：理论实践课程规划和竞赛赛程安排规划，根据学生年龄特点和其他课内知识的学习进度，对初中一、二年级，高中一、二年级，大一做了理论实践课程规划，对高中二年级、大二、大三做了竞赛赛程安排规划。

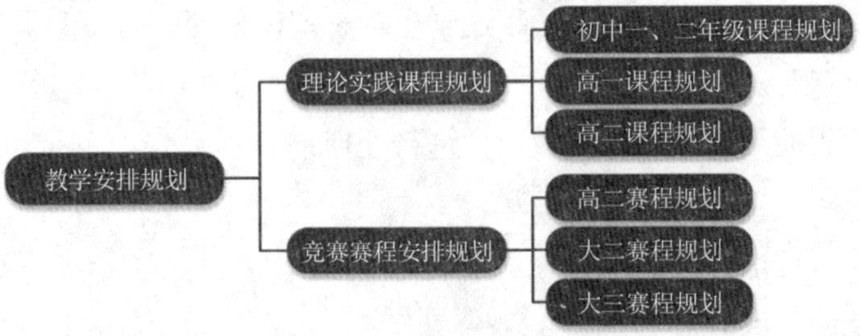

图5-2 教学安排纲要图

在教学计划上要考虑五个原则，不同的学科存在差异，仅以电子专业为例。

①需要合理安排课程与课程之间、平台与模块之间、软件与硬件之间的先后及并行关系；

②每个阶段要以项目的形式作导向，对本阶段学习的内容进行综合测评；

③学生课内学习的压力和课外科技知识学习的压力之间的比例；

④学期上课期间和寒暑假放假期间的安排；

⑤统筹完成竞赛前的课程体系储备、实践能力储备、创新项目储备，最终在竞赛时能体现综合实力。

按照同学经历的时间先后次序介绍各个年级的教学计划。

我们以初中一、二年级理论实践课程为例，阐述一下教学计划的原则，在这一阶段规划安排要注意：语言学习和开发环境学习之间的关系，两者中语言学习应先于开发环境的学习或者同时开始学习，比如先安排 C 语言学习再安排 DEV C++ 环境的学习；硬件学习与开发环境及仿真工具学习之间的关系，两者中硬件学习应先于开发环境的学习，如先安排 MCS51 单片机的学习再安排 Keil5 和 Proteus 的学习比较合理；语言学习和开发平台学习之间的关系，语言学习应先于开发平台的学习比较合适，如 C 语言的学习应先于 MCS51 单片机的学习；对于硬件学习和模块学习之间关系，硬件学习应先于模块学习，如 MCS51 单片机的学习应先于键盘模块的学习；协议的学习和模块的学习之间的关系，协议的学习应先于模块的学习，如 SPI 协议的学习应先于 OLED 显示模块的学习等。

初中一、二年级阶段在每个学期的学习中都以一个项目为导向，伴随其他课程、模块、协议的学习，综合完成这个项目的实现，如初一阶段学习完成 MSC51 单片机（初级）课程、C 语言（初级）课程以及键盘、LED 显示模块后，完成综合设计流水灯控制项目；初二阶段学习在完成 MSC51 单片机（高级）课程、C 语言（高级）课程、OLED 显示模块和 SPI 通信协议的基础上，完成视力保护装置项目；最后的新初三阶段学习完成 Python（初级）课程、树莓派开发平台（初级）课程、Linux 入门和 OpenCV 模块的学习后，完成综合设计项目——利用树莓派对字母图像的自动识别。

初中一、二年级阶段在时间安排上比较紧凑，初中的课外学习时间大多集中在一、二年级，初三中考前的课内学习任务压力非常大，保送的模拟考试也要提前考试，所以根据实际情况，初三的课外科技知识学习规划暂停。

在课程规划安排中，暑假是学习的关键，它有较长的一段相对集中的时间可以用来系统学习。比如新初一暑假，这是 C 语言（初级）及其编程环境、MSC51 单片机（初级）及其开发环境 Keil5 和仿真工具 Proteus 入门的最佳时间，将软件和硬件同时融合在一起，让中学生一开始就对软硬两个方面进行了解，让硬件的高不可攀变得和软件一样触手可得。又如新初二暑假安排了 C 语言（中级）和 MSC51 单片机（高级），在暑假假期中将最重要的软硬件基础都扎扎实实地学会、学懂、学通。

作为一切编程的基础，不论是计算机软件编程还是嵌入式硬件编程都离不开 C 语言的入门训练，因此安排 C 语言的内容贯穿整个初中，分为初级和中级两个阶段，初级主要涉及 C 语言概述、数据类型、运算符与表达式、顺序程序设计、选择结构程序设计、循环控制、数组、函数；中级主要涉及预处理命令、指针、结构体与共用体、位运算、文件、常见错误和程序调试等。整个初中阶段的学习重点是熟悉 C 语言编程，掌握 MCS51 硬件开发平台和嵌入式编程，初步掌握强大功能的开源库构架应用。

高中一年级阶段的重点是掌握 Python 编程，掌握 STM32 硬件开发平台和嵌入式编程及外围模块的控制，掌握强大功能的开源库构架应用，了解互联网编程。

高中二年级阶段的重点是熟练掌握 STM32 硬件开发平台和嵌入式高级编程及外围复杂模块的控制，掌握互联网 APP 和微信小程序的编程，掌握物联网智能终端的编程。

大学一年级阶段的重点是熟练掌握 STM32 硬件开发平台高级应用及嵌入式高级编程，熟练掌握树莓派开发平台高级应用，Python 语言高级应用，初步掌握 FPGA 开发平台以及 VerilogHDL 语言的编写，掌握外围复杂模块的数据输入输出控制以及多个模块数据融合技术，对四旋翼项目和图像处理项目进行深入的探究。

5.2.2 基地实践锻炼

高中二年级除了要对理论实践课程进行学习，还有一项重要的任务就是参加科技类竞赛。

我们为高二年级同学规划的竞赛赛程主要是针对全国青少年科技创新大赛，如需参加其他竞赛可根据赛制和赛程进行编写规划。

与初三的情况类似，高三进入高考的全面复习，不再安排课外学习计划，如想参加比赛可以在新高三暑假制作自主比赛创意项目，准备好比赛的作品，进入高三后根据高二“全国青少年科技创新大赛—赛程安排”再参加一次比赛。

大学低年级同学根据比赛的先后，配合专业体系课程的学习，利用课余时间，同学掌握各开发平台、开发工具的程度以及开发能力的逐步提高，主要规划有全国大学生 FPGA 创新设计竞赛、中国高校智能机器人创意大赛、全国大学生电子设计竞赛、“挑战杯”全国大学生课外学术科技作品竞赛、“挑战杯”中国大学生创业计划大赛、全国大学生数学建模竞赛、全国大学生智能汽车竞赛、浙江省“新苗人才计划”等，这里的竞赛赛程规划以电子信息专业的同学参加的比赛为例，其他专业的同学可以参考各自专业的比赛项目编制竞赛赛程规划。

5.2.3 基地课程资源建设

基地为每一位有志于科技研发的同学准备了科创实践课程群，如图 5-3 所示。

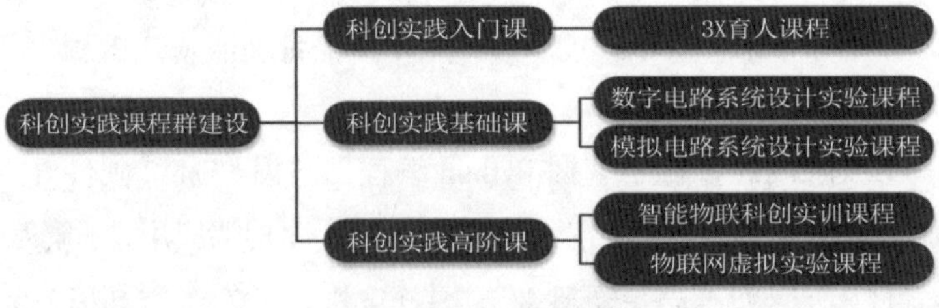

图5-3 科创实践课程群结构

结合科技创新研究方向，开设了“智能物联科创实训”课程。该课程是电子信息类专业重要实践性课程，课程总学时为 32 学时。面向专业为电子信息工程、电子信息科学与技术、电子科学与技术、通信工程、信息对抗与技术、光信息科学与技术等。学生在完成基础实验后，针对实际工程问题，三人一组，自主思考，申报完成一个应用实验项目，课程授课重点是科技创新。

学生在完成基本的电子技术学习和入门后，必须迅速地转向基于现代电子设计技术的基本方法和基本理念，在学习与实践中培养自主创新能力。本课程通过介绍基于手势控制的汽车人机交互系统、基于视频识别的远程机械臂控制系统、无线自组网智能照明系统等数个科技前沿的综合创新性项目，给出科创项目设计的思路和方法以及对应的实验要求，引导学生去探寻掌握科创项目设计技术及其创新的途径。实验内容注重自主研学学习为能力培养手段，注重科技前沿、基础理论和实验方法的介绍，注重工程能力、分析能力和实践能力的培养，构建了一个创新能力培养和实践的阶梯。通过教学的启迪和大量有创意的实验项目训练，能动地激发创新意识，从而使学生在基础理论、实践能力和创新精神三方面得到同步收获。

课程涉及范围较广，学生可以结合电子竞赛、挑战杯、学生科研项目等自行选题申报。要求学生先期完成数字电路、模拟电路、单片机、EDA 技术、电子设计等课程学习，专业课学习成绩较好，有较强动手及创新能力前提下选修本课程。课程中学生基本上靠自已能力完成查阅资料、设计方案、设计硬件电路、编写软件程序、调试电路和程序，并写出实验报告，从而提高利用所学知识分析解决实际问题的能力。

（1）课程目标

"智能物联科创实训"课程是科技发展与科学精神类课程。通过本课程学习，可以提高学生运用专业知识分析实际问题，提出解决方案；合理利用人工智能、物联网技术、互联网 + 思维等解决实际问题，培养学生自主研学和科技创新能力。本课程实施，拟达到如下目标。

①能结合实际应用，利用专业知识，根据系统功能和指标，设计实现方案或者对现有的系统或方案进行优化；

②针对复杂工程问题，利用人工智能、物联网技术、互联网 + 思维等解决实际工程问题，完成方案设计；

③自由组队（3 人一组），培养团队合作意识，胜任团队成员的角色与责任，组织团队成员开展工作完成团队分配的工作；

④结合科技前沿完成选题申报、中期汇报、期末答辩、撰写报告等环节，通过 PPT 答辩完成项目结题。

"智能物联科创实训"支撑课题目标的指标点，课程目标与相关要求及其指标点的对应关系如表5-1所示。

表5-1 课程目标与要求及其指标点的对应关系

要求	指标点	课程目标
设计：能够设计针对电子信息复杂工程问题的解决方案，设计满足特定需求的电子器件、电路和系统，并能够在设计环节中体现创新意识，考虑社会、健康、安全、法律、文化以及环境等因素	能够利用专业知识，根据设计指标，确定电路和系统的设计方案； 能综合利用专业知识，运用电子系统组成单元，针对复杂工程问题的电路及系统设计方案进行优化，体现创新意识	1
使用现代工具：能够针对电子信息复杂工程问题，选择与使用恰当的PCB 加工工艺或芯片流片工艺，开发与使用各种电子测试相关仪器设备，包括信号发生器、示波器、数字万用表、电源、频谱分析仪等，选择与使用各种仿真软件，如spice、multisim 等，包括对电子信息复杂工程问题的预测与模拟，并能够理解其局限性	能针对复杂工程问题，选择并合理使用现代工具与仿真平台	2
个人和团队：能够在多学科背景下的团队中承担个体、团队成员以及负责人的角色	能胜任团队成员的角色与责任，组织团队成员开展工作完成团队分配的工作	3
沟通：能够就电子信息复杂工程问题与业界同行及社会公众进行有效沟通和交流，包括撰写报告和设计文稿、陈述发言、清晰表达或回应指令。并具备一定的国际视野，能够在跨文化背景下进行沟通和交流	能够针对电子信息领域的工程问题通过书面或口头方式表达自己的观点	4

(2)课程内容与基本要求

“智能物联科创实训”课程实验项目及学时分配如表5-2所示。

表5-2 课程目标与实验内容、教学方法的对应关系

序号	实验名称	实验类型	实验内容	教学方法	课程目标			
					1	2	3	4
1	课程介绍及选题	综合	介绍创新途径方法、课程实施、分组等要求	讲授、研讨	●		●	●
2	科创项目—方案设计	设计	对项目进行合理的方案设计	自行设计、研讨	●		●	●
3	科创项目—硬件设计	设计	设计选题系统的硬件电路	自行设计、研讨	●	●	●	●
4	科创项目—硬件制作	设计	制作选题系统的硬件电路	自行制作、研讨	●	●	●	●
5	科创项目—硬件调试	设计	调试选题系统的硬件电路	自行制作、研讨	●	●	●	●

续表

序号	实验名称	实验类型	实验内容	教学方法	课程目标			
					1	2	3	4
6	科创项目—软件流程设计	设计	设计选题系统的软件流程	自行设计、研讨	●	●	●	●
7	科创项目—软件编写	设计	编写选题系统的软件程序	自行设计、研讨	●	●	●	●
8	科创项目—软件调试	设计	调试选题系统的软件程序	自行调试、研讨	●	●	●	●
9	科创项目—软硬件联调	设计	调试选题系统的软硬件	自行调试、研讨	●	●	●	●
10	科创项目—系统测试及完善	设计	对选题系统的软硬件进行完善	自行调试、研讨	●	●	●	●
11	科创项目—答辩及验收	综合	对最终结果进行测试验收，并让学生介绍整个制作完成过程	测试、答辩			●	●

该课程详细教学内容和方法如下所述。

①主要内容。

本课程针对实际工程问题，利用人工智能、物联网技术、互联网＋思维等理论知识，学生三人一组，自行组队，自主申报并完成一个科技创新项目设计。课程中学生自主独立完成查阅资料、设计方案、设计硬件电路、编写软件程序、调试电路和程序，并写出实验报告，从而提高利用所学知识分析解决实际问题的能力。

②教学方法与要求。

a. 任务布置。“智能物联科创实训”课程共 32 学时，学生三人一组需完成一个科创实验项目设计，指导教师在开课前一周通过网络平台发布课程综合实验设计任务。

b. 选题申请。课程提前录制了实验教学视频并发布在学校网络教学平台，视频内容包括仿真软件的操作使用、简单的仿真举例、典型案例设计等内容，学生结合专业方向及兴趣进行选课申请。

c. 课堂实验。为达到更好的实验效果，课堂对实验人数进行了一定的限制，每个实验班最多允许 30 名学生进行实验设计。课堂实验以学生为主体，实验课上学生承担“讲解、补充、质疑”任务，教师承担“质疑、引导、归纳”任务，指导教师每周挑选两组优秀团队对实验设计进行讲解及心得分享。调动学习气氛，提升实验教学的趣味性、研究性及可研讨性。

d. 实验考核。课程采用“自主设计论文答辩”的实验考核模式，学生制作 PPT

进行实验项目汇报，并通过网络教学平台提交实验总结报告。实验考核注重实验的过程性，避免以实验考试定成绩的方式。关注学生实验报告质量的同时，更关注学生在综合设计性实验中所展示的积极性、团队合作意识和工程创新能力等。

③重点难点。

本课程通过介绍基于手势控制的汽车人机交互系统、基于视频识别的远程机械臂控制系统、无线自组网智能照明系统等数个科技前沿的综合创新性项目，给出科创项目设计的思路和方法以及对应的实验要求，引导学生去探寻掌握科创项目设计技术及其创新的途径。实验内容注重以自主研学学习为能力培养手段，通过教学的启迪和大量有创意的实验项目训练，激发创新意识，从而使学生在基础理论、实践能力和创新精神三方面能得到同步收获。

④实践环节及要求。

“智能物联科创实训”课程实践环节主要内容和基本要求如表5-3所示。

表5-3　实践环节主要内容和基本要求

序号	实验名称	实验内容	基本要求
1	课程介绍及选题	介绍创新途径方法、课程实施、分组等要求	学生以组为单位提交选题申请表，并描述实验项目的功能指标及设计方案规划
2	科创项目—方案设计	对项目进行合理的方案设计	学生以组为单位详细讲述实验设计方案，并对组内成员进行分工
3	科创项目—硬件设计	设计选题系统的硬件电路	按照验设计方案，完成硬件设计，并对组内成员进行分工
4	科创项目—硬件制作	制作选题系统的硬件电路	按照验设计方案，组员合作完成硬件制作
5	科创项目—硬件调试	调试选题系统的硬件电路	按照验设计方案，组员合作完成硬件调试
6	科创项目—软件流程设计	设计选题系统的软件流程	按照验设计方案，组员合作完成软件流程设计
7	科创项目—软件编写	编写选题系统的软件程序	按照验设计方案，组员合作完成软件流程编写
8	科创项目—软件调试	调试选题系统的软件程序	按照验设计方案，组员合作完成软件调试
9	科创项目—软硬件联调	调试选题系统的软硬件	按照验设计方案，完成软硬件联调
10	科创项目—系统测试及完善	对选题系统的软硬件进行完善	按照验设计方案，组员合作完成系统测试及功能完善
11	科创项目—答辩及验收	对最终结果进行测试验收，并让学生介绍整个制作完成过程	制作PPT参加项目汇报、测试、答辩

（3）课程考核方式及成绩评定方法

“智能物联科创实训”课程是考查课，课程采用“自主设计论文答辩”模式对实验设计进行验收和考核。除对仿真正确性、实物完成度、实验报告规范性等实验结果进行要求外，实验结果更注重发挥学生的自主性。实验教学考核关注实验的过程性，避免以实验考试定成绩的方式。注重学生实验报告质量的同时，更关注学生在综合设计性实验中所展示的积极性、团队合作意识和工程创新能力等。实验课程考核与成绩评定方法如表 5-4 所示。

表5-4　实验课程考核与成绩评定方法

考核项目	考核内容	考核关联的课程目标	考核依据与方法	占总评成绩的比重
选题讨论	选题的质量	1,3,4	从选题实用性、创新性、工作量等方面考评，共计20分	20%
中期检查	选题阶段性任务完成情况	1,2,3,4	做PPT汇报项目进展情况，如是否完成电路或程序设计及调试，根据完成情况评分，共计10分	10%
答辩	对项目了解程度和参与程度	4	项目组成员各自介绍承担的任务，依据其参与了解情况单独评分，共计20分	20%
实物测试	项目分析设计和仿真结果，焊接制作验证结果	1,2	根据实物设计制作的方案、焊接工艺，功能指标实现情况验收评分，共计40分	40%
报告	报告质量	3,4	根据报告的规范性、各部分内容质量，批阅评分，共计10分	10%
总评成绩				100%

5.3　实践教育基地产学合作协同育人建设

5.3.1　我国实践教育产学合作协同育人实施概述

国务院办公厅关于深化产教融合的若干意见

进入 21 世纪以来，我国教育事业蓬勃发展，为社会主义现代化建设培养输送了大批高素质人才，为加快发展壮大现代产业体系做出了重大贡献。但同时，受体制机制等多种因素影响，人才培养供给侧和产业需求侧在结构、质量、水平上还不能完全适应，“两张皮”问题仍然存在。深化产教融合，促进教育链、人才链与产业链、创新链有机衔接，是当前推进人力资源供给侧结构性改革的迫切要求，对新形势下全面提高教育质量、扩大就业创业、推进经济转型升级、培育经济发展新动能具有重要意义。为贯彻落实党的十九大精神，深化产教融合，全面提升人力资源质量，经国务院同意，现提出以下意见。

一、总体要求

（一）指导思想

全面贯彻党的十九大精神，坚持以习近平新时代中国特色社会主义思想为指导，紧紧围绕统筹推进“五位一体”总体布局和协调推进“四个全面”战略布局，坚持以人民为中心，坚持新发展理念，认真落实党中央、国务院关于教育综合改革的决策部署，深化职业教育、高等教育等改革，发挥企业重要主体作用，促进人才培养供给侧和产业需求侧结构要素全方位融合，培养大批高素质创新人才和技术技能人才，为加快建设实体经济、科技创新、现代金融、人力资源协同发展的产业体系，增强产业核心竞争力，汇聚发展新动能提供有力支撑。

（二）原则和目标

统筹协调，共同推进。将产教融合作为促进经济社会协调发展的重要举措，融入经济转型升级各环节，贯穿人才开发全过程，形成政府企业学校行业社会协同推进的工作格局。

服务需求，优化结构。面向产业和区域发展需求，完善教育资源布局，加快人才培养结构调整，创新教育组织形态，促进教育和产业联动发展。

校企协同，合作育人。充分调动企业参与产教融合的积极性和主动性，强化政策引导，鼓励先行先试，促进供需对接和流程再造，构建校企合作长效机制。

深化产教融合的主要目标是，逐步提高行业企业参与办学程度，健全多元化办学体制，全面推行校企协同育人，用 10 年左右的时间，教育和产业统筹融合、良性互动的发展格局总体形成，需求导向的人才培养模式健全完善，人才教育供给与产业需求重大结构性矛盾基本解决，职业教育、高等教育对经济发展和产业升级的贡献显著增强。

二、构建教育和产业统筹融合发展格局

（一）同步规划产教融合与经济社会发展

制订实施经济社会发展规划，以及区域发展、产业发展、城市建设和重大生产力布局规划，要明确产教融合发展要求，将教育优先、人才先行融入各项政策。结合实施创新驱动发展、新型城镇化、制造强国战略，统筹优化教育和产业结构，同步规划产教融合发展政策措施、支持方式、实现途径和重大项目。

（二）统筹职业教育与区域发展布局

按照国家区域发展总体战略和主体功能区规划，优化职业教育布局，引导职业教育资源逐步向产业和人口集聚区集中。面向脱贫攻坚主战场，积极推进贫困地区学生到城市优质职业学校就学。加强东部对口西部、城市支援农村职业教育扶贫。支持中部打造全国重要的先进制造业职业教育基地。支持东北等老工业基地振兴发展急需的职业教育。加强京津冀、长江经济带城市间协同合作，引导各地结合区域功能、产业特点探索差别化职业教育发展路径。

（三）促进高等教育融入国家创新体系和新型城镇化建设

完善世界一流大学和一流学科建设推进机制，注重发挥对国家和区域创新中心发展的支撑引领作用。健全高等学校与行业骨干企业、中小微创业型企业紧密协同的创新生态系统，增强创新中心集聚人才资源、牵引产业升级能力。适应以城市群为主体的新型城镇化发展，合理布局高等教育资源，增强中小城市产业承载和创新能力，构建梯次有序、功能互补、资源共享、合作紧密的产教融合网络。

（四）推动学科专业建设与产业转型升级相适应

建立紧密对接产业链、创新链的学科专业体系。大力发展现代农业、智能制造、高端装备、新一代信息技术、生物医药、节能环保、新能源、新材料以及研发设计、数字创意、现代交通运输、高效物流、融资租赁、电子商务、服务外包等产业急需紧缺学科专业。积极支持家政、健康、养老、文化、旅游等社会领域专业发展，推进标准化、规范化、品牌化建设。加强智慧城市、智能建筑等城市可持续发展能力相关专业建设。大力支持集成电路、航空发动机及燃气轮机、网络安全、人工智能等事关国家战略、国家安全等学科专业建设。适应新一轮科技革命和产业变革及新经济发展，促进学科专业交叉融合，加快推进新工科建设。

（五）健全需求导向的人才培养结构调整机制

加快推进教育“放管服”改革，注重发挥市场机制配置非基本公共教育资源作用，强化就业市场对人才供给的有效调节。进一步完善高校毕业生就业质量年度报告发布制度，注重发挥行业组织人才需求预测、用人单位职业能力评价作用，把市场供求比例、就业质量作为学校设置调整学科专业、确定培养规模的重要依据。新增研究生招生计划向承担国家重大战略任务、积极推行校企协同育人的高校和学科倾斜。严格实行专业预警和退出机制，引导学校对设置雷同、就业连续不达标专业，及时调减或停止招生。

三、强化企业重要主体作用

（一）拓宽企业参与途径

鼓励企业以独资、合资、合作等方式依法参与举办职业教育、高等教育。坚持准入条件透明化、审批范围最小化，细化标准、简化流程、优化服务，改进办学准入条件和审批环节。通过购买服务、委托管理等，支持企业参与公办职业学校办学。鼓励有条件的地区探索推进职业学校股份制、混合所有制改革，允许企业以资本、技术、管理等要素依法参与办学并享有相应权利。

（二）深化“引企入教”改革

支持引导企业深度参与职业学校、高等学校教育教学改革，多种方式参与学校专业规划、教材开发、教学设计、课程设置、实习实训，促进企业需求融入人才培养环节。推行面向企业真实生产环境的任务式培养模式。职业学校新设专业原则上应有相关行业企业参与。鼓励企业依托或联合职业学校、高等学校设立产业学院和企业工作室、实验室、创新基地、实践基地。

（三）开展生产性实习实训

健全学生到企业实习实训制度。鼓励以引企驻校、引校进企、校企一体等方式，吸引优势企业与学校共建共享生产性实训基地。支持各地依托学校建设行业或区域性实训基地，带动中小微企业参与校企合作。通过探索购买服务、落实税收政策等方式，鼓励企业直接接收学生实习实训。推进实习实训规范化，保障学生享有获得合理报酬等合法权益。

（四）以企业为主体推进协同创新和成果转化

支持企业、学校、科研院所围绕产业关键技术、核心工艺和共性问题开展协同创新，加快基础研究成果向产业技术转化。引导高校将企业生产一线实际需求作为工程技术研究选题的重要来源。完善财政科技计划管理，高校、科研机构牵头申请的应用型、工程技术研究项目原则上应有行业企业参与并制订成果转化方案。完善高校科研后评价体系，将成果转化作为项目和人才评价重要内容。继续加强企业技术中心和高校技术创新平台建设，鼓励企业和高校共建产业技术实验室、中试和工程化基地。利用产业投资基金支持高校创新成果和核心技术产业化。

（五）强化企业职工在岗教育培训

落实企业职工培训制度，足额提取教育培训经费，确保教育培训经费60%

以上用于一线职工。创新教育培训方式，鼓励企业向职业学校、高等学校和培训机构购买培训服务。鼓励有条件的企业开展职工技能竞赛，对参加培训提升技能等级的职工予以奖励或补贴。支持企业一线骨干技术人员技能提升，加强产能严重过剩行业转岗就业人员再就业培训。将不按规定提取使用教育培训经费并拒不改正的行为记入企业信用记录。

（六）发挥骨干企业引领作用

鼓励区域、行业骨干企业联合职业学校、高等学校共同组建产教融合集团（联盟），带动中小企业参与，推进实体化运作。注重发挥国有企业特别是中央企业示范带头作用，支持各类企业依法参与校企合作。结合推进国有企业改革，支持有条件的国有企业继续办好做强职业学校。

四、推进产教融合人才培养改革

（一）将工匠精神培育融入基础教育

将动手实践内容纳入中小学相关课程和学生综合素质评价。加强学校劳动教育，开展生产实践体验，支持学校聘请劳动模范和高技能人才兼职授课。组织开展“大国工匠进校园”活动。鼓励有条件的普通中学开设职业类选修课程，鼓励职业学校实训基地向普通中学开放。鼓励有条件的地方在大型企业、产业园区周边试点建设普职融通的综合高中。

（二）推进产教协同育人

坚持职业教育校企合作、工学结合的办学制度，推进职业学校和企业联盟、与行业联合、同园区联结。大力发展校企双制、工学一体的技工教育。深化全日制职业学校办学体制改革，在技术性、实践性较强的专业，全面推行现代学徒制和企业新型学徒制，推动学校招生与企业招工相衔接，校企育人“双重主体”，学生学徒“双重身份”，学校、企业和学生三方权利义务关系明晰。实践性教学课时不少于总课时的 50%。

健全高等教育学术人才和应用人才分类培养体系，提高应用型人才培养比重。推动高水平大学加强创新创业人才培养，为学生提供多样化成长路径。大力支持应用型本科和行业特色类高校建设，紧密围绕产业需求，强化实践教学，完善以应用型人才为主的培养体系。推进专业学位研究生产学结合培养模式改革，增强复合型人才培养能力。

（三）加强产教融合师资队伍建设

支持企业技术和管理人才到学校任教，鼓励有条件的地方探索产业教师（导师）特设岗位计划。探索符合职业教育和应用型高校特点的教师资格标准和专业技术职务（职称）评聘办法。允许职业学校和高等学校依法依规自主聘请兼职教师和确定兼职报酬。推动职业学校、应用型本科高校与大中型企业合作建设“双师型”教师培养培训基地。完善职业学校和高等学校教师实践假期制度，支持在职教师定期到企业实践锻炼。

（四）完善考试招生配套改革

加快高等职业学校分类招考，完善“文化素质＋职业技能”评价方式。适度提高高等学校招收职业教育毕业生比例，建立复合型、创新型技术技能人才系统培养制度。逐步提高高等学校招收有工作实践经历人员的比例。

（五）加快学校治理结构改革

建立健全职业学校和高等学校理事会制度，鼓励引入行业企业、科研院所、社会组织等多方参与。推动学校优化内部治理，充分体现一线教学科研机构自主权，积极发展跨学科、跨专业教学和科研组织。

（六）创新教育培训服务供给

鼓励教育培训机构、行业企业联合开发优质教育资源，大力支持“互联网＋教育培训”发展。支持有条件的社会组织整合校企资源，开发立体化、可选择的产业技术课程和职业培训包。推动探索高校和行业企业课程学分转换互认，允许和鼓励高校向行业企业和社会培训机构购买创新创业、前沿技术课程和教学服务。

五、促进产教供需双向对接

（一）强化行业协调指导

行业主管部门要加强引导，通过职能转移、授权委托等方式，积极支持行业组织制订深化产教融合工作计划，开展人才需求预测、校企合作对接、教育教学指导、职业技能鉴定等服务。

（二）规范发展市场服务组织

鼓励地方政府、行业企业、学校通过购买服务、合作设立等方式，积极培育市场导向、对接供需、精准服务、规范运作的产教融合服务组织（企业）。支持利用市场合作和产业分工，提供专业化服务，构建校企利益共同体，形成稳定互惠的合作机制，促进校企紧密联结。

（三）打造信息服务平台

鼓励运用云计算、大数据等信息技术，建设市场化、专业化、开放共享的产教融合信息服务平台。依托平台汇聚区域和行业人才供需、校企合作、项目研发、技术服务等各类供求信息，向各类主体提供精准化产教融合信息发布、检索、推荐和相关增值服务。

（四）健全社会第三方评价

积极支持社会第三方机构开展产教融合效能评价，健全统计评价体系。强化监测评价结果运用，作为绩效考核、投入引导、试点开展、表彰激励的重要依据。

六、完善政策支持体系

（一）实施产教融合发展工程

“十三五”期间，支持一批中高等职业学校加强校企合作，共建共享技术技能实训设施。开展高水平应用型本科高校建设试点，加强产教融合实训环境、平台和载体建设。支持中西部普通本科高校面向产业需求，重点强化实践教学环节建设。支持世界一流大学和一流学科建设高校加强学科、人才、科研与产业互动，推进合作育人、协同创新和成果转化。

（二）落实财税用地等政策

优化政府投入，完善体现职业学校、应用型高校和行业特色类专业办学特点和成本的职业教育、高等教育拨款机制。职业学校、高等学校科研人员依法取得的科技成果转化奖励收入不纳入绩效工资，不纳入单位工资总额基数。各级财政、税务部门要把深化产教融合作为落实结构性减税政策，推进降成本、补短板的重要举措，落实社会力量举办教育有关财税政策，积极支持职业教育发展和企业参与办学。企业投资或与政府合作建设职业学校、高等学校的建设用地，按科教用地管理，符合《划拨用地目录》的，可通过划拨方式供地，鼓励企业自愿以出让、租赁方式取得土地。

（三）强化金融支持

鼓励金融机构按照风险可控、商业可持续原则支持产教融合项目。利用中国政企合作投资基金和国际金融组织、外国政府贷款，积极支持符合条件的产教融合项目建设。遵循相关程序、规则和章程，推动亚洲基础设施投资银行、丝路基金在业务领域内将“一带一路”职业教育项目纳入支持范围。引导银行业金融机构创新服务模式，开发适合产教融合项目特点的多元化融资品种，做好政府和社会资本合作模式的配套金融服务。积极支持符合条件的企业在资本市场进行股权融资，发行标准化债权产品，加大产教融合实训基地项目投资。加快发展学生实习责任保险和人身意外伤害保险，鼓励保险公司对现代学徒制、企业新型学徒制保险专门确定费率。

（四）开展产教融合建设试点

根据国家区域发展战略和产业布局，支持若干有较强代表性、影响力和改革意愿的城市、行业、企业开展试点。在认真总结试点经验基础上，鼓励第三方开展产教融合型城市和企业建设评价，完善支持激励政策。

（五）加强国际交流合作

鼓励职业学校、高等学校引进海外高层次人才和优质教育资源，开发符合国情、国际开放的校企合作培养人才和协同创新模式。探索构建应用技术教育创新国际合作网络，推动一批中外院校和企业结对联合培养国际化应用型人才。鼓励职业教育、高等教育参与配合“一带一路”建设和国际产能合作。

七、组织实施

（一）强化工作协调

加强组织领导，建立发展改革、教育、人力资源社会保障、财政、工业和信息化等部门密切配合，有关行业主管部门、国有资产监督管理部门积极参与的工作协调机制，加强协同联动，推进工作落实。各省级人民政府要结合本地实际制定具体实施办法。

（二）营造良好环境

做好宣传动员和舆论引导，加快收入分配、企业用人制度以及学校编制、教学科研管理等配套改革，引导形成学校主动服务经济社会发展、企业重视“投资于人”的普遍共识，积极营造全社会充分理解、积极支持、主动参与产教融合的良好氛围。

卓越工程师教育培养计划的开展

2010 年 6 月，“卓越工程师教育培养计划”（以下简称“卓计划”）启动会在天津大学举办，该计划为期十年，以改革人才培养模式为核心，重点面向工科本科生及研究生，培养具有优秀的革新能力、能够满足社会及行业产业发展的高标准的优秀工程人才。“卓计划”的提出背景是创新型国家发展战略的发布，主要目的是强化工程教育与工业界的联系，为国家的创新发展提供强大的人才后备军，为建设中国特色工业化道路提供支持。“卓计划”中一项工作重点就是构建行业督导、校企联合的卓越工程师教育培养计划开展制度，完善卓越工程师教育培养计划校企联合育人机制，包括育人目的的确定、课程结构的安排布局以及教学内容的选择、联合进行人才培养、联合评测培养质量。除此之外，“卓计划”还提出对参与产教融合的企业制定相应的优惠鼓励政策。

“卓计划”自 2010 年发展至今，全国有 218 所高校加入，上千个本科及研究生学科专业加入“卓计划”。各高校在充分明确办学定位的基础上，人才培养效果显著。西安电子科技大学首创的国防生“卓越计划”培养模式成为国内高校开展“卓计划”的优秀典型，受到了教育部和相关部门的一致好评，其发展经验也在全国范围内推广开来。该校凭借其电子信息科学特色，与国内外大型企业如华为、中兴、IBM 等签署双边协议，共建联合实验室及工程实践教育中心。2018 年 10 月，《关于加快建设发展新工科实施卓越工程师教育培养计划 2.0 的意见》（以下简称“卓计划 2.0”）的出台将工程教育改革提升到国家发展战略高度，并要求开展国家层面的“大学生实习条例”立法工作，推进实行针对工科学生实习的“百万计划”。可以预见，随着“卓计划 2.0”的出台，将会带动产教融合各项保障机制的进步与完善。

产教融合发展工程的实施

产教融合发展工程于 2016 年由中央及地方政府共同组织开展实施，其目的是要大幅度提高职业教育为学生未来发展服务、为国民经济社会发展服务的能力，建设更具现代化的职业教育体系。与“卓计划”不同的是，产教融合发展工程重点面向中等职业学校（含技工学校）、高等职业院校和应用型本科高校。这些高校以开展职业教育为主要任务，致力于培养应用技术型人才。如此一来，“卓计划”与产教融合发展工程并驾齐驱，创新人才与应用人才分类培养，人才结构也更加趋于合理，既能够满足不同行业的人才需求，也符合新工科的建设逻辑。

在产教融合发展工程中，应用型本科高校成为发力重点。这类院校多由若干个专科学校合并组建而成，发展上正处于由职业教育向普通高等教育的转型过渡期。应用型本科高校要想转型成功，形成自身独有的办学特色，更需要产教融合的加持。湖南理工学院原本是由岳阳师范高等专科学校、岳阳大学及岳阳教育学院三所专科院校合并组建而成，“十三五”后被列入产教融合发展工程建设院校。该校在发展中坚持走深化产教融合的道路，取得了骄人的成绩。教育教学方面，开展8项教育部“产学合作专业综合改革”项目；科研及社会服务方面，建立省级普通高校产学研示范基地3个。应用型本科高校的发展离不开地方政府的支持，因此该校与地方政府签订合作框架协议，所培养的应用型人才主要服务本地经济发展。这也表明，应用型本科高校转型成功的关键在于坚持发展产教融合，这样才可以在同质化严重的办学模式中凝练出特色。

产学合作协同育人项目的落地

产学合作协同育人项目是由教育部推动，2014年起开展施行，目的在于以企业需求的变化促使高等教育改革人才培养模式，提高人才培养质量。通过高校与企业共同开展合作项目的方式，搭建产学发展平台，促进校企双方深入对话。诸多实践表明，人才培养模式改革必须结合社会需要，高等工程教育更不例外。之所以说产教融合发展潜力巨大，是因为无论从数量规模还是内容建设上都呈现出良好的发展态势。数量上，该项目参与企业在2014年只有20多家，2019年，数量增长了10倍之多。项目数也从700多个增长到11000多个。2021年共有399家企业参与，项目数达两万余项。内容上，项目涵盖范围不断扩大，最初只有2种项目，即专业综合改革和大学生创新创业基金，划分较为笼统，高校和企业可选择的内容十分有限。到现在，产学合作项目共有8种。涉及人才培养的方方面面，同时还增加了新工科专题研究。主要包括课程教学改革、新工科建设、实践教学内容改革、创新创业教育改革等。项目范围的扩大为更多高校和企业提供了选择空间，也有利于校企双方更深入细致地展开合作。为促进产学合作协同育人项目可持续进行，教育部联合重点高校设立专家组，开展项目的咨询、审议、指导工作。

在2018年教育部产学合作协同育人项目对接会上，一大批新型合作育人项目确立，也有一大批项目已经完成，并进行总结。不少企业由于贡献突出被授予优秀合作伙伴的荣誉称号，如腾讯、华为、百度、中软国际等，也有部分高校获得了优秀组织奖，用于表彰其在产学合作过程中做出的努力。如湖北工业大学、西安科技大学等，这也吸引和鼓励着更多的高校和企业申报产学合作项目。工程教育强国之梦的实现需要脚踏实地地走好发展的每一步，高等教育普及化已经指日可待，高等工程教育在一定程度上引领着经济发展的新方向，这也是判断新工科建设成效的主要标准。鉴于此，高校和企业有必要联合起来，整合优势资源，加快工程教育改革的步伐。

5.3.2 基地产学合作协同育人模式探索

伴随着经济的迅猛发展，在信息技术的带动下，各产业竞争发展越发剧烈，知识创新能力保证企业拥有持久竞争力。知识在变化速度和创新跨度上呈现出跳跃性的发展，已逐渐成为各国的核心竞争资源。党的十八大关于创新驱动发展战略指出我国未来的发展要靠科技创新驱动。弗里曼（Freeman）和伦德毕尔（Lundvall）表示产学合作作为一条基础的科技创新路径，是国家创新系统中重要的一环，在促进知识转移、推进产业提高创新竞争力、推动产业升级方面发挥着极其重要的作用。贝斯（Beise）、斯塔尔（Stahl）和曼斯菲尔德（Mansfield）通过研究得出，在一些创新能力较高的企业中，其中有超过 10% 的创新成果产出都来自产学合作过程。产学合作是指高等教育系统的任何部分与产业界之间的互动，作为技术创新的一种重要模式，其目的主要是鼓励知识和技术交流。对比各国的技术和经济的发展，发现产学合作在吸收外部知识、提高本国创新能力上比其他方式效果更好。

近年来，产学合作已被广泛认为是加强开放式创新、组织外部网络发展创新和丰富知识存量的一种工具。我国政府在产学研合作相关政策的制定以及在法律层面积极探索、制定和实施了一些产学研合作政策。然而，大多数产学研合作政策主要由国家或国家部委颁布实施，由大学本身颁布的相关政策体系是较为罕见的。特别是近年来，中国经济增长的驱动方式由原来的要素转向政策和创新，产学合作为高校知识创造、企业技术升级提供了非常有利的环境。大学是知识孵化最好的基地，然而，目前我国大部分的高校在产学合作方面仍保持相对保守的态度，尤其缺失产学合作大学层面的制度供给。

知名公司与学校和科协中心联合建设联合实验室、实训基地、课程实践基地等，企业资深技术工程师免费来校或学生去公司参加讲座培训，公司不仅为学生免费申请器件，还在使用时提供技术支持，公司向国家教育部申请了协同育人项目，帮助学校新技术的应用和推广，公司还积极参与各类竞赛的赞助，成为重大竞赛器件的供应商，大力推进器件的应用力度，使学生会用、爱用，既资助了学生科研创新，又扩大了自身在大学生中的影响力。

杭州电子科技大学是一所电子信息特色突出，经管学科优势明显，工、理、经、管、文、法、艺等多学科相互渗透的教学研究型大学。与产业紧密相连的人才培养模式和研究方向决定了其在行业知识转移过程中也拥有着更大的实力和潜力，能发挥更大的作用。随着时代的发展在新的高等教育管理体制下，充分利用自身的行业优势，寻求地方政府和企业的支持，建立与地方产业的知识互动机制，融入区域经济活动，促进本地企业创新能力的提高。

依托杭州电子科技大学电工电子国家级实验教学示范中心，与德州仪器（TI）、美国国家仪器（NI）、美国微芯科技（Microchip）等一批国际高科技企业联合共建创新实践基地，2018 年以来企业资助大学生各类创新创业类项目 200 余项，团队教师主持教育部产学研项目 5 项，学生实践项目与行业应用实现无缝对接，满足工程实践创新能力培养需要。

5.3.3 基地产学合作协同育人项目实例

实例1 基于创新能力培养的信息化实践平台建设

美国国家仪器公司（NI）

普通省属高等学校电子信息专业人才培养应该具有多样性，既有学科型人才，更应该有大批能满足国家战略发展需求的工程技术人才。团队教师基于这一理念，充分调研，以提高学生的工程创新能力和可持续发展能力为培养目标，依托我校电子设计综合实验室、全国大学生“小平科技创新团队”，以及计算机、电子等学院各类学生科技实践创新实验室，进行信息化创新能力培养的实践平台建设，激发学生的学习兴趣，培养理论基础扎实、实践动手能力强、具有工程创新精神的电子信息类专业人才，更好地服务于省属高校电子信息类本科学生的工程创新能力的培养目标。

一、与项目相关的背景和基础介绍

（一）项目成员

学校十分重视信息化科技创新实践平台的师资队伍建设，建立了一支年龄、学历、职称结构合理，学术水平高，思想道德素质好，热心于实践教学的专兼职教师队伍。通过实践教学师资队伍的规划和建设，已建成一个实践教学与理论教学互通，教学、科研、技术相结合，热爱实践教学、勇于创新的实践教学队伍。

（二）电子设计综合实验室

电子设计综合实验室建立于 1999 年 6 月，是一个面向全校学生开放的综合性实验室。实验室主要采用自主研发的信息化教学管理系统进行实践教学，同时配备了 3D 打印机、3D 扫描仪、3D 激光雕刻机、Analog Discovery 2 口袋实验室、Basys3 开发板、PIC18 开发板、DSO7104A 示波器、N9320A 频谱仪、数字可调电源、8840A 示波器等硬件设备。

作为开放性实验室，主要用于开设创新性实验教学课程，同时承担两年一届的全国电子设计竞赛、飞思卡尔智能车竞赛、浙江省电子设计竞赛、挑战杯竞赛及学院一年一度的电子设计培训和竞赛任务，并且向全校电子工程、电子科学与技术、电子信息科学与技术等专业高年级学生提供电子系统设计方面的实践，培养学生的工程实践能力和相互协作能力。自建实验室以来，在承担全国大学生电子设计竞赛过程中，获得国家一等奖、二等奖十余项，飞思卡尔智能车竞赛全国特等奖、一等奖等多项，另外有多项省级奖项。

（三）"创新性实验"课程

本课程是电子信息类专业重要的实践性课程，课程总学时为 32 学时。面向专业为电子信息工程、电子信息科学与技术、电子科学与技术、通信工程、信息对抗与技术、光信息科学与技术等专业。本课程开课学期为第 5、6 学期，是学生在完成基础实验后，针对实际工程问题，三人一组，自主思考，申报完成一个应用实验项目，重点是创新。

课程通过介绍数个综合性电子系统的设计思路和设计方法，给出一些对应的实验要求，让读者自己去探寻掌握电子系统设计技术及其创新的途径。实践过程注重工程能力、分析能力和创新能力的培养，通过实践的启迪和大量的有创意的实验项目训练，能动地激发创新意识，培养自主创新能力；使学生在理论、实践能力和创新精神三方面得到同步收获。

二、项目建设的预期目标和成果

（一）建立校内实践基地

依托电子设计综合实验室、全国大学生"小平科技创新团队"以及计算机、电子等学院各类学生科技实践创新实验室建立校内实践基地，实践基地采用 NI 公司的 VirtualBench 多功能一体式仪器、Analog Discovery 2 口袋实验室和自主研发的信息化教学管理系统进行实践教学。

（二）重构创新能力培养实践教学体系

以"创新性实验"课程为切入点，侧重学生工程实践能力的培养，对后续系列科技创新实践教学进行改革。基于创新创业能力培养，构建自主研学的实践教学体系和网络实验室，实现了开放共享的实验管理模式。

（三）总结经验和成果，计划编写相关讲义 1 部，发表论文 1 篇

在教学成果建设上，编写科技创新实践相关讲义 1 部，发表实践教学改革论文 1 篇。

（四）学生学科竞赛的成绩取得新的突破

参加课程体系改革的学生在全国大学生电子设计竞赛、全国大学生“飞思卡尔”杯智能汽车竞赛的成绩更进一步，而且同时低年级学生获奖的等级和比例有大幅提高。

三、项目的具体内容、任务、实施路径等

本项目通过建立校内实践基地，进行基于创新能力培养的信息化实践教学探索。通过开设“创新性实验”课程试点班进行适合新技术发展需要的创新性实践教学体系研究。通过教学项目库的建设与持续更新培养具有工程创新精神的电子信息类专业人才，更好地服务于省属高校电子信息类本科学生的工程创新能力的培养目标。同时依托全国大学生“小平科技创新团队”进行信息化实践教学管理系统开发，信息化实践教学管理系统结构框如图 5–4 所示。

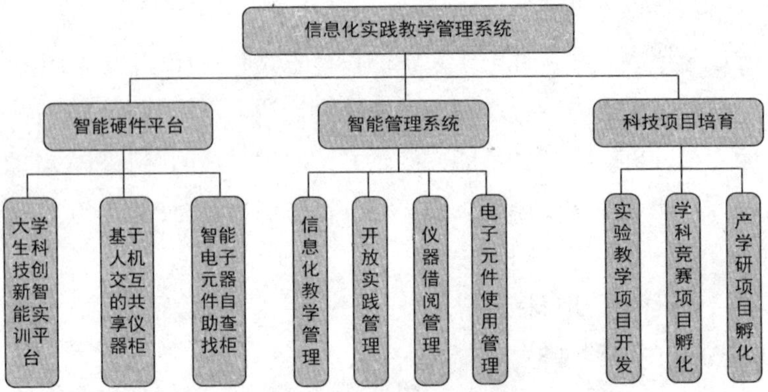

图5–4　信息化实践教学管理系统结构框图

四、基于创新能力培养的信息化实践平台建设项目后续设想

（一）以点带面，借鉴平台建设经验，扩大示范辐射作用

中心充分利用浙江省实验室指导委员会和工作研究会等平台，借鉴信息化创新能力培养的实践平台建设经验，与兄弟院校开展广泛的交流和合作，扩大示范辐射作用。

（二）完善实验库建设，扩大共享受益面

大力进行校内实验资源的整合与共享，基于 NI 公司的 VirtualBench 多功能一体式仪器和 Analog Discovery 2 口袋实验室，完成创新性实验项目资源库建设。同时加强实验教学资源的共建共享，实现校内外资源共享，以此带动周边高校信息化实践平台的建设和发展。

（三）推进信息化实践平台标准化建设工作

对信息化实践平台的硬件设备和配套管理软件进行标准化定义。同时，联合周边院校共同研究探索有利于创新性实践教学绩效考核激励机制，建立并试点运行高教园区内互认的实践考核评价机制。

实例2　基于FPGA的远程数字电路实验平台建设

一、项目相关背景和基础介绍

（一）先进的网络设施为远程虚拟教学资源建设提供基础保障

杭州电子科技大学是教育部“教育信息化——面向工程人才培养模式创新的智慧校园”试点单位，拥有先进的信息网络软硬件支撑平台，为开放式远程虚拟平台建设提供有力保障。电工电子国家级教学团队在多年的实践中，积累了丰富的实验室建设和实验教学经验，为项目的顺利实施奠定了扎实的基础。

（二）完善的实验教学基础为项目建设提供明确导向

学校建有国家级电子信息虚拟仿真实验教学中心和电工电子国家级实验教学示范中心，先后投资 3390 余万元，数字电路等多个基础教学实验室，满足电子、通信、计算机和自动化等专业每年 8420 名学生对实验教学的需要。经过多年的实验教学积累，已具备完善的实验类别和教学流程，并总结了传统实验教学中存在的问题和不足，能够为远程虚拟实验教学资源建设提供明确的指导性意见和建设方向。

（三）多元化的实验教学队伍为远程虚拟教学资源建设提供人才基础

项目成员为国家级电工电子实验教学团队成员，且具有丰富工程实践教学经验。通过多年的实践教学师资队伍规划和建设，已建成一个实践教学与理论教学互通，教学、科研、技术相结合，热爱实践教学、勇于创新的实践教学队伍，为远程虚拟实验项目建设储备了大量创新性人才。

（四）具备了良好的虚实结合实验基础。

学校重视远程虚实实验教学，多年来不断探索虚拟仿真实验教学的规律与模式，已建设了国家级虚拟仿真实验教学中心和国家级电工电子实验教学示范中心，开设了满足各个专业培养计划要求的数字电路虚拟仿真实验教学。

本项目建设内容，充分考虑了现有设备条件，结合电子信息类实验课程的特点，结合应用型人才培养对电子基本知识与素养的需求。

二、项目的特色和亮点

（一）构建了适应新技术发展的远程实验教学体系

依托虚拟设备等教学仪器，在“数字电路”“数字系统课程设计”等课程中试点开始远程在线教学项目，构建适应新技术发展的科创实践课程体系。新课程体系的实施，进一步激发了学生的学习欲望，使学生能够迅速由验证性实验过渡到自主设计实验，初步培养出学生自主设计能力，为学生终身学习习惯的形成打下坚实的基础。

（二）改革课程教学方法，优化课程内容

依托我校电工电子国家级实验示范中心、电子信息技术国家级虚拟仿真实验教学中心以及各类学生科技实践创新实验室，构建“线上线下混合、课内课外融合、理论实践结合”的教学模式。将其应用于实践教学中，极大地提高了学生的基础理论水平和系统设计实践能力，并拥有高起点去面对许多相关的后续课程。

（三）创建了自主设计论文答辩的考核方式

采用“自主设计论文答辩”全新的实验考核方式，学生可自主选题或选择任课教师指定的实践项目，论文答辩的考核方式激发了学生自主学习的兴趣，使学生在数字电路自主创新设计、工程协作、语言表达及论文写作等各个方面得到了训练。

三、项目建设目标

依托电子数字电路实验室建立远程虚拟实验教学平台，平台采用ELVIS Ⅲ仪器进行虚实融合教学设计，学生通过网络在线完成电子技术虚拟仿真设计；利用实验室配备的ELVIS Ⅲ仪器开展远程实体实验研究测试;实现仿真指导实体实验、实体实验验证仿真的闭环流程。

（一）重构创新能力培养远程实验教学体系

以“数字电路”课程为切入点，侧重学生工程实践能力的培养，对后续系列科技创新实践教学进行改革。基于创新创业能力培养，构建自主研学的实践教学体系和网络实验室，实现了开放共享的实验管理模式。

（二）总结经验和成果，发表论文。

在教学成果建设上，发表实践教学改革论文。

（三）学生学科竞赛的成绩取得新的突破。

参加课程体系改革的学生在学科竞赛的成绩更进一步，而且同时低年级学生获奖的等级和比例有大幅提高。

四、项目建设内容和实施路径

（一）整合数字系列课程内容，构建了适应新技术发展的课程体系

以“数字电路”课程改革为切入点，强化实践环节，构建了适应新技术发展的远程实验教学体系。新课程体系的实施，进一步激发了学生的学习欲望，使学生能够迅速由验证性实验过渡到自主设计实验，初步培养出学生自主设计能力，为学生终身学习习惯的形成打下坚实的基础。

（二）改革课程教学方法，优化课程内容，提出全新的有关教学模式

依托我校电工电子国家级实验示范中心、电子信息技术国家级虚拟仿真实验教学中心以及各类学生科技实践创新实验室，构建“线上线下混合、课内课外融合、理论实践结合”的教学模式。将其应用于实践教学中，极大地提高了学生的基础理论水平和系统设计实践能力，并拥有高起点去面对许多相关的后续课程。

（三）开放式远程控制虚拟仿真实验平台，推动泛在化教学

杭州电子科技大学与墨西哥蒙特雷科技大学两校教师团队以打造全方位开放式教学为宗旨，以解决复杂工程问题为核心，围绕如何拓展实验内涵、激发学生的学习兴趣、培养工程创新意识等问题开展数字电路远程控制实验平台设计与研究。基于实验平台教学功能，精心设计了多个综合性电机学远程控制虚拟仿真实验，借助信息化手段，实现全方位开放式教学，满足泛在化教学需要。

第6章　杭州电子科技大学实践教育基地科技创新活动研究

6.1　实践教育基地科技创新活动概述

科技创新活动作为一种探索性的实践过程，其任务是探索未知，其最为突出的特征就是“创新”。学生课外科技活动是一种实践环节，在活动过程中强化学生实际动手能力和实践技能，实现从科学知识型向实用技能型转化。群众性的学生科技创新活动，是迸发创新灵感的好时机，有利于学生将课本知识和实际问题相结合。许多新思想、新方法、新技术的产生均源于这种实践活动。

6.1.1　科技创新活动模式探索

课外科技活动在培养人才方面有不可低估的作用，是一种新型的学习方式，也是一种创新的教学方式。对此，各高校针对自身的具体情况，为推进课外科技活动的开展采取了一系列的方法和措施，并取得了不少的成绩和进展。杭州电子科技大学作为一所电子信息特色突出的教学研究型大学，在这方面取得了良好的成效。

①搭建科研竞赛平台，指导学生科技创新。学校、学院采取措施，要求并鼓励专业教师加强对学生参加课外科技创新实践活动的指导。成立学科竞赛指导委员会，下设电子设计竞赛、智能小车竞赛、挑战杯、嵌入式系统邀请赛等教练组，对学生科研竞赛进行全面的指导。对于参加科技创新和科技竞赛的同学，学院有组织地提供竞赛培训、实验场地，配备多名指导老师。学院以“芯苗人才”基金为保障的学生科研资助体系，每年立项近百项，每个立项的项目都配有指导教师。学院以无线电协会为基地，不仅提供专门的实验室、元器件、实验设备，还配备了专业的科技社团指导教师。

②重视学生职业生涯规划教育。从新生入学开始到毕业踏入社会，职业生涯规划教育一直贯穿于学生的学习和生活，通过新生入学教育、优秀校友沙龙讲座、职业生涯规划讲座、专业就业指导等方式，帮助学生明确对未来的规划，激发学习积极性。大一和大二学习期间，学院开展各项指导活动，举办名师大讲堂，组织校内外知名教授给学生做讲座。开展名师沙龙活动，和知名教授面对面交流，让教授直接指导学生。学生进入高年级后，学院更加重视学生的就业技能培养，通过就业指导课在课堂上进行指导，邀请知名人力资源专家给学生讲解职业生涯规划、组织学生参观企业、组织学生去企业进行工程实训，邀请知名校友面对面指导学生。这些活动对学生职业生涯规划、职业从业提供了切合自身的教育和指导，为学生的成长提供了条件。

6.1.2　科技创新活动人才培养的意义

随着社会进步和现代科技的发展，培养大学生的科技创新意识和创新能力，已经成为新时期人才培养工作的重要内容。大学生科技创新活动作为课堂教学的重要补充和拓展，即作为第一课堂之外的第二课堂，已经成为提高大学生实践动手能力、创新意识和创新能力的重要环节。为国家建设培养科技创新人才是教育发展的必然选择。高等院校在人才培养方面具有多项优势，在欧美国家，之所以有如此多的科技奖项获得者，得力于高等院校对人才的培养，并在知识创造中一直起着重要作用。

（1）高等院校是知识创新体系的主体

如今，一个国家的核心竞争力主要得力于其创新能力，一般来说，一个国家的创新能力越强，其社会地位也将越高，而一个国家创新能力的发展主要依靠知识创新与人才的培养。高等院校和科研机构是我国科技创新人才培养的摇篮，而高等院校不仅承担着科学研究的职能，而且肩负实施高等教育的重担，在创新型国家建设中发挥着重要作用。伴随着知识经济时代的到来，各国政府已逐渐意识到，科学研究与高等教育在国家知识创新体系核心竞争力中有着重要的作用，即意识到高等院校在知识创新体系中的地位，并都将科学研究与高等教育上升到了各国的国家战略层面。高等院校所特有的优势，决定了它在建设创新型国家中发挥独特的作用。充分发挥高等院校人才聚集的优势，积极探索产学研相结合的新机制，使其在技术创新中发挥推动作用。

（2）高等院校是科技创新人才的培养基地

一个国家科技的发展，首先离不开人，因为科技的发展的基础是拥有科技创新人才，而高等院校是科技创新人才培养的基地。如何改革教育体制机制，与国家战略对接，培养我国经济发展所需要的科技创新人才，成为高等院校面临的重要挑战。目前，对于科技创新人才的培养，高校具有学科门类齐全、科技人才密集、研发能力强、整体实力在全国处于前列等优势。长期以来，培养了大批创新人才，创造了一大批优秀科技成果，为国家经济建设、社会发展、建设创新型国家发挥了重要作用，做出了重大贡献。重视我国高等教育的发展，营造自由、浓厚的学术氛围，培养建立适合我国科技发展的人才结构，为我国科技发展提供人才支撑。

（3）高等院校是先进科学技术的生长点

高等院校在科学技术的发展过程中起着重要的作用。科技创新人才广博的专业知识、卓越的个性品格、创新的思维方式以及实践的关键能力都不是天生的，而是通过接受先进的教育、学习总结前人的经验以及参与社会实践等逐步形成的。各高校应注重培养当代学生创新意识、创新能力，引导他们在学习的过程中，逐渐形成新的想法、新的知识以及新的科学技术成果等。高等院校的科技创新人才培养状况，与一个国家的科技实力直接相关，从人类发展史的角度来看、从总体上来说，教育水平越高的国家或地区，创新人才的数量也就越多，该国的科技也就越发达。

6.2　实践教育基地科技创新活动形式

在实践教育基地育人体系规划中，在“以赛促学”的方针下，以竞赛比拼科技创新能力和综合能力，是对参赛队从创意到作品，从设计到制作，从立项到答辩的全过程、全方位的考核，也是学员学习成绩的重要组成部分。我们为高中生规划的竞赛赛程主要是针对全国青少年科技创新大赛，为大学生规划的竞赛有挑战杯、互联网 +、创青春等。

6.2.1　全国青少年科技创新大赛

全国青少年科技创新大赛是由中国科协、教育部、科技部、国家环保部、国家体育总局、共青团中央、全国妇联、国家自然科学基金委和承办地人民政府共同主办、英特尔（中国）有限公司领衔赞助的一项全国性的青少年科技竞赛活动。

全国青少年科技创新大赛的由来要追溯到我国改革开放之初的 1979 年。1979 年 11 月，中国科协、教育部等在北京举办了“首届全国青少年科技作品展览”。这次展览得到了国家领导人的重视，邓小平同志为该活动题词：“青少年是祖国的未来，科学的希望！”这就是“全国青少年科技创新大赛”的前身。在党和国家领导人以及众多老一辈科学家的重视、关心和大力支持下，中国科协牵头、联合教育部等相关部委从 1982 年开始举办了“全国青少年发明创造比赛和科学讨论会”，从 1991 年开始举办“全国青少年生物百项活动”，两项活动均为两年举办一届，交替在全国各地举行。为适应我国青少年科技活动的发展，也为了与国际青少年科技活动相接轨，加强国际的青少年科技活动交流，主办单位于 2000 年开始对这两项全国性的青少年科技活动进行改革，将“全国青少年发明创造比赛和科学讨论会”更名为“全国青少年科技创新大赛”。2002 年，主办单位将两项活动进行了整合，已举办届数相加，统一更名为“全国青少年科技创新大赛”，每年举办一届。

全国青少年科技创新大赛是中国科协深入贯彻落实《全民科学素质行动计划纲要》，进一步加强未成年人科学素质行动和科学教育与培训基础工程建设的一项具体工作，经过近 30 年的不断发展和完善，全国青少年科技创新大赛紧扣时代脉搏，充分体现了时代精神，已经成为青少年创新精神和实践能力培养方面的特色品牌，是我国国内面向学校中小学生开展的规模最大、层次最高的一项具有示范性和导向性的青少年科技教育活动。全国青少年科技创新大赛的举办为全国青少年和科技辅导员搭建了一个科技创新活动成果展示交流的平台，强化和培养了广大青少年的科学道德、创新精神和实践能力，提高了他们的科学素质，为经济社会发展培养优秀科技创新型后备人才，推进建设创新型国家进程。

全国青少年科技创新大赛分为青少年和科技辅导员两个板块，内容包括竞赛活动和展示活动两个系列，如下页图所示。竞赛活动包括小学生科技创新成果竞赛、中学生科技创新成果竞赛、科技辅导员科技创新成果竞赛。展示活动包括少年儿童科学幻想绘画比赛、青少年科技实践活动比赛等。在全国青少年科技创新大赛终评期间，还设立了科技教育论坛，包括主旨报告、专题发言、参与式培训等。

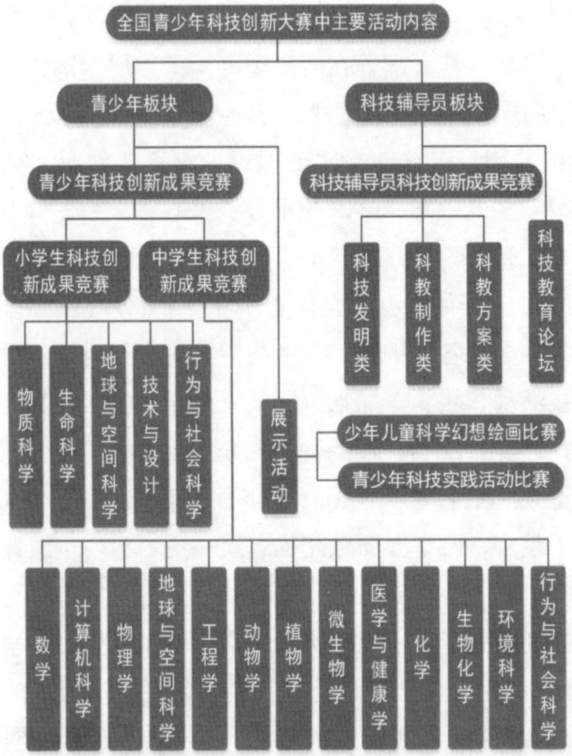

图6-1　全国青少年科技创新大赛主要竞赛活动图

6.2.2　挑战杯中国大学生创业计划竞赛

挑战杯中国大学生创业计划竞赛是由共青团中央、中国科协、教育部、全国学联主办的具有群众性、导向性和示范性的全国竞赛活动，被誉为中国大学生科技创新的“奥林匹克盛会”。

“挑战杯”中国大学生创业计划竞赛于每年的10月举行，为做好竞赛的筹备工作，以竞赛为平台进一步培养我校学生创新意识，提高创业能力，发现并培养优秀创新创业人才，经学校研究，决定成立“挑战杯”中国大学生创业计划竞赛同济大学组委会及专家指导委员会，并开展相关参赛作品的选拔工作。

（1）选拔对象

正式注册的全日制非成人教育的在校中国籍本、专科生和硕士、博士研究生（不含在职研究生）。

（2）选拔要求

①比赛报名形式分为项目报名、个人报名两类。

项目报名：参赛者应已有创业计划项目，但不一定拥有完整的竞赛团队（如需要招募人员请在项目报名表中说明）。

备注：各院系如有优秀项目但无参赛人员也可按照项目报名进行，在报名表表中标注即可。

个人报名：参赛者没有可以加入的创业计划项目，但愿意加入其他项目团队进行比赛。

同时，大赛要求参赛者尽量自行组成学科优势互补、专业配备科学、人员结构合理的创业计划团队，以团队的形式参赛。一个项目的参赛团队主要成员人数原则上不超过 6 人，可以跨学院、跨校区、跨学历组队参赛（但团队成员务必事先协商明确作品申报单位）。建议项目团队人员由相关技术人员及企业管理、财务管理、市场营销、法律专业学生组成。请各院系进行全面动员，广泛组织，认真选拔，组队参赛。学院经过评审选拔后统一报送学校参加比赛。参赛团队可视实际情况邀请一名指导老师。对于个人报名者，由学院统一上报后，组委会将协助其组成团队或者加入其他团队。

②参赛作品应该是一份针对一项发明创造、技术专利或服务类创意的创业计划书。具体内容来源有：参赛团队成员参与的发明创造、专利技术或课外制作；经授权的发明创造或专利技术（此种情况下，参赛团队须向组委会提交具有法律效应的发明创造或专利技术所有人的书面授权许可），引用其产品；或是一项可能研究发现的概念产品或服务。校团委将提供部分科研成果和技术项目供各参赛团队选择。

③参赛团队应在认真参加学校举办的创业知识与技能培训的基础上，针对本组的核心技术或服务内容，广泛进行市场调研、认真进行企业分析，完成一份把产品或服务推向市场的完整、具体、有实施可能的商业计划书。同时创造条件，吸引风险投资家和企业家注入资金，推动商业计划走入市场。同时，校团委将会在比赛前、比赛中举办若干次相关培训。

（3）奖励办法

为鼓励和表彰在“挑战杯”中国大学生创业计划竞赛中获奖的学生、指导教师和相关组织，根据《全面建设学生科技创新体系行动纲要》（2004 年 10 月 28

日校长办公会议通过）有关规定，学校将予以奖励。

对在“挑战杯”全国决赛中获奖的同学，经教务处和研究生院同意，在符合学校基本保研条件前提下，第一作者如是在籍注册的本科生将给予优先推荐免试直升硕士研究生（如该生系应届毕业班学生，因挑战杯决赛在下半年举行，已过保研期限，其本人应参加本学年内我校硕士生入学考试，在成绩达到国家录取线条件下优先录取）；其他排位作者的同学可推荐参加我校学生科技创新人才推荐免试硕士研究生录取工作。

在“挑战杯”全国决赛中获得铜奖以上的作品，其指导教师在全校专业技术职务评聘工作中将享受相关优待（各项目指导教师最多 2 人）。

在“挑战杯”竞赛相关工作开展情况将作为评价院系学生工作和共青团工作的重要测评指标。

其他高校奖励办法各有所不同，可参考各校当年政策制定。

（4）日程安排

10 月—12 月 6 日 校内作品征集与选拔

12 月 20 日 校内第一轮评审

12 月至次年 2 月上旬 校内第一轮作品深化

2 月中旬 校内第二轮作品评审

2 月下旬至 3 月上旬 校内第二轮作品深化

3 月中旬 校内第三轮作品评审（校内终审）

3 月下旬 确定上海市参赛作品

3 月下旬至 4 月上旬 上海市参赛作品深化

4 月上旬 上海市参赛作品报送，参加上海市竞赛，确定全国参赛作品

4 月下旬至 5 月上旬 全国参赛作品深化

5 月中旬 全国参赛作品报送

5 月下旬至 10 月 全国参赛作品赛前准备

10 月（待定）参加全国决赛

6.2.3 中国互联网大学生创新创业大赛

中国“互联网 +”大学生创新创业大赛，以“‘互联网 +’成就梦想，创新创业开辟未来”为主题，由教育部与有关部委和吉林省人民政府共同主办。大赛旨在深化高等教育综合改革，激发大学生的创造力，培养造就“大众创业、万众创新”

的生力军；推动赛事成果转化，促进“互联网 +”新业态形成，服务经济提质增效升级；以创新引领创业、创业带动就业，推动高校毕业生更高质量创业就业。

大赛采用校级初赛、省级复赛、全国总决赛三级赛制。在校级初赛、省级复赛基础上，按照组委会配额择优遴选项目进入全国总决赛。

参赛项目主要包括“互联网 +”传统产业、“互联网 +”新业态、“互联网 +”公共服务和“互联网 +”技术支撑平台四种类型。

总决赛期间，还将同步举办深入推进高校创新创业教育改革座谈会，举行“互联网 +”产学合作协同育人报告会、创业项目团队与投资机构对接洽谈会和高校创新创业成果展等活动。大赛结束后将出版优秀创新创业成果案例、大学生创新创业政策解读，促进大赛成果转化。

中国“互联网 +”大学生创新创业大赛首次举办于 2014 年，第一届到第三届大赛累计有 225 万名大学生、55 万个团队参赛。近年来大赛每年都会吸引 31 个省份及新疆生产建设兵团的近 2000 所高校的近 6000 支团队报名参加，提交项目作品比例超过 50%，参与学生超过 20 万人，带动全国上百万大学生投入创新创业活动。大赛已经成为覆盖全国所有高校、面向全体高校学生、影响最大的赛事活动之一。

6.2.4 “创青春”全国大学生创业大赛

2013 年 11 月 8 日，习近平总书记向 2013 年全球创业周中国站活动组委会专门致贺信，特别强调了青年学生在创新创业中的重要作用，并指出全社会都应当重视和支持青年创新创业。党的十八届三中全会对“健全促进就业创业体制机制”做出了专门部署，指出了明确方向。为贯彻落实习近平总书记系列重要讲话和党中央有关指示精神，适应大学生创业发展的形势需要，在原有“挑战杯”中国大学生创业计划竞赛的基础上，共青团中央、教育部、人力资源社会保障部、中国科协、全国学联决定，自 2014 年起共同组织开展“创青春”全国大学生创业大赛，每两年举办一次。

（1）总体思路

以党的十八大和十八届二中、三中全会精神为指导，以“中国梦，创业梦，我的梦”为主题，以增强大学生创新、创意、创造、创业的意识和能力为重点，以深化大学生创业实践为导向，着力打造权威性高、影响面广、带动力大的全国大学生创业大赛。

以此为带动，将大学生的创业梦与中国梦有机结合，打造深入持久开展“我的中国梦”主题教育实践活动的有效载体；将激发创业与促进就业有机结合，打造整合资源服务大学生创业就业的工作体系和特色阵地；将创业引导与立德树人有机结合，打造增强大学生社会责任感、创新精神、实践能力的有形工作平台。

（2）大赛内容

①大赛下设 3 项主体赛事：第九届“挑战杯”大学生创业计划竞赛、创业实践挑战赛、公益创业赛。

其中，大学生创业计划竞赛面向高等学校在校学生，以商业计划书评审、现场答辩等作为参赛项目的主要评价内容。

创业实践挑战赛面向高等学校在校学生或毕业未满 5 年的高校毕业生，且已投入实际创业 3 个月以上，以经营状况、发展前景等作为参赛项目的主要评价内容。

公益创业赛面向高等学校在校学生，以创办非营利性质社会组织的计划和实践等作为参赛项目的主要评价内容。

以上 3 项主体赛事需通过组织省级预赛或评审后进行选拔报送。有关具体安排将另行通过书面通知、官方网站等形式和渠道进行公布。

②大赛将在符合大赛宗旨、具有良好导向的前提下，设立 MBA、移动互联网创业等专项竞赛，由共青团湖北省委协调相关地方人民政府及高校负责具体组织，组织执行机构另设，奖项单独设立。

其中，MBA 专项赛：组织形式：由赛事承办方会同部分高校发起，组织和邀请国内设有 MBA 专业的各高校参加。参赛对象：就读于 MBA 专业的在校学生。参赛形式：通过申报创业项目计划书（是否已投入创业及创业领域不限，申报不区分具体组别）参加该项赛事。参赛名额：每所高校只能组成 1 支团队参赛。赛事组织开展时间：每年 3 月启动，9 月进行决赛。

移动互联网创业专项赛：组织形式：由赛事承办方直接面向国内各高校开展。参赛对象：高校在校学生。参赛形式：通过提交基于移动互联网领域的创业项目计划书（是否已投入创业不限，鼓励申报已创立小微企业、科技企业的项目，申报不区分具体组别）或 APP 应用程序等移动互联网作品说明书参赛。参赛名额：每所高校最多可申报 3 项。赛事组织开展时间：每年 3 月启动，9 月进行决赛。

（3）工作要求

①高度重视，加强领导。举办“创青春”全国大学生创业大赛是落实党的十八大和十八届二中、三中全会精神，推进高校就业创业教育、促进大学生创业实践的有力举措，对于引导和帮助大学生转变就业观念、培养创新意识、提高创业能力具有重要意义和积极作用。各地各高校要在继承和发展原有的“挑战杯”中国大学生创业计划竞赛举办多年来形成的有效经验和做法的基础上，结合各自实际，成立组织机构，完善全国、省、高校三级赛制，切实抓好大赛的组织工作。

②建章立制，把握导向。全国组委会制定了《“创青春”全国大学生创业大赛章程》及3项主体赛事的具体规则，并将在今后的竞赛中不断加以完善和改进。各地各高校要结合大赛的新改革、新要求，进一步做好机制建设工作；在对参赛项目和个人的奖励支持上，要注重与原有的“挑战杯”中国大学生创业计划竞赛的衔接和延伸。鼓励各地各高校依托大赛平台建立大学生创业就业服务体系，健全完善促进大学生创业的政策体系，注重引入风险投资和联合社会有关方面为大赛提供资金、资源、智力等方面支持，努力推动参赛项目的成果转化。

③广泛动员，密切配合。大赛开展时间长、内容多、任务重，各个阶段又各有侧重。各级共青团、教育部门、人社部门、科协组织和学联组织要密切配合，加强协调，切实做好大赛各项工作。各地各高校要广泛动员，认真选拔，既要保证参赛项目质量，也要扩大和提升大赛的参与面、受益面、影响力，努力为实现大赛的目标发挥积极作用、提供有力保障。

④加强宣传，营造氛围。各地各高校要将大赛宣传作为工作重点，提上日程，列入计划。一方面借助电视、报刊杂志、广播等传统媒体；另一方面注重运用互联网、手机等新媒体手段，在学生中和社会上营造关注、理解、支持大学生投身创业的社会氛围，同时提升赛事的社会影响力与品牌传播力，为大学生创业就业创造良好的环境和平台。

6.2.5　浙江省大学生科技创新活动计划（新苗人才计划）

浙江省大学生科技创新活动计划实施办法（试行）

为深入实施科教兴省和人才强省战略，加快培养我省高校大学生的实践能力和创新创业能力，造就一大批经济社会发展急需的紧缺人才和拔尖创新人才，为“创业富民、创新强省”总战略的实施提供人才支撑，省教育厅、省科技厅、团省委与省财政厅决定在全省高等学校联合实施浙江省大学生科技创新活动计划（新苗人才计划）。

一、建设目标

以大学生科技创新项目、大学生科技成果推广项目、大学生创新创业孵化项目为载体，不断加大对大学生创新创业的扶持力度。积极倡导和鼓励大学生进行自主性学习和创新性研究，开展多种形式的创新创业实践，努力增强大学生的创新意识和创新精神，切实提高大学生的创新创业能力和实践动手能力，为大学生创新创业提供良好的环境，培育和发现优秀的创新创业项目和人才。

二、管理机构

为加强管理，省成立实施办公室、项目专家委员会，学校成立相应管理机构。

（一）实施办公室

省教育厅、省科技厅、团省委、省财政厅等四家主办单位联合成立浙江省大学生科技创新活动计划（新苗人才计划）实施办公室（简称“实施办公室”）。省教育厅、省科技厅负责协调与指导工作，省财政厅负责项目经费管理，团省委负责具体组织和日常管理工作。

（二）项目专家委员会

大学生科技创新项目、大学生科技成果推广项目、大学生创新创业孵化项目分别成立项目专家委员会，成员由有关高校、院所、行业、企业的代表组成，负责具体项目的评审、中期检查和验收等。

（三）学校管理机构

各高校成立相应的管理机构，制订大学生科技创新活动计划（新苗人才计划）项目实施细则及切实可行的管理办法和配套政策，负责本单位项目的指导工作，为项目的开展提供包括人才、技术、法律、资金、设备和实验场地等综合资源支持。

三、资金使用原则

（一）项目导向原则

以项目为载体，引导大学生积极开展多种形式的创新创业活动，提高大学生创新创业能力。

（二）以学生为本原则

科技创新资金的支持对象为在校大学生，积极鼓励大学生申请科技创新资金开展创新创业活动。

（三）鼓励创新原则

为鼓励大学生大胆进行创新创业活动，允许创新创业活动失败，重在考核创新创业实践过程。

四、申报条件及对象

（一）申报条件

1. 项目申报人必须是浙江省高校全日制在校大学生，项目必须在本省的行政区域内实施。项目可采取个人或团队形式申报，团队每组人数不超过5人。鼓励专业交叉融合。

2. 项目实施周期原则上不超过一年（大学生创新创业孵化项目期限一般为两年）。项目完成时间必须在项目申报人毕业离校前。

3. 申报项目必须包含实质性的科技成果，或者具有一定应用价值和商业潜力的创新创业创意。项目无知识产权归属纠纷。

（二）申报对象

1. 大学生科技创新项目。申报对象为在校本专科生及其团队。旨在培育一批大学生创新研究成果。

2. 大学生科技成果推广项目。申报对象为在校本专科生、研究生及其团队。旨在培育一批具有一定应用价值和商业潜力的科技成果推广项目。

3. 大学生创新创业孵化项目。申报对象为在校研究生及其团队。旨在搭建大学生创新创业实践的指导、服务、交流平台，为研究生创业提供良好的场地环境、创业指导和培训等相关服务，培育和发现优质的科技经济项目和高素质的创新人才。

五、项目申报与管理

（一）项目申报与审批

1. 学生申报，学校初审

（1）采取限额申报，申报指标由实施办公室确定。

（2）每个项目均应有指导老师，团队指导老师由1～3人组成，指导老师须有中级以上职称。学校应将指导学生科研列为教师考核的一项内容，计算相应的工作量。

（3）各高校负责组织有关专家对本单位大学生科技创新活动计划（新苗人才计划）项目进行初审。

2. 学校上报，项目专家委员会评审，实施办公室审定

申报单位须提交项目申报书及相关辅助证明材料。申报资料经学校有关部门签署意见后报送实施办公室。实施办公室组织项目专家委员会进行评审，并确定年度立项项目。

（二）项目立项与管理

1. 项目下达

实施办公室将当年度立项项目下达给承担学校，由省教育厅、省科技厅、团省委和省财政厅联合发文公布。

2. 项目实施与管理

项目申报人为主要负责人，项目负责人原则上不得更换，对研究项目负全责，组织协调项目组全体成员认真执行实施办公室和学校的管理条例，按期保质保量完成项目研究的各项任务。

3. 项目检查

各高校定期组织专家和管理人员对项目进行中期或阶段性检查，对取得的阶段性成果和存在问题要高度重视，及时提出整改意见和措施，并不定期向实施办公室汇报项目的进展情况。实施办公室将组织项目专家进行抽查。

（三）项目结题与验收

1. 项目组在项目结束后，需及时向学校相关管理部门提出验收申请，填写验收申请报告，并提交成果报告、相关技术资料等辅助材料。

2. 根据项目研究期限，学校成立项目结题验收工作小组，对申请验收的项目参照项目申报书及验收申请报告，组织专家对项目实施情况、取得成效和存在问题等进行检查验收，撰写项目验收报告提交实施办公室。

3. 实施办公室组织项目专家委员会进行抽查，抽查结果分为优秀、合格和不合格，并作为下一期计划安排的重要依据。对无正当理由、自行中断的项目，实施办公室将取消该项目计划，追回已拨项目专项经费。对项目管理不力的单位，实施办公室将酌情减少该单位下一期申报指标。

（四）推广与奖励

经验收通过后的大学生科技创新成果由实施办公室颁发证书。成果作为学生评优、推荐就业的重要依据。实施办公室适时组织成果展或成果交流会。

六、项目经费管理

1. 大学生科技创新活动计划（新苗人才计划）的每个项目的资助额度一般为 5000 元左右，对重点项目给予重点支持。项目经费实行国库集中支付，省财政厅根据实施办公室资助项目立项情况，将项目预算下达到相关高等学校。学校要合理确定每个项目的经费，并给予项目不低于 1：1 的配套经费支持，由承担项目的学生使用，教师不得使用学生科研经费，学校不得提取管理费。

2. 各高等学校要加强对大学生科技创新资金的管理，专款专用，专账核算。实施办公室对资助经费使用情况进行监督。如发现项目负责人弄虚作假，一经查实，中止项目资助，由省财政厅追回资助经费，取消其今后申请本计划的资格，情节严重者给予通报批评，并按《财政违法行为处罚处分条例》进行查处。

6.3　实践教育基地科创能力培养研究

6.3.1　创新查询法

创新思维的训练离不开环境，集思广益是不断地建立自身创新思维的一种好方法，如何对大家的想法进行查找收集呢？这里介绍一种方法供大家借鉴，这种方法可以几个小工具来完成。下面我们分别介绍一下这几个在创新思维查找时用到的小工具。

（1）百度学术小工具

百度学术搜索是百度旗下的提供海量中英文文献检索的学术资源搜索平台，2014 年 6 月初上线。涵盖了各类学术期刊、会议论文，旨在为国内外学者提供最好的科研体验。

“世界很复杂，百度更懂你”，百度学术搜索可检索到收费和免费的学术论文，并通过时间筛选、标题、关键字、摘要、作者、出版物、文献类型、被引用次数等细化指标提高检索的精准性。百度学术搜索频道还是一个无广告的频道，页面简洁大方保持了百度搜索一贯的简单风格。

在百度搜索页面下，会针对用户搜索的学术内容，呈现出百度学术搜索提供的合适结果。用户可以选择查看学术论文的详细信息，也可以选择跳转至百度学术搜索页面查看更多相关论文，让用户自由选择。

在百度学术搜索中，用户还可以选择将搜索结果按照“相关性”“被引频次”“发表时间”三个维度分别排序，以满足不同的需求。

有业内观察人士指出，随着中国科学技术的不断发展和教育水平的逐步提高，对专业性文献资料的需求也呈现出爆炸式的增长速度。任何一家文献网站都无法覆盖所有的文献资料，这就使得用户在搜索过程中投入的时间、精力成本不断增加。百度学术搜索功能的推出，就像在各文献网站中架设起了错落有致的桥梁，使用户可以随意穿梭，最快找到自己需要的文献资料，极大地降低了搜索的成本；而对于专业学术网站，丰富的内容也找到了最大化的输出渠道。

百度学术搜索全面融合了互联网最优质的数据与应用内容，极大地提升了用户学术搜索体验，同样也促进了互联网大生态圈的良性发展。通过百度这一互联网第一入口对近5亿中国网民的全面覆盖，为学术型网站铺设服务普通大众的全新通道，在带给用户更卓越的服务体验的同时，也扩大了自身影响、促进了自身发展，同时百度学术搜索也为最终形成开放共赢、绿色健康、持续发展的学术分享新生态而努力。

利用百度学术，查找与你所要了解的关键字相关的期刊论文、学位论文和会议论文等。可以从发表时间、领域、期刊级别、获取方式、关键词、作者、期刊名称、机构等范围中进行精确搜索。

（2）中国知网

知网的概念是国家知识基础设施（National Knowledge Infrastructure，NKI），由世界银行于1998年提出。CNKI工程是以实现全社会知识资源传播共享与增值利用为目标的信息化建设项目，由清华大学、清华同方发起，始建于1999年6月。在党和国家领导以及教育部、中宣部、科技部、新闻出版总署、国家版权局、国家发改委的大力支持下，在全国学术界、教育界、出版界、图书情报界等社会各界的密切配合和清华大学的直接领导下，CNKI工程集团经过多年努力，采用自主开发并具有国际领先水平的数字图书馆技术，建成了世界上全文信息量规模最大的“CNKI数字图书馆”，并正式启动建设《中国知识资源总库》及CNKI网格资源共享平台，通过产业化运作，为全社会知识资源高效共享提供最丰富的知识信息资源和最有效的知识传播与数字化学习平台。一般评定职称所说的中国期刊网，就是指中国知网。

CNKI工程的具体目标：一是大规模集成整合知识信息资源，整体提高资源的综合和增值利用价值；二是建设知识资源互联网传播扩散与增值服务平台，为全社会提供资源共享、数字化学习、知识创新信息化条件；三是建设知识资源的深度开发利用平台，为社会各方面提供知识管理与知识服务的信息化手段；四是为知识资源生产出版部门创造互联网出版发行的市场环境与商业机制，大力促进文化出版事业、产业的现代化建设与跨越式发展。

凭借优质的内容资源、领先的技术和专业的服务，中国知网在业界享有极高的声誉，在 2007 年，中国知网旗下的《中国学术期刊网络出版总库》获首届“中国出版政府奖”,《中国博士学位论文全文数据库》《中国年鉴网络出版总库》获提名奖。这是中国出版领域的最高奖项。国家“十一五”重大网络出版工程——《中国学术文献网络出版总库》也于 2006 年通过新闻出版总署组织的鉴定验收。

通过与期刊界、出版界及各内容提供商达成合作，中国知网已经发展成为集期刊杂志、博士论文、硕士论文、会议论文、报纸、工具书、年鉴、专利、标准、国学、海外文献资源为一体的，具有国际领先水平的网络出版平台。中心网站的日更新文献量达 5 万篇以上。

（3）CSDN

中国专业 IT 社区 CSDN (Chinese Software Developer Network，CSDN) 创立于 1999 年，致力于为中国软件开发者提供知识传播、在线学习、职业发展等全生命周期服务。包含原创博客、精品问答、职业培训、技术论坛、资源下载等产品服务，提供原创、优质、完整内容的专业 IT 技术开发社区。

旗下拥有：专业的中文 IT 技术社区——CSDN.NET；移动端开发者专属 APP——CSDN APP、CSDN 学院 APP；新媒体矩阵微信公众号——CSDN 资讯、程序人生、GitChat、CSDN 学院、AI 科技大本营、区块链大本营、CSDN 云计算、GitChat 精品课、人工智能头条、CSDN 企业招聘；IT 技术培训学习平台——CSDN 学院；技术知识移动社区——GitChat；人工智能新社区——TinyMind；权威 IT 技术内容平台——《程序员》+ GitChat；IT 人力资源服务——科锐福克斯；IT 技术管理者平台——CTO 俱乐部。

（4）专利查询网

SooPat 中的 Soo 为“搜索”，Pat 为“patent”，SooPat 即“搜索专利”。正如其网站所宣称的那样，SooPat 致力于做“专利信息获得的便捷化，努力创造最强大、最专业的专利搜索引擎，为用户实现前所未有的专利搜索体验”。SooPat 本身并不提供数据，而是将所有互联网上免费的专利数据库进行链接、整合，并加以人性化的调整，使之更加符合人们的一般检索习惯。它和Google进行非常高效的整合，充分利用了人们对于Google检索的熟悉程度，从而更加方便使用。

例如，SooPat中国专利数据的链接来自国家知识产权局互联网检索数据库，国外专利数据来自各个国家的官方网站。SooPat不用注册即可免费检索，并提供全文浏览和下载，尤其对中国专利全文提供了免费打包下载功能，且速度极快，如果选择注册成为SooPat的会员，还可以选择保存检索历史并进行个性化的设定。

（5）词云

“词云”是由词汇组成类似云的彩色图形。这个概念由美国西北大学新闻学副教授、新媒体专业主任里奇·戈登（Rich Gordon）提出。戈登做过编辑、记者，曾担任迈阿密先驱报（Miami Herald）新媒体版的主任。他一直很关注网络内容发布的最新形式——即那些只有互联网可以采用而报纸、广播、电视等其他媒体都望尘莫及的传播方式。通常，这些最新的、最适合网络的传播方式，也是最好的传播方式。因此，“词云”就是通过形成“关键词云层”或“关键词渲染”，对网络文本中出现频率较高的“关键词”形成视觉上的突出。

词云图过滤掉大量的文本信息，使浏览网页者只要一眼扫过文本就可以领略文本的主旨。在教育、文化、计算机软件等领域有着广泛的应用。

教育：词云在外语学习中有着开拓式的应用。在优秀的最新电子学习网站中，已经有使用人工智能方式辅助用户进行外语单词的学习。采用自动分析的方法，进行概率统计与分析后，提供给外语学习者相应的词汇表与词云图。教育工作者，可以利用Wordle工具，以加强学习。提供阅读整个信息的新重点，提供给学生，揭示关键概念并使用新的模式看到以前看不到的新颖材料。词云有可能成为最新的计算机辅助外语学习的新形式。

文化：在小说阅读中，词云图会提示关键词和主题索引。方便用户在互联网上快速阅读。在娱乐中，变幻莫测的词云图给用户提供充分的想象空间和娱乐趣味。可以相互采用彩云图卡片进行教育与娱乐，也可以将这些词云图保存打印下来，或者印在T-Shirt、明信片上，甚至是放到自己的网络相簿内，都是展现自己极佳的方式。

计算机软件：国外已经研究并开发了相应的软件——Wordle。Wordle是一个用于从文本生成词云图而提供的游戏工具。云图会更加突出话题并频繁地出现在源文本。可以调整不同的字体、布局和配色方案。用图像与 Wordle 创建喜欢的模式。可以打印出来或储存与朋友一起欣赏。

6.3.2　检索查新综述

查新是选题的前提和基础，查新不仅是网络搜索、数据库检索或委托专业机构查新，还应该查阅往届参赛和获奖作品，这些都是资格审查和专家评审的重要依据。查新的目的是培养学生在做科学研究时形成一种良好的习惯，增强规范性，并不鼓励花钱找专业机构简单出一个报告，专家在评审时并不看重专业机构报告，甚至有些反感。《科技查新规范》对查新做出了规范的定义："查新是科技查新的简称，是指查新机构根据查新委托人提供的需要查证其新颖性的科学技术内容，按照相关规范操作，并做出结论。"查新是对项目的新颖性做出结论。那么如何判断项目的新颖性呢？对于查新来说，项目是否存在新颖性的判断原则如下：

相同排斥原则；

单独对比原则；

具体概念否定一般概念原则；

突破传统原则。

查新有别于文献检索。文献检索针对具体课题的需要，仅提供文献线索和文献，对课题不进行分析和评价，侧重于对相关文献的查全率。

查新是文献检索和情报调研相结合的情报研究工作，它以文献为基础，以文献检索和情报调研为手段，以检出结果为依据，通过综合分析，对查新项目的新颖性进行情报学审查，写出有依据、有分析、有对比、有结论的查新报告。因此，查新有较严格的年限、范围和程序规定，有查全、查准，尤其是查准率的严格要求，要求给出明确的结论，查新结论具有鉴证性。这些都是单纯的文献检索所不具备的。

查新有别于专家评审。专家评审主要是依据专家本人的专业知识、实践经验以及所了解的专业信息，对被评对象的创造性、先进性、新颖性、实用性等做出评价。评审专家丰富的专业理论知识、实践经验以及对事物的综合分析能力，是一般科技情报人员难以具备和无法代替的。查新和专家评审所依据的基础不同，评价的内容也是有差异的。信息机构所具有的丰富的文献信息资源和现代化检索系统，情报专业人员所具有的一定学术水平、较宽的知识面和丰富的文献情报工作经验等优势，也是评审专家难以取代查新机构的原因。

查新工作在科技研究开发、科研管理和国民经济建设中发挥着十分重要的工作。具体说来，表现在以下三个方面：

为科研立项提供客观依据；

为科技成果的鉴定、评估、验收、转化、奖励等提供客观依据；

为进行研究开发提供可靠而丰富的信息。

6.3.3 创新启发立题

科技创新大赛活动目标是培养青少年的创新精神和实践能力。因此，一个优秀的参赛项目不但应该遵循青少年科技爱好者的认知规律，还应该能够鼓励青少年首创和奇思妙想。

从一定意义上来说，选题是科学研究中最重要的一环，是科学研究成功的起点，选题决定着后续研究工作的方向，也是研究者思考课题工作的意义和价值的过程。爱因斯坦曾经说过，“提出问题往往比解决问题更重要”。正确而又合适的选题，对参赛项目来说具有重要意义。选题不仅是给项目确定一个题目和简单地规定一个范围，选题的过程，是初步进行科学研究的过程。一个好的选题，需要经过多方思索、互相比较、反复推敲、精心策划。题目一经选定，也就表明作者头脑里已经大致形成了项目的轮廓。这是因为，在确定题目之前，作者总是先大量地接触、收集、整理和研究资料，从对资料的分析、选择中确定自己的研究方向，直到定下题目。选题可以决定项目的价值和效用；选题可以规划项目的研究方向，弥补知识储备不足；选题有利于提高青少年的研究能力。

科技创新大赛提出“三自”和“三性”的规则作为评审标准，其中“三自”是指：自己选题，自己设计和研究，自己制作和撰写。“三性”是指：科学性、创新性和实用性。就项目选题而言，首先要符合创新大赛的规则，即必须是由作者自己发现、提出、选择的，我们称为“自发性”，并且是以遵循科学性、创新性和实用性的原则为前提，同时还应适应青少年知识和技能，即选题还要遵循可行性。因此，选题要遵循“自发性、科学性、创新性、实用性、可行性”五个原则。

虽然掌握了选题的基本原则，青少年一旦进入具体的科研选题往往还是不尽如人意，会觉得“题海茫茫”，自己依然无从下手，这恰恰说明科学探索的魅力，由第一次选题的不如意到如意的过程，某种意义上就是在培养青少年的创新能力。下面，介绍八种常见的选题方法，供大家参考：

①问题扫描法——从别人的论文、著作中选题；

②疑问猜想法——从怀疑、猜想中选题；

③悬案借用法——从学术争论的焦点中选题；

④需求感知法——从社会现实问题的难点中选题；

⑤偶然发现法——抓住科学探究过程中出现的“意外”；

⑥科学验证法——从总结实践经验中选题；

⑦变换角度法——从不同角度中选题；

⑧课堂延伸法——从已有选题的挖掘拓展中选题。

总之，科研选题的方法很多，每个人都可以根据自己的具体情况，包括自己的兴趣点、特点等，采用适合自己的选题方法。值得强调的是：选题思路固然很重要，但须与个人实际能力结合，与自己及学校的具体情况结合，而且每个人的科研选题范围要有一定的系统性、连续性，没有目标的选题，其论文是难有深度的。

选题的误区也是大家在选题时需要避免的，常见的有：选题缺乏新意；集中在热点问题的表面；找不准切入点；课题不切实际；选题过大或过小；选题笼统抽象等。青少年可以根据自己的所处的环境，可能利用的实验条件，能够得到哪个领域的专家指导，来确定自己选题的角度，注意切入点应小：最好是小题大做，选择重要的小课题，捉住其本质和核心多方面多层次进行挖掘，有理有据地阐述自己的新观点，把一个重要的小问题彻底解决，论文就会有分量、有价值。还要注意课题最好是半新型：就课题新旧程度而言，有全新型、半新型、较旧型课题之分，一般应选择半新型课题进行研究。选择已有一定研究成果的课题，寻找一个新颖的角度进行研究，加大其深度和广度。

选题时应当充分分析估计以下条件，以进行选题的可行性分析。第一，现实的主观条件。主要是指自身的知识结构、研究能力、对课题兴趣、理解程度、责任心等。第二，现实的客观条件。主要是指实验资料、研究条件、时间、协作条件等，对应用性课题，还应考虑到成果的开发、推广条件。第三，积极创造条件，除已具备的条件外，对那些暂不具备的条件，可以通过努力去创造。除了满足这些可行性分析的基本内容外，我们还可以从下面四个角度进行课题的可行性分析：

①选题是否围绕自己兴趣的科学问题；

②选题是否恰当地选择自变量和变量；

③选题是否具有可测量性；

④选题是否可以保证写作的顺利进行。

6.3.4 解决方案设计

自然科学项目往往是通过对科学问题的研究和探索的方式完成项目，工程学项目则主要针对具体的技术问题，以技术问题的解决或应用目标的实现作为项目完成的衡量标准。

“科学家试图了解自然运作的规律，工程师则创造前所未有的事物。”这句话从某个角度反映了自然科学项目与工程学项目研究的不同之处。科学探究通常会涉及现象观察—发现问题—查阅文献—提出假设—设计实验—完成实验—分析讨论—得出结论等环节。仔细观察你所关注领域的任何现象（包括偶然现象）。所谓发现来源于观察。做一个生活和学习中的“有心人”。养成留心观察，并根据观察的现象而产生联想和思考的习惯，不难意识到一些值得研究的问题和新的解决方法。发现问题并将问题提出是科学研究中重要的环节，也是研究项目起始的关键。良好的开端是成功的一半，完整准确地表述问题，有助于后续环节的有序开展和把握。其实，发现问题的过程就是问“为什么”的过程，对观察到的现象，要多问为什么。对于提出的这些“为什么”，同学们会发现有些可以从书本、老师或者朋友那里寻找到答案，有时甚至会找到确定性的答案。但是，同学们也会发现，对于某些问题，从老师以及一般的书本中得不到确定的答案。这种情况下，就需要进行文献查阅。

一般来说，查阅文献的目的有两个。一是针对前面提出的“是什么”以及“为什么”寻求答案。如果查阅文献的结果可以确切地回答“是什么”和“为什么”这样的问题，说明这个问题已经充分研究了，我们也获得了知识。但如果查阅文献后发现，已经有的研究还不能充分回答提出的问题，那这个问题就是值得做进一步研究的“科学问题”了。因此，查阅文献的第一个目的就是识别和明确“科学问题”。查阅文献的第二个目的是要了解前人针对类似的科学问题已经做了哪些工作，采用了哪些方法。要尽可能地收集身边的材料，弄清楚他人对于此类课题做了哪些研究，采用了什么方法，从而为我们自己的科学研究提供参考。查阅文献可以帮助我们了解要回答和解决某个特定的科学问题需要什么样的研究条件，需要具备什么样的科学知识，这样就可以排除掉那些对中小学生来说过于复杂和昂贵的实验了，也可以避免一些在实验中遇到的问题，减少研究中可能出现的偏差，同时还为解释研究结果提供了背景和佐证材料。

什么是假设？简单地说，假设是一种科学猜想。一个成功的科学研究往往具有表述清晰的假设，很多伟大发现都是通过建立假设完成的。假设要满足两个基本的条件，一是可以用来合理地解释问题，并据此来决定寻找证据的方向；二是假设要具有可检验性，能够被实验或系统的观察来证实，这与数学证明的原理是一致的。一定要记住，设计实验和做实验的目的就是验证前面提到的“科学假设”，这样也就能够保证所设计实验内容的针对性，与检验假设没有直接关系的实验内容也就不需要包括在科学研究中。

完成实验即按照实验设计完成收集证据的活动，常常包括动手操作、观察和数据记录等。数据记录是在这个环节中要完成的重要工作。下面是给参赛选手关于数据记录的几点建议：规范操作、记录数据、写实验日志。

通过对实验得到的数据进行统计分析，通过分析归纳出数据背后的规律，随后将得出的规律与研究之初提出的假设进行比较，从而得到研究结论。具备一定的统计学知识是做好数据分析工作的基础，常用的统计分析工具如方差分析、显著性检验、回归分析等，现在常常借助一些统计分析软件来进行，如 MATLAB 等，在使用统计软件时，至少要大致了解你将应用的统计方法原理。选择合适的表格或图形方式来呈现数据，再从图表中概括出内在的规律。

开展科学探究的第一步是提出问题。从提出问题到给出答案，才完成了一次完整的科学探究。得出结论主要是针对问题，结合分析讨论中得出的主要观点，做出最后的陈述。如果说分析讨论部分参赛选手主要靠发散思维，那么在这一环节则需要聚合思维，用高度凝练、准确的语言表述研究结果。

工程学项目研究流程在整体思路上与科学探究开展过程有类似之处，但是工程学项目研究在某些具体环节有特别要求，比如生活中充满对产品的需求，对产品的需求往往是工程学项目的起源。工程学项目开展的全过程都应该是围绕着产品需求来进行的。接着确定预期项目产品将具有的特征和使用范围，适用的对象和环境，量化表达产品的技术参数。发明项目针对不同对象，可设计为专用特种产品，也可设计为通用、具有互换性、量大面广的通用产品。接着是围绕着需求做背景研究，通过查阅文献等方式，关注相关工作的研究进展，或是已有类似产品的特征。在参考已有产品时，注重多方面比较它们的优缺点。接着确定具体的方案，使得按照方案制作出来的产品符合设计要求。在完成设计方案时，要考虑到其可行性，包括成本费用、制造工艺等方面，提出完成项目产品所需材料清单。按照设计方案制作产品后，要针对各项参数做出检验，判断是否达到指标要求。检验中也要根据产品的使用情况，对实用性做出评估。在满足设计要求的基础上，可以对其他方面的相关问题做出思考和讨论。综合考虑上述问题后制订出来的设计方案具有较高的合理性和可行性。

6.3.5 科技论文撰写

研究论文是按照一定的规范格式，对研究性学习、发明创造等科技创新成果进行的书面表述。研究论文是将科技创新成果呈现给评委的最基本的也是最主要的形式，是青少年研究性学习的总结和科技创新成果的说明，也是参加创新大赛的一个重要材料，即使是以发明创造为主的工程类项目或以软件设计为主的计算机类项目，除了用实物和程序来展示科技创新成果之外，也需要用图文来表述其研究过程和研究成果。

研究论文是论述研究性学习和科技创新成果的文章，因此研究论文具有内容的科学性和格式的规范性，同时研究论文还应该展示研究项目的创新性和分析的理论性两个特点。研究项目的创新性是指项目要有新发现、新观点、新发明，具体表现为在实践上采用的方法是先进的，在理论上提出了具有一定深度和广度的新观点。分析的理论性是指研究论文要对实验、调查所得的结果，从理论高度进行分析，形成一定的科学见解，包括提出的一些科学价值的问题，对其见解和问题，用事实和理论进行符合逻辑的论证。

研究论文总的要求是：主题鲜明，重点突出，着重阐述对科技创新成果中有意义的、有创造性的见解或发明。行文要思路清晰，论证严密，前后贯通。语言表达要准确、简明。研究论文格式分为前置部分、主体部分和结尾部分，前置部分有题目、署名和所在单位、摘要、关键词、目录等；主体部分有前言、正文、结论等；结尾部分有致谢、参考文献等。

研究论文的题目，既要起到提挈全文、标明项目特点的作用，又要能引人注目、乐于阅读。拟定一个好的题目，题目的用词要能鲜明、具体、准确地反映出论文中科技创新成果的内容、范围和目标，题目用词要概括、精练。对于一些实在无法缩短的题目，可采用加副标题的方法。摘要是一篇记述研究论文重要内容，反映研究论文的概要、内容提要的短文，内容包括：

本课题研究的主旨、目的、范围；

本课题研究的对象及方法；

所取得的结果；

结论。

摘要要求精练、完整、简短，注意不加评论，只对论文的内容做忠实介绍。关键词是一种表达论文要素特征并具有实质意义的检索语言。它能够反映论文的中心内容或主题，显示论文的特征。

研究论文的主体内容一般包括：项目所解决的问题或做出的成就；项目的目的和意义；前人对本问题做过哪些工作；作者进行研究的过程；所用方法、手段、工具、仪器、技术路线和方案；观测试验结果；主要数据及例证；必需的图片；理论分析；提出的论点；对前人工作结果的分析及对某些有关理论的看法和评论；遗留问题和解决这些问题的途径，以及今后进一步研究的建议。

前言是论文的开头，又称引言、序言。前言的内容包括：课题来源；研究的目的、范围和相关领域的前人工作和知识空白；本课题研究过程、研究方法和实验设计及其理论基础与实验依据；获得的研究结果及其预期效果和意义。前言通常写得简明扼要，直接入题，一般不超过 500 字。

正文是研究论文的核心部分，是分析和解决问题，运用材料论证观点（结论），全面反映青少年进行科技创新和研究性学习的过程、成果、收获的部分。研究论文根据科技创新成果的特点可以分为技术发明、科学研究两大类，进而细分为发明成果、软件研究报告、理论研究报告、实验研究报告、调查结果报告 5 个小类。

技术发明主要指涉及工程设计、发明创造、计算机软硬件等以实物发明为主的、能够以直观形式向评委和公众演示创新成果的项目，具体分为发明成果和软件研究报告。

发明成果一般包括：项目调研，研究问题的提出，对以往相关工作或成果的调查、分析，提出作者研究的目的或解决问题的思路。方案设计，制订出发明的设计方案，实施步骤。研制过程，制作实物并不断改进的过程。成果的测试及使用，对发明成果的测试和使用方法。成果应用原理，发明成果所涉及和使用的原理说明并配有相关图表。

软件研究是指计算机学科中关于软件方面的科技创新成果的研究论文。主要内容应包括研究思路及设想、软件工作原理及设计方案、模块及工作流程设计、程序设计和功能四个方面。

科学研究主要包括以理论推导、实验分析、调查研究三个方面为主的、主要以论文形式向评委和公众展示创新成果的项目，可分为理论研究报告、实验研究报告、调查结果报告等。

理论研究报告是以阐明理论为主，主要用于运用科学事实，通过逻辑推理和假设来得出创新成果的项目。论文从实验或观测事实出发，利用公认定律、定理，通过逻辑推理，对研究对象层层剖析，得出有理论价值和实用价值的结论。理论研究报告的正文没有固定的格式，其结构可以多样化。其正文主要反映逻辑推理的过程，常见结构形式有：证明式、剖析式、运用式。这一类型的研究论文以数学、物理学科为多。

实验研究报告是指研究论文所描述的科技创新成果，是通过实验、试验等途径获得或得到证明。实验型论文的正文一般由材料和方法、结果、讨论三部分构成。材料主要是指实验材料的性质、质量、来源、材料的选用和处理。方法主要是指实验的仪器、设备、条件及其数据的获得过程和方法。包括实验对象、实验目的、实验材料的性质和特性、选取的方法和处理的方法、使用的仪器、设备和器材、实验及测定的方法和过程、出现的问题和采取的措施。结果，是指在实验过程中所观测到的现象和数据，实验仪器记录的图象和数据，对上述现象和数据实行初步统计及加工形成的资料。结果的写作，要做到精确、精选、精当、精粹。精确是对每一个现象乃至一切细节都不能有所疏忽；精选是必须选出能说明结论依据的那些必要的、关键性的、有代表意义的、准确可靠的资料和数据；精当是结果要按一定的逻辑顺序编排，条理清楚，恰到好处；精粹是用简洁明确的语言表述出来。分析和讨论是对上述两个部分进行综合分析和研究。目的是通过分析和讨论，获得对“结果”的规律性认识，并借以指导一般。作者创造性的发现和见解，主要是通过这部分表现出来的。分析和讨论部分一般包括对“方法”和“结果”两方面的研究。要从论文内容表达需要出发，决定讨论什么，不讨论什么，什么要着重讨论。

调查结果报告主要指行为与社会科学类科技创新成果的研究论文，这类论文的第一手资料主要通过调查或调研的途径获得。一般包括：调查研究的方法及方案，主要介绍调查所采取的方法，如问卷、座谈、入户；调研方案，如选点方法、抽样原则、调查安排等；调研及分析的工具、方法；调查研究过程，描述开展调查研究的过程和重点；调查研究的资料；现状、存在问题的分析及对策。

结论又称结束语，是对研究论文总体上所做的最终总结。它是在理论分析或实验结果与讨论的基础上，通过严密的逻辑推理而得出的新的观点，它集中体现了项目的研究水平和创新成果。结论的内容包括：概括而简要地说明本文解决了什么问题，有什么理论意义和使用价值，得出了什么规律，建立了什么方法；对前人或他人的相关研究做了哪些检验，与自己的研究结果相比，哪些一致，哪些不一致，自己做了哪些修改、补充、发展、证实或否定；自己的研究有哪些不足之处，还有哪些未解决的问题，以及解决这些问题的设想等。结论的写作，要有严密的逻辑性，措辞必须严谨，要用肯定的语气和可靠的数字，不能含糊其词、模棱两可。

致谢是科学研究中职业道德的一种表现，是对支持、帮助者的劳动表示尊重。

参考文献是学术论文的一个必要的组成部分。它具有证明在论文中引用的论据是真实的；有利于读者查阅、核实和理解前人的科研成果；体现了尊重前人劳动、严谨治学的态度等作用。

在列参考文献时应注意：所引文献必须是作者直接阅读过的公开发表的文献，一般不从他人的文献中转引；所引文献要忠实于原著，著录时要仔细核对；文献著录要符合规范。参考文献的撰写要求：正文中的标注方法。依正文中所引文献首次出现的次序，以阿拉伯数字为其序号，并加方括号，标注在据引文字的结尾处的右上方。然后在文后按此序号的顺序排列成参考文献表。参考文献应根据不同的类别有各自的著录格式：

专著的著录格式是：作者，书名，版本，出版地，出版者，出版年，起始页。

连续出版物（如杂志、学报等）的著录格式是：作者，题名，连续出版物名称，年，卷（期），起始页。

专利文献的著录格式是：专利申请者，专利题名，其他责任者，附注项，专利国名，专利文献种类，专利号，出版日期。

第7章　杭州电子科技大学实践教育基地科创活动及青春记录

科技创新活动作为一种探索性的实践过程，其任务是探索未知，其最为突出的特征就是“创新”。学生课外科技活动是一种实践环节，在活动过程中强化学生实际动手能力和实践技能，实现从科学知识型向实用技能型转化。群众性的学生科技创新活动，是迸发创新灵感的好时机，有利于学生将课本知识和实际问题相结合。许多新思想、新方法、新技术的产生均源于这种实践活动。杭州电子科技大学实践教育基地在这方面取得了良好的成效。

7.1　实践教育基地中学生成员科技创新活动

7.1.1　基于 FPGA 的激光光斑识别投影交互系统

第三十四届浙江省青少年科技创新大赛优秀科技创新项目

题目：基于 FPGA 的激光笔识别与投影控制交互系统

学科类别：计算机科学与信息技术

【摘要】本论文设计一种基于 FPGA 的激光笔光斑识别技术并模拟鼠标控制计算机达到在投影上完成交互的嵌入式系统。采用 FPGA 为主控芯片，分为主机和接收机两个部分。主机由摄像头摄取投影场景图像，FPGA 通过其内部光斑定位电路处理图像，并识别激光笔光斑位置，将其坐标通过蓝牙传送至接收机。接收机通过蓝牙接收光斑坐标和遥控器送来的按键信息，通过 HID 模拟鼠标来控制计算机，以达到用激光笔实现与投影系统的交互控制。构建一套能定位投影幕布上的激光笔光斑位置，同时读取按键信息，进而转化成对鼠标的控制指令，最终达到在投影上完成交互的系统。该系统兼具了实时性、准确性、方便性，图像处理过程不需要在计算机上处理，在计算机上不用安装驱动程序或运行处理程序，即插即用，使用方便，对多种操作系统有较好的兼容性，该系统拓展了投影交互场景中激光笔的作用，提升演讲者的演讲体验。

【关键词】FPGA 图像处理、激光轨迹识别、USB-HID

【研究背景】

暑假期间我参加了一场培训会，观察到老师通过投影仪进行培训时，我发现几个不方便的地方：

（1）演讲时需要用到两个以上的软件如 PPT 和 DEV C，老师需要频繁地在这两个软件之间切换，每次切换都必须回到计算机面前操作；

（2）在演示 DEV C 的编程时，老师无法在 DEV C 的界面上进行圈点勾画，需要截图后放到 PPT 里，才能圈点勾画；

（3）老师对 PPT 所展示的内容进行圈点勾画时，需要在计算机面前用鼠标或键盘切出画笔功能，用鼠标才能操作。

以上情况一旦出现，老师就只能被限制在计算机面前操作键盘鼠标，这使老师一会儿在我们桌前指导，一会儿到讲台上讲解，与我们的互动性降低，不利于提高培训的效果。我想如果通过激光笔远距离控制既能做到多个软件之间任意切换，又能对 PPT 内容圈点勾画，最好能在任何软件界面上圈点勾画，这样就能非常方便地使用了。然后，我通过淘宝查找这样功能的产品，没有发现类似产品；通过万方数据资源系统和中国专利信息网查找到了一些资料，通过资料询问了老师，了解到要实现我的功能，现有的方法需要具备两个条件：

（1）摄像头采集的图像信息通过嵌入式器件高速地传输给计算机；

（2）通过计算机上安装功能强大的图像识别软件来识别激光笔光斑，才能实现与投影之间的交互，这些软件对计算机的配置要求相对较高。

由于现有系统要求较高，是否能有更加方便、成本较低的系统来实现呢？

【设计思想】

为了解决图像高速传输的困难和计算机配置成本较高的问题，我想是否可以不传输图像直接进行处理，传给计算机的直接就是键盘和鼠标的信息，这样就可以大幅降低计算机的配置，也不需要安装软件，就能实现我想要的功能。于是再找老师咨询，老师让我去向电子信息工程专业的老师请教，于是了解到现代数字逻辑技术可以替代一些软件对简单图像进行一些本地化的高速处理。这种数字逻辑技术是在 FPGA 的芯片上编写 HDL 语言，实现某种功能的技术。其中 FPGA 是 Field Programmable Gate Array 的缩写，意思是现场可编程逻辑门阵列。而 HDL 是 Hardware Description Language 的缩写，意思是硬件描述语言。用 HDL 编写代码，下载到 FPGA 中，就可以实现代码所描述的电路，从而实现电路功能。于是我就产生了研发基于 FPGA 的激光笔光斑识别与投影控制交互系统的想法。

【研究过程】

1. 工作原理

本系统的工作原理如图 7–1 所示，激光笔发射激光在屏幕上产生红色光斑，摄像头捕捉屏幕图像（包含光斑）发送到 FPGA，FPGA 通过内部的光斑定位电路识别激光笔光斑，得到其在屏幕上的坐标，通过蓝牙传送至 HID 模拟器，HID 模拟鼠标来控制计算机，实现用激光笔与投影系统的交互控制。

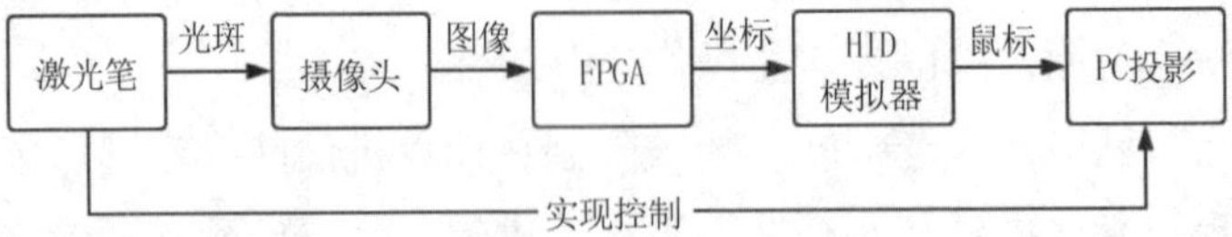

图7–1　系统工作原理

2. 系统组成

基于 FPGA 的激光笔识别与投影控制交互系统包括两个部分：主机部分和接收机部分，如图 7–1 所示。主机部分以 FPGA 芯片为核心，作为计算与控制模块，完成对激光光斑图像信号的识别、坐标校正定位以及向计算机发送相关的指令，实现控制投影仪的功能；主机部分还包括摄像头电路、VGA 显示电路、蓝牙模块。接收机部分包括单片机最小系统和蓝牙模块。接收机通过 HID 方式控制计算机或平板电脑的鼠标键盘，通过蓝牙接收主机的控制信息。进一步地，接收机通过模拟 HID 设备，控制计算机鼠标跟随激光笔光斑运动。整个系统主要构成如图 7–2、图 7–3 所示。

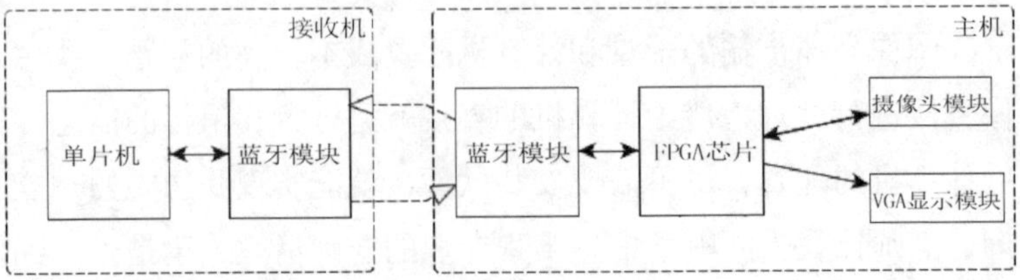

图7–2　系统主要构成

图7-3　系统主要构成实物

（1）摄像头电路：主要模块选用 OV7670 摄像头，FPGA 通过内部的摄像头驱动电路控制摄像头，获取摄像头的视频信息，对激光笔光斑进行定位。

（2）VGA 显示电路：由电阻编码网络构成，用于显示摄像头拍摄的画面，该部分和 FPGA 的 VGA 驱动电路是独立存在的，当不需要输出演示画面时可以不必安装，以节省资源。

主机和接收机通过各自的蓝牙模块无线连接。主机中的 FPGA 芯片内部集成了光斑定位电路以及摄像头驱动电路、VGA 显示驱动电路等。

（1）光斑定位电路：实现了对视频数据流的实时处理，用于识别激光笔光斑的坐标。主机部分的光斑定位电路内部结构如图 7-4 所示，其包括了视频捕获电路、高斯滤波电路、形态学滤波电路、FLASH 读写电路、VGA 驱动电路、光斑坐标提取电路、串口驱动电路等，校准光标和鼠标的位置匹配时按照右下、右上、左下次序校准，使用者首次使用需要对屏幕位置进行校准。校准后不搬动摄像头和投影仪则无须再校准。主控模块将从摄像头模块中提取的原始画面通过视频输出模块输出，供用户调整摄像头焦距、方向时参考，也可不使用。

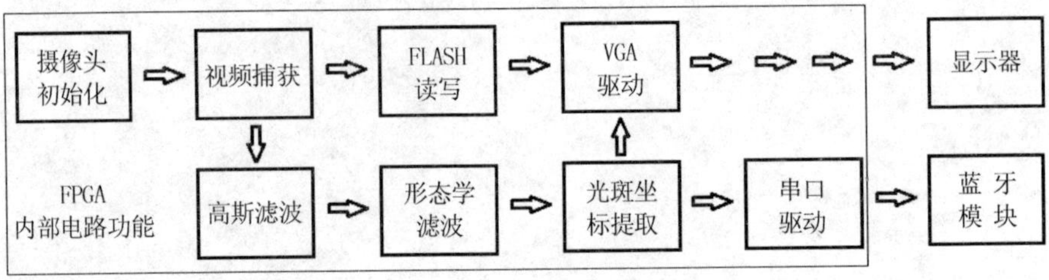

图7-4 光斑定位电路内部结构

（2）摄像头驱动电路：通过 SCCB 接口配置 OV7670 摄像头，并且获取 OV7670 的视频数据流。

（3）VGA 显示驱动电路：用于辅助显示摄像头和激光笔光斑定位情况。

3. 模块组成

一种新型激光笔光斑识别与投影控制交互系统，其功能模块包括光斑采集处理模块、坐标分析处理模块、USB-HID 模块，模块组成框如图 7-5 所示。

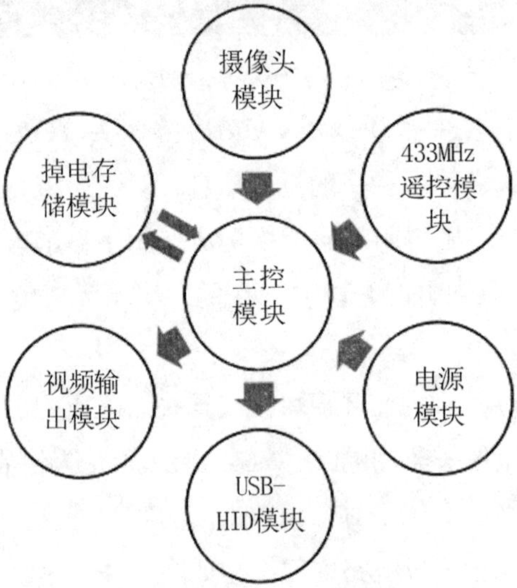

图7-5 模块组成框图

主要模块介绍如下。

（1）摄像头模块：OV7670 传感器模块，模块主要接口功能如表 7-1 所示。

表7–1 摄像头模块主要接口功能

接口名称	作用
3v3	3.3V供电电源
GND	接地端
SIOC	SCCB寄存器配置接口的数据线
SIOD	SCCB寄存器配置接口的时钟线
VSYNC	视频流的场同步信号
HREF	视频流的行同步信号
PCLK	输出的视频流的像素时钟
XCLK	输入时钟
D0–D7	视频流数据的0 ~ 7bit
RESET	系统复位
PWDN	为0时系统失能，1时系统使能

OV7670 的每个图像的数据输出时序如图 7–6 所示。

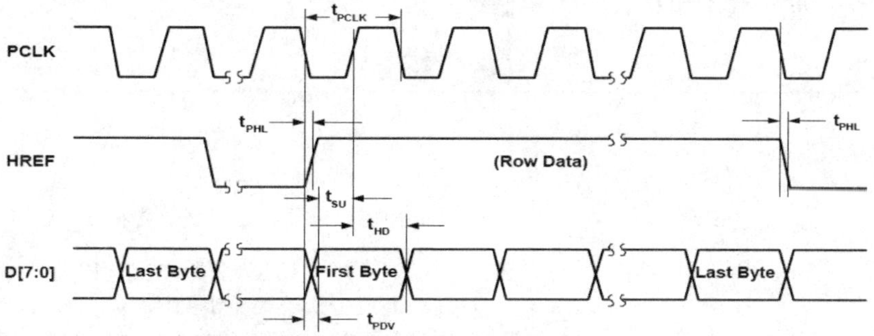

图7–6 摄像头数据输出时序

图像数据在 HREF 为高电平时输出，当 HREF 变高后，每一个 PCLK 时钟输出一个字节数据。帧时序（VGA 模式）一幅画面的输出时序如图 7–7 所示。

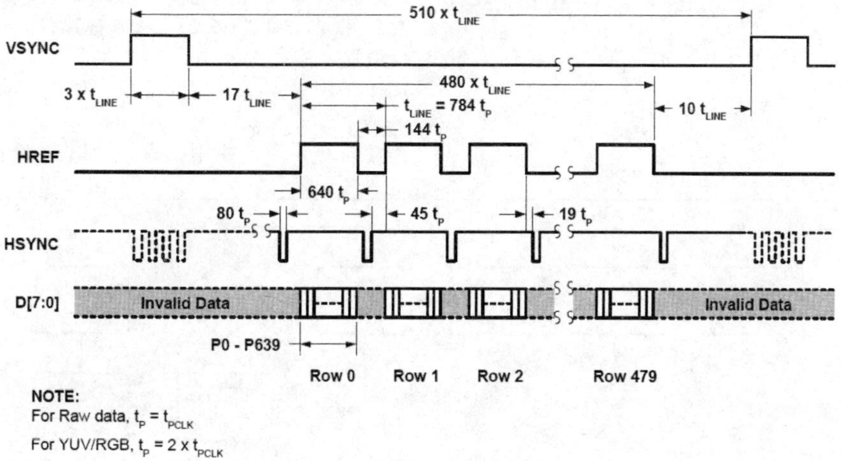

图7–7 帧时序输出时序

摄像头在行同步信号（HREF）为 1 时自左向右输出一行的视频像素，在 0 时为一行结束状态。摄像头在场同步信号（VSYNC）为 1 时结束一帧画面的输出，在 0 时输出画面。

（2）HID 模块。

HID（Human Interface Devices）是一种 USB 通信协议，无须安装驱动就能进行交互。USB 有 5 种标准描述符：设备描述符 、配置描述符、字符描述符、接口描述符和端点描述符，当主机向 USB 设备请求各种描述符来识别设备后，HID 设备如鼠标、键盘定义相应的 HID 描述符。HID 设备通过 USB 控制管道和中断管道与主机之间通过报告形式实现，报告需要定义报告描述符，流程如图 7–8 所示。报文格式具体如表 7–2 所示。该模块包括了 arm 单片机和蓝牙模块，与主机无线通信，通过模拟鼠标键盘来控制计算机等设备。

表7–2　报文格式

偏移量	域	大小	值	描述
0	bLength	1	数字	此描述符的长度（以字节为单位）
1	bDescriptorType	1	常量	描述符种类（此处为0×21即HID类描述符）
2	bcdHID	2	数字	HID规范版本号（BCD码），采用4个十六进制的BCD格式编码，如版本1.0的BCD码为0×0100,版本为1.1的BCD码为0×0110
4	bNumDescritors	1	数字	硬件目的国家的识别码（BCD码）
5	bDescriptorType	1	常量	支持的附属描述符数目
6	bDescriptorType	1	数字	HID相关描述符的类型0×21；HID描述符0×22；报告描述符0×23；物理描述符
7	wDescriptorLength	2	常量	报告描述符总长度
9	bDescriptorType	1	数字	用于识别描述符类型的常量，使用在有一个以上描述符的设备
10	wDescriptorLength	2	常量	描述符总长度，使用在有一个以上描述符的设备

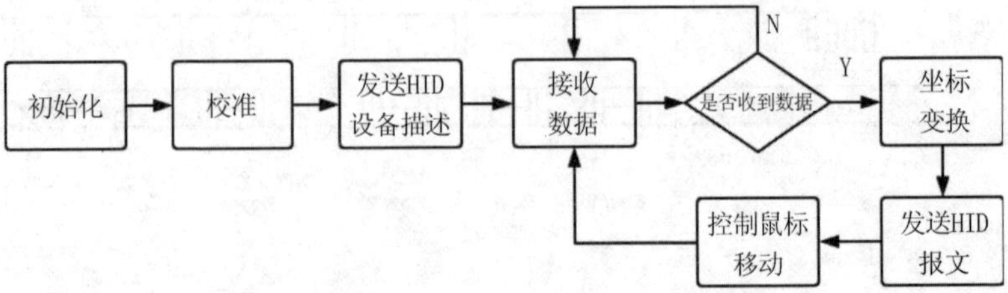

图7–8　HID协议流程

4. 系统设计

系统使用过程中，首先主控模块驱动摄像头模块，接收视频流数据，并进行流水图像处理，从而在一帧图像的延迟内得到激光笔光斑坐标，因而具有高实时性。主控模块将得到的光斑坐标输送至主控模块的软核处理器部分，并从外部掉电存储模块读取校准信息，对坐标进行映射，从投影仪坐标映射到计算机屏幕坐标。同时，主控模块统计历史坐标，提取有关向量，利用分类模型对激光笔光斑轨迹进行分类识别，进而产生不同控制指令。

主控模块获取光斑坐标并进行坐标转化的同时，还接收 433MHz 遥控模块的按键信息，以此实现模拟鼠标按键。同时该遥控模块可以实现对系统进行控制，控制主控模块将校准信息写入外部掉电存储模块，以实现对系统中投影幕布位置的重新校准和校准信息的断电存储。

主控模块提取光斑坐标并映射以后，除了对系统本身进行校准以外，还将形成特殊编码的控制指令对 USB-HID 设备进行控制。主控模块通过蓝牙将信号稳定、及时地输送至 USB-HID 设备。USB-HID 设备部分的主控为 arm 单片机，接受控制指令后生成相应的符合 USB-HID 标准的信息序列，通过 USB 端口连接至计算机等主控设备，从而实现对计算机的控制。USB-HID 兼容性强，即插即用，使用方便。

【创新与完善】

针对现有技术的缺陷，本设计提供了一种即插即用、低成本的激光笔光斑定位系统。与现有技术相比，本设计的优点为：

1. 通过 FPGA 做图像处理，主机只需要向 PC 传递坐标数据即可，避免大量数据的传输，鼠标运动跟随效果延迟小；

2. PC 上无须安装图像处理软件，做到即插即用十分便捷；

3. 对 PC 的配置没有要求，可以使用低成本的 PC。

我和老师还申请了专利，已经受理，正在审批中。

回顾这一段时间的努力，使我品尝到思路陷入困境的纠结、四处搜寻材料的辛劳、装置测试成功瞬间的喜悦。通过参加这次科技创新大赛活动使我明白完成一件好的科技作品不是一件容易的事，有非常多的开发研究步骤，有焊接、测量、编写代码、系统调试等工作，更深深懂得了要获得哪怕是小小的成功，也要付出辛勤的努力。

同时，该装置也存在着一些不足，在我学习更多的关于 FPGA 的知识后，可以从以下三个方面进行改进：

1. 后期完善当不使用激光笔时，HID 可以自动切换到鼠标和键盘；

2. 能在任何软件界面上勾点画线；

3. 光斑和鼠标的位置精度提高。

接下来我将继续努力研究，争取将我的作品更加完善。

7.1.2 基于物联网的分布式存储系统

浙江省第三十四届青少年科技创新大赛优秀科技创新项目

题目：基于物联网的分布式仓储系统

学科类别：计算机科学与信息技术

【摘要】基于物联网的分布式仓储系统用来解决办公室、实验室等情境下，物品多而杂、管理难、资源使用不充分的难题，同时解决使用传统式仓储系统造成的无法分层管理、布线难的问题。用户可通过手机客户端或网页端进行查询、储物等操作，智能地对物品进行管理。系统由主板、从板、云服务器、客户端等四个部分组成，通过 Wi-Fi、zigbee 进行主板与服务器、主板与从板间的信息交流。

经单位试用，获得较好评价。目前，该项目已申请国家实用新型专利。

经查新，目前我国在智能储物领域虽有研究，但本项目具有创新性、新颖性。

【关键词】分布式、储物、智能、管理

【设计由来】

作为少科院院士，我参加 2018 年海洋科考时，开展了水质检测、标本制作等工作。涉及药品、各种仪器等诸多设备，我在取用实验器材时发现以下问题：

（1）每个实验室场地有限，无法容纳所有的物品；

（2）每个实验室的物品都有各自独有的和共有的，使用时存取不方便；

（3）取用实验室的物品，没有设置权限。

若解决此问题需要在分布式仓储系统的前提下，使用能够设置权限的分层管理模式，且需在原有储物柜的基础上添加智能模块，不用新买集成式柜子。所以我深入思考，开始研究如何将分布式仓储系统分层管理且免布线的问题。经过不断设想，我最终决定通过物联网连接 APP 和从板进行查询、储物等操作。我认为这样既能利于管理人员管理调配，又能方便操作人员使用物品。那将是很有意义的一件事。

【设计思想】

1. 现有的智能仓储管理系统情况

我先进行了查新，经对检索出的相关文献进行分析，发现一些相关项目皆着眼于大型公司、大型仓库中资源的管理应用。现有的系统皆着力于物品的分布式存储、集中式管理，不利于分层管理。并且现有的系统不采用物联网方式，扩展需要布线。

现有的智能仓储管理系统大多有一个显著的特征，采用集成式的管理模式，即将物品在集中的区域进行储物操作。许多大型公司在数年前已经开始发展智能化管理模式，多采用的是高度集成化的仓库管理，也有类似于“蜂巢”这样的智能集成式柜。

例如，大型集成化仓储虽只需少量管理人员，在集中区域对于物品进行管理，但是这些现有的系统，无法解决人数众多、身份复杂的实验室和办公室等环境中有序化仓储管理的问题。无法限制不同人员的不同权限，更无法适用于分布式仓储的模式。

例如，“蜂巢”等智能柜的确实现了互联网的交互管理，但不能在实验室、办公室等分布式仓储的环境中使用，并且无法实现在普通柜子上加装部件便可使用的设计理念，成本也较高。

总而言之，现有的这些智能仓储管理系统的服务对象与本项目的定位不同，都无法实现“分布式仓储系统”所要达到的基于实验室、办公室等场景下进行分层管理的要求。同时，它们的扩展需要布线，会造成成本高的问题。

2. 新仓储系统的设计思路

通过研究，结合我对现有智能储存系统的分析，我再次明确了新仓储系统采用分布式仓储的重要性，如图 7–9 所示。必须通过分布式仓储系统才能达成我预设的实验室、办公室等环境下的储物要求。

我设想发明、制作的系统需达到以下几个要求。

（1）对物品的存取需要有层级权限。

（2）增减货柜时，不需要布线。

（3）能使用柜机分离的方式，方便货柜的增减。这样当需要添置新柜子时，可以很方便地添加，且不用买特制的柜子，便捷、成本低。

（4）通过 APP 对物品进行管理，方便快捷。如在客户端上查询物品，柜子上的从板就能显示物品的位置信息及调取储物记录等。

这样可以弥补现有系统的缺陷，达到我的设计理念。

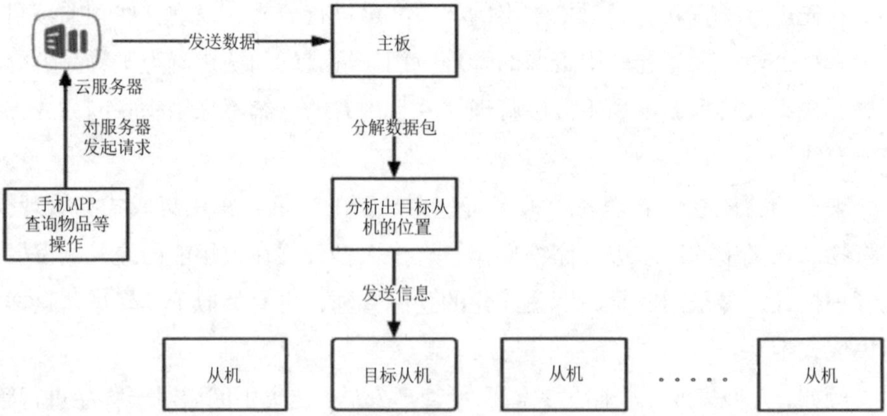

图7-9　新仓储系统的设计思路

【设计过程】

1. 新仓储系统的构成

该系统由单片机—主板、单片机—从板、手机 APP、云服务器组成。

单片机—主板用来接收来自服务器的信息，并将该信息转交给相应的从板。且当要增加新的柜子时，起到配置新从板，使其加入从板网络中的作用；单片机—从板是一个独立的单元，它与柜子是分开的（这就意味着系统对使用的柜子并没有特别的要求，普通的就行），它的功能是通过数码管告知用户物品的具体位置。每增加一个柜子，用户可添置一个从板。手机 APP 是用户的主要操作对象，用户注册账号后，便可在 APP 上进行物品的查询、存放等操作。云服务器则主要用来存储用户数据。

2. 新仓储系统的硬件设计

新仓储系统的硬件设计包括主板硬件设计和从板硬件设计，主板硬件框如图 7-10 所示，从板硬件框如图 7-11 所示。

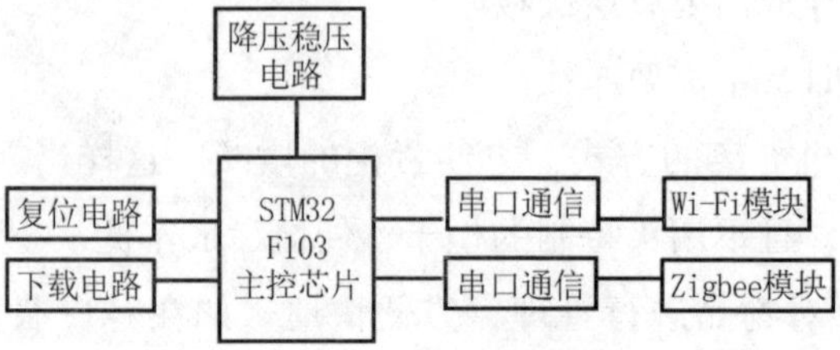

图7-10　主板硬件框图

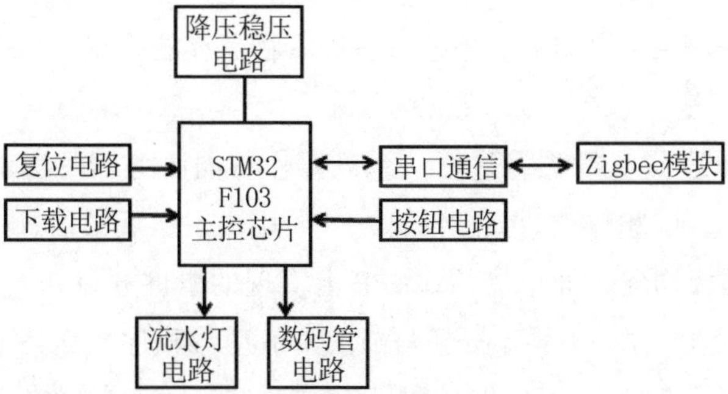

图7-11　从板硬件框图

3. 单片机的软件设计

主板与从板都使用STM32F1系列芯片。主板搭载了Wi-Fi模块与zigbee模块，从板搭载了zigbee模块。主板和从板上还有led灯以及按键。

（1）主板程序。

主板通过MQTT协议与服务器通信，通过zigbee与从板通信。

主板的while循环程序，主要是检测按键的动作。

当有新柜加入时，按下按键，主板便会配置新从板的信道与网络ID以保证正常通信，并通知服务器已添加新柜。

长按按键，使主板进入配置模式，然后通过网络调试助手向主板发送Wi-FiSSID与密码即可成功配置。

主板也开启着中断，如果接收到服务器的信息，就会向从板发送信息。

（2）从板程序。

从板只运行中断服务，当它的zigbee接收到信息时，就会开始对数据包进行分析。我基于zigbee通信协议设定了一个简单的协议，如果数据包的靶地址为0x90，那么就是在命令从板进行信道、网络ID的配置，如果把地址改为0×80，那么提取数据包的payload，然后使数码管显示数字，led灯进入流水灯模式。

项目部署：

服务器环境：Ubuntu16.04（操作系统）+Mysql（数据库类型）+Nodejs（后端语言）

通信协议：http、mqtt（物联网部分）

APP：Dart（开发语言）、flutter（移动UI框架）+Dio（Dart网络请求库）

后端服务：Nodejs（开发语言）、express（框架）

运行流程：

注册账号→登录→绑定器材柜系统→查看物品存放信息→存取操作

运行原理：

用户在APP上提交数据，进行一系列操作，向服务器发送请求，服务器根据请求进行操作，增删改查数据库信息，并向用户发送反馈信息。其中，APP页面通过flutter框架构建，简单灵活，APP上实现的事件通过dio的Api接口向运行在ubuntu系统上的由express框架写成的web应用程序发送请求，请求一般会利用SQL语言对数据库信息项进行增删改查，并进行一系列数据反馈等活动。

MQTT运行流程：

Mosca是MQTT在Node.js中的一个Broker的开源实现，通俗地讲也就是MQTT中的Server实现，如图7-12所示。实现MQTT协议需要客户端和服务器端通信完成，在通信过程中，MQTT协议中有三种身份：发布者（Publish）、代理（Broker）（服务器）、订阅者（Subscribe）。MQTT会构建底层网络传输：它将建立客户端到服务器的连接，提供两者之间的一个有序的、无损的、基于字节流的双向传输。

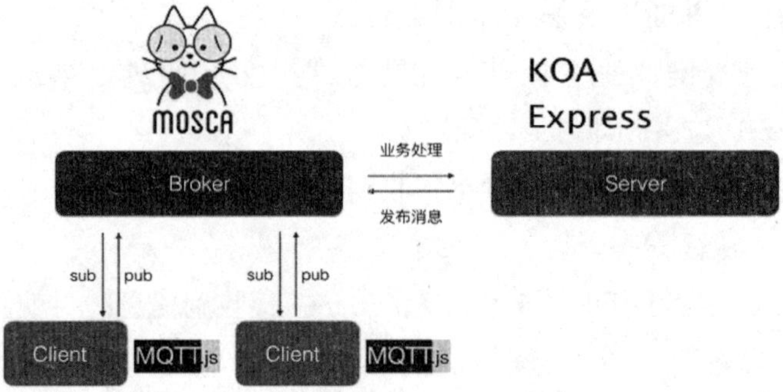

图7-12　MQTT运行流程

当应用数据通过MQTT网络发送时，MQTT会把与之相关的服务质量（QoS）和主题名（Topic）相关连。

客户端可以：

①发布其他客户端可能会订阅的信息；

②订阅其他客户端发布的消息；

③退订或删除应用程序的消息；

④断开与服务器连接。

MQTT 服务器被称为“消息代理”(Broker),可以是一个应用程序或一台设备。它是位于消息发布者和订阅者之间，它可以：

①接受来自客户的网络连接；

②接受客户发布的应用信息；

③处理来自客户端的订阅和退订请求；

④向订阅的客户转发应用程序消息。

数据库结构设计：一套系统的数据库设计，包括用户信息、主柜信息、从柜信息、用户对应主柜等各种数据。

【功能与创新点】

该系统无须配置，插电即用。USB 供电亦可。

安装步骤：主板安装；安装 APP 用户客户端；从板安装。

使用功能：取货；存货；账户管理：登录，注册，注销。

解决了办公室、实验室管理物品困难、资源得不到有效利用的痛点。该智能仓储系统的主要创新点：

设置权限,解决分布式仓储的分层管理；

利用物联网,免去布线的麻烦；

安装方便快捷,只需主板连接 Wi-Fi，购置新从板进行配置，省去很多操作；

兼容性强的同时节约成本，无须买特制储物柜,只需购置从板安置在原有柜子上；

可智能记录器材使用情况,通过手机端呈现记录清单、器材损耗情况,通过记录查找到责任人；

可任意扩展,不受地域的限制,提高空间利用率。

【结论与展望】

回顾这一段时间的努力，这套装置看似很简单，却使我体会良多，思路陷入困境时非常纠结，装置测试成功时无比喜悦。

该装置创新点多、实用性强，但也存在一些不足，下一步打算结合应用实际，进一步优化系统设计：

增设从板损坏的反馈；

添加物品存取日志，方便更加合理地购置物品；

使用指纹验证开锁，让物品存放更安全。

接下来我将继续努力研究，希望更多的专业人员能看到这个设计，并加以完善，期待给更多的人带去便利。

7.2 实践教育基地大学生成员科技创新活动

7.2.1 基于单片机的 PM2.5 检测仪的设计与实现

基于单片机的PM2.5检测仪的设计与实现

一、引言

由于科学技术的进步，人们的生活条件有了极大的提高，生活越发高效、便利。但空气质量缺越来越差，不容忽视。其中，PM2.5 是空气质量中的一个重要指标。PM2.5 是指空气中直径小于 2.5 μ m 的可吸入颗粒物。PM2.5 越大，污染就越严重。近年来，雾霾问题越来越严重，已经引起了不少人的恐慌。空气质量变差，危害越来越严重。根据世界卫生组织发布的调查显示，世界上各个国家的大半城市和农村居民均遭受到颗粒物对健康的影响。高浓度的 PM2.5 不仅会缩短人们的寿命，而且大大地增加了死亡率。人类本身的生理结构对许多空气颗粒物都有阻挡防护作用，但是对 PM2.5 粒子却无能为力，而 PM2.5 对人类健康的危害却随着医学技术的进步，慢慢地展现出其可怕的一面。现如今，雾霾愈加严重，人们的出行不但十分不方便，而且人们的健康也受到了极大的危害。许多健康专家和环境安全专家们发现，由空气中的颗粒物引起的雾霾天气所带来的危害比我们想象的要大得多，甚至不亚于沙尘暴这样的极端天气。PM2.5 粒子对人体呼吸系统的危害是最为明显的。每年因这种雾霾天气而患上呼吸疾病的人不计其数，这是因为 PM2.5 粒子实在是太小了，人体本身的防护机制根本没法阻挡它的侵入，PM2.5 会直接进入到人体的支气管，使肺部的气体无法正常交换，从而引起人体内的缺氧，使人们呼吸困难，诱发一些如哮喘之类的呼吸疾病，一到雾霾天气，一些老人、小孩以及呼吸病患者就痛苦不堪。另外，PM2.5 粒子进入人体后会融入到血液中去，而不经过肝脏解毒，从而也会诱发一些血液疾病。并且，PM2.5 粒子也会吸附空气中的一些其他有害物质如多环芳烃带进人体，引发癌症等疾病。PM2.5 危害如此之大，PM2.5 检测仪就显得尤为必要。

二、概述

（一）PM2.5 检测系统概述

PM2.5 检测系统的工作原理是采用光散射的方法来实现的。该检测系统主要包括供电模块、传感器检测模块、按键模块、模数转换电路、单片机模块、显示模块和报警模块。如图 7–13 所示，检测电路测得 PM2.5 浓度之后对应输出一个模拟电压，而模数转换电路将其变成数字电压，数字电压被单片机处理之后输入到液晶显示屏再进行结果展现。报警值的设置和改变也要经过单片机的处理。

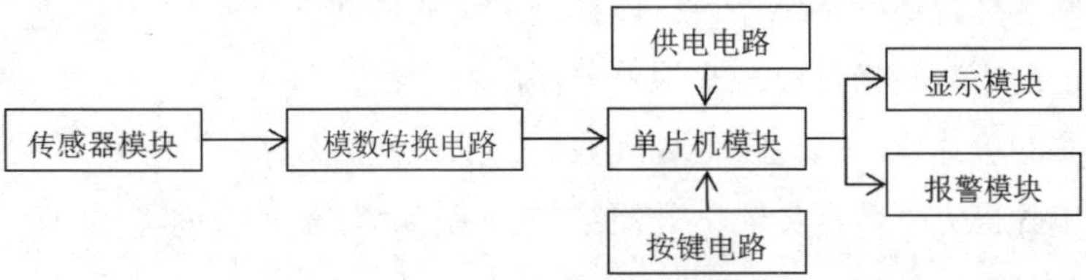

图7–13　检测系统原理图

像我们日常所常用的 PM2.5 检测仪一般都是体积比较小的，方便存放；而且功耗一般都很小，可以长时间连续使用。我们自己用的 PM2.5 检测仪要求检测速度快，操作方便，容易上手，随之准确度就有所欠缺。而对 PM2.5 浓度要求比较精确的就不能用这种仪器了，而应该换一种精确度更高的。一般来说，现在单独使用 PM2.5 检测仪的场合并不是很多，大多数还是和净化装置仪器使用，比如说空气净化器、空气清新机等。

因为科学研究的深入与进一步的发展，PM2.5 检测仪的检测效果越来越好，功能更加全面，仪器聚集了更多的作用，不再单一，一切检测过程仪器可以全自动完成，不再需要人工干预，更加有系统性，越来越智能。我们的社会对那些人们可以轻易上手的精确的大气颗粒物监测仪器需求量很大，尤其是在工厂废弃物排放方面对这种检测仪要求就更高了。为了满足这些需求，就不得不加强对环境质量检测仪器和检测技术的深入研究，看看颗粒物浓度对大气各种指标的影响，然后再依据这些影响摸索光学、物理学等其他领域知识能否应用到这种检测技术和监测仪器中，创造出全新的颗粒物浓度检测方法，弥补现代检测技术的不足。伴着科技的不断进步，PM2.5 的检测技术只会更加先进、精确，检测装置也会更加小而简练，被更多地用于社会中去。

（二）本设计方案思路

本设计以实现浓度检测，信号输出、数据转换、传输并将数值加以显示为主要目的，参数设置和报警电路也是主要内容。

在浓度检测方面使用的是粉尘传感器测试电路，届时会输出一个模拟电压；数据的转换需要依靠模数转换电路，因为单片机只能对数字信号进行一系列处理。数值显示需要一个显示电路来完成；参数的设置可以在单片机上外接按键电路加以控制；报警电路则是靠蜂鸣器来完成的。单片机承担了主要的数据处理功能。

（三）研发方向和技术关键

①正确选择合适的传感器，可以提高系统的精度；

②合适的模数转换可以减小误差，提高稳定性；

③优质的单片机可以更快地处理数据，加快检测效率；

④与单片机进行数据传输，方便结果的保存、显示和查询。

（四）主要技术指标

①传感器灵敏度：$0.5V/(0.1mg/m^3)$；

②模数分辨率：8 bit；

③显示格式：实际浓度值＋品质等级＋报警值；

④精度：10%；

⑤显示分辨率：$1\ \mu g/m^3$。

三、方案设计

PM2.5 检测系统是融合了光学、电学、仪器技术在一起的系统，它的系统总体结构框图如图 7-14 所示。该系统主要包括电源电路、传感器模块、模数转换模块、按键电路、单片机模块、显示模块和报警模块。它的工作原理是传感器中的发光二极管放射出光线照在传感器中的空气采集区域，空气中的颗粒物将光反射到另一端的光电晶体管上，传感器输出一个对应的模拟电压，此模拟信号进入模数转换模块之后被转换成数字信号，就可以被传输到单片机里去进行处理，然后传进液晶显示屏就可以显示出空气中 PM2.5 的质量浓度了。按键连接在单片机上可以改变所设置的那个报警值。当测得的 PM2.5 质量浓度大于所设置的那个报警值时，蜂鸣器和发光二极管就会发出声光报警加以提示。在本次设计中，传感器用的是夏普 GP2Y1010AU0F 粉尘传感器，模数转换模块用的是 ADC0832 芯片，单片机用的是 STC89C52，液晶显示屏用的是 LCD1602。

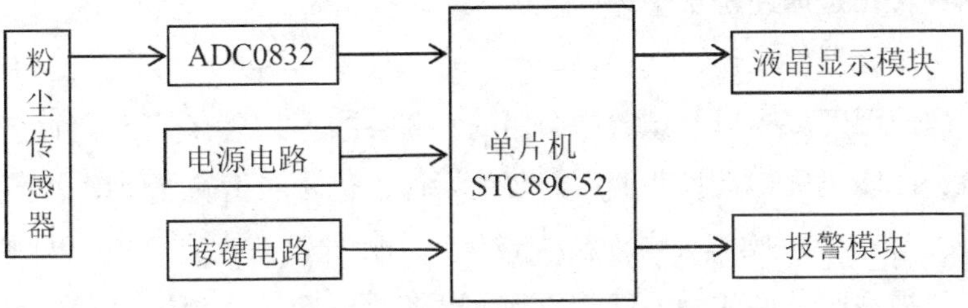

图7-14　系统总体结构框图

（1）电源电路：为整个系统供应电力驱动，使得系统能持续运行；

（2）报警模块：由蜂鸣器和发光二极管组成，超出限定值之后就会有报警提示；

（3）按键电路：有两个按键，控制报警值加减的调整；

（4）粉尘传感器：用的是 GP2Y1010AU0F，将 PM2.5 粒子质量浓度转换成输出电压的形式加以处理；

（5）单片机模块：单片机模块所用单片机是 STC89C52，供应消耗低，性能高，费用低，可靠性好；

（6）模数转换模块：用的是 ADC0832 芯片，体积小，兼容性好，功耗低，稳定性好，误差小；

（7）液晶显示模块：用的是 LCD1602，功率消耗少，体积小，显示内容充足，小巧玲珑。

四、硬件设计

（一）电源电路

电源是一个电路的驱动源，提供电路所需的电力，是保持整个系统能够正常运行的最基本条件，无电源，不运行。在本次试验中所需要的电压为 5V，且需要此电压能够稳定提供。电池是一个不错的选择，电压足够，换起来又方便。

（二）传感器模块

夏普 GP2Y1010AU0F 是一种应用了光学原理的粉尘传感器，外形是一个长方体，在其内部对角上有一个红外发光二极管和一个光电晶体管，发光二极管发射的光线被空气采集区域的 PM2.5 粒子反射到光电晶体管上，会使得晶体管发生光电效应，从而输出一个模拟电压，该电压与 PM2.5 粒子的质量浓度成线性关系。由于这个传感器应用的是光的反射，所以可以测到很小的粒子，0.8 μm 以上都可以检测到。该传感器功耗很小，小且轻巧，安装起来很方便，实用性很强。经常被用在空气净化机、换气空调等产品上。另外，我们还可以根据输出电压的脉冲模式判断颗粒物是烟还是灰尘等。

对于一个元器件来说，我们也需要了解它最基本的元件参数，比如说需求电源多少、适应温度多少以及试验中会用的一些参数等。只有对元器件的参数有足够的了解，才能正确地选择我们所需要的元件，也才能正确地使用这个器件，以免元器件在实验中因操作失误而被烧毁。每个元件都有它自己所需的工作条件，如果我们忽视这些条件的话，试验达到不预期效果是其一，有可能还会烧毁整个电路而功亏一篑。在 GP2Y1010AU0F 粉尘传感器中存在发光二极管还有光电晶体管，因此我们不仅需要知道传感器整体的参数，还需要弄清楚这两个关键部分的主要参数。表 7–3 是粉尘传感器的一些性能参数，表 7–4 是粉尘传感器工作的输入和输出参数。

表7–3　粉尘传感器性能参数

主要参数	技术条件	备注
灵敏度	$0.5V/(0.1mg/m^3)$	当输出电压为0.5V时，每立方米空气中有0.1mg的颗粒物
输出电压	0.9V(TYP)	无尘电压
供电电流	11mA	
体积规格	46.0 × 30.0 × 17.6	单位是mm
兼容性	兼容	无铅RoHS指令
供电电压	–0.3 ~ +7.0	单位是V（伏特）
输入终端电压	$-0.3 \sim V_{cc}$	V_{LED}单位是V（伏特）
适应温度	–10 ~ 6	单位是℃（摄氏度）

表7–4　粉尘传感器工作的输入和输出参数

（Ta=25℃ \ V_{cc}=5V）

参数	符号	最小值	典型值	最大值	单位
灵敏度	K	0.35	0.5	0.65	$V/(0.1mg/m^3)$
无尘输出电压	V_{OC}	0	0.9	1.5	V
输出电压范围	V_{OH}	3.4	—	—	V
LED端子电流	I_{LED}	—	10	20	mA
消耗电流	I_{cc}	—	11	20	mA

如表 7–5 所示，根据不同的脉冲时间和宽度，得到的输出电压也是不同的，

因此这个参数不能随意调动，而应根据实际需求调整。

表7–5　LED输入端子的输入条件

参数	符号	数值	单位
脉冲周期	T	10 ± 1	ms（毫秒）
脉冲宽度	P_W	0.32 ± 0.02	ms（毫秒）
工作电源电压	V_{cc}	5 ± 0.5	V（伏特）

夏普 GP2Y1010AU0F 总共有 6 个引脚。1 脚和 6 脚是电源输入端接口，2 脚和 4 脚是电源地接口，3 脚是 LED 输入端子所需的脉冲信号输入端口，5 脚是模拟电压的输出端口。传感器引脚如图 7–15 所示。

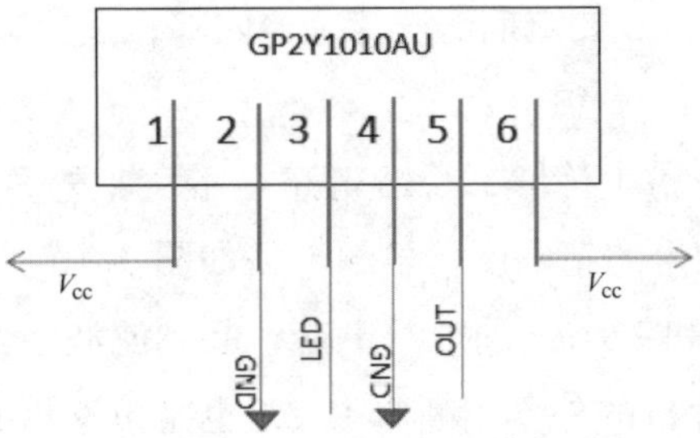

图7–15　传感器引脚图

夏普 GP2Y1010AU0F 粉尘传感器是一种测试速度很快的传感器，一般来说，当接通电源之后一秒就可以稳定下来并输出电压，这也是它被广泛应用的一个重要因素。浓度检测结果是根据输出电压来判定的。当我们使用这个传感器时，我们要先知道传感器无尘无烟时的输出电压，标准值是 0.9V，实际可能不同，应以实际为主。如果要判别颗粒物的离子种类，则可以根据输出电平随时间的变化来加以判断。就拿烟和灰尘的判别来说，一般情况下，烟所含粒子直径更小，容易聚集在一起，密度大，扩散起来速度快，范围大；而相对来说，灰尘粒子直径就大得多，呈个体形式，不太容易聚集，密度小，扩散起来速度慢。当它们进入到传感器检测时，烟的粒子速度快，连续进入，输出的电压是连续的高输出电压；而灰尘粒子则是断断续续地进入传感器检测，因此它的输出电压是间断式的高输出电压。正因为如此，我们可以根据传感器的输出电压值的形状随时间的变化来判断是否有灰尘、是否有烟、是否无尘无烟，无论是以何种形式存在，空气的污染是何种程度都是可以检测出来的。

无尘电压是判断灰尘、烟有无的一个基准，也是计算粒子浓度的一个重要数据。前面我们也说过夏普 GP2Y1010AU0F 粉尘传感器的标准无尘电压是 0.9V，但应以实际情况为准，因此我们就需要对无尘电压进行更新来提高检测的准确度。无尘输出电压是根据发光二极管发光输出的低下、灰尘附在传感器内部以及周围温湿度变化来进行变化的。当发光输出低下时，无尘输出电压就会减小；如若传感器内部附有灰尘时，会使得测量结果有所偏大。按基本情况来讲，如果输出电压没有随着时间的变化而变化，那此时的电压就可以当作无尘电压来使用。另外，因为传感器内有发光二极管，而发光二极管在长时间通电的情况下会使得输出变小，发光二极管输出降低，随之而来的无尘输出电压以及检测感度也会降低，此时就需要根据标准进行输出电压和感度的校准，这也是需要将无尘电压进行更新的一个原因。并且，要定期清洗传感器内部，以免灰尘太多而影响测量结果。

夏普 GP2Y1010AU0F 粉尘传感器检测电路是本实验的一个关键，它直接影响到结果能否得到以及结果的精确度。检测电路如图 7-16 所示，粉尘传感器的 1 脚接的是 150Ω 的电阻和 220μF 的电解电容，起到滤波和保护的作用；2 脚和 4 脚接地；3 脚接的是单片机的外部中断脚 P32，也是单片机的 12 脚，输入的是一个脉冲信号；5 脚是传感器的模拟量输出脚，要连接到模数转换电路的 3 脚（通道 1）上；6 脚接的是电源。

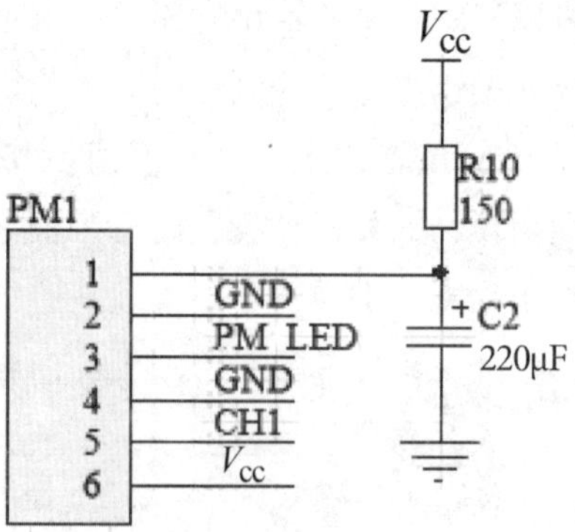

图7-16　GP2Y1010AU0F检测电路

（三）模数转换模块

ADC0832 是美国国家半导体公司生产的一款串行接口的 8 位数模转换器，它有两个通道，能分别对两路信号实现模数转换，工作方式包括单端输入和差分方式；与单片机连接是通过三条线，体积小，功耗低，性价比高，兼容性强，被广泛用于便携式智能仪器中，被广大单片机爱好者和企业广泛使用，普及率相当不错。同时 ADC0832 具有双数据输出功能，可以将其作为校验的依据，较小数据的误差，芯片转换速度也很快，稳定性也比较强。另外，通信方式为串行通信，通过 DI 端口输入准确的数据，可以很好地实现通道功能的选择。学习 ADC0832 并加以使用可以让我们更好地了解到模数转换的原理，可以极大地提高我们的单片机技术水平。ADC0832 最突出的几个特点如下。

（1）8 位分辨率，最高分辨可以达到 256，可以满足一般的模数转换要求，属于逐次逼近型，基准电压是 5V；消耗功率比较低，大概只有 15mW。

（2）采用 5V 单电源供电，输入模拟电压范围是 0 ~ 5V 之内。

（3）属于双通道模数转换，有两个可供选择的模拟输入通道。

（4）输入电平和 TTL、CMOS 相兼容，输出电平也是一样。

（5）工作频率一般为 250kHz，转换时间为 32μs；封装形式多样。

模数转换包括四个过程：采样、保持、量化和编码，每个阶段都是不可缺少的，一般来说，任何一个模数转换芯片里都会有这四个电路，ADC0832 也不例外。ADC0832 模数转换芯片共有 8 个引脚，每个引脚都有其特定的作用，并不能随意接线。ADC0832 的引脚如图 7-17 所示。

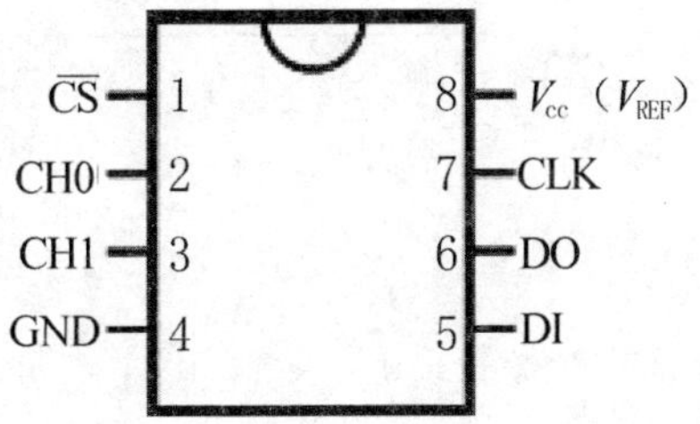

图7-17　ADC0832引脚图

ADC0832 芯片引脚说明：

1 脚 $\overline{CS}$：片选使能端口，低电平有效，芯片检测到低电平才会正常工作；

2 脚 CH0：模拟信号的输入端口 0，也可以作为正负信号的输入端口使用；

3 脚 CH1：模拟信号的输入端口 1，也可以作为正负信号的输入端口使用；

4 脚 GND：电源地，也就是芯片的参考零电位接口；

5 脚 DI：两路模拟信号数据的输入端口，能够选择通道的控制；

6 脚 DO：数据信号输出端口，模数转换结果串行输出端口；

7 脚 CLK：芯片的串行时钟信号输入端口；

8 脚 V_{cc}(V_{REF})：正电源输入端口以及基准电压输入端口（复用端口）。

在大多数的应用情况下，ADC0832 与单片机会有四条数据线相接，分别是 1 脚 $\overline{CS}$、7 脚 CLK、5 脚 DI 以及 6 脚 DO。然而实际情况是 DI 端口和 DO 端口在进行数据通信的时候并没有同时工作而且单片机的接口是双向的，所以实际上 DO 端口和 DI 端口是通过同一根数据线传输数据的，因此可以将这两个端口并联在一起使用。

ADC0832 芯片属于低电平有效的芯片，当 ADC0832 芯片没有工作的时候，它的 1 脚 $\overline{CS}$ 端口输入的应该是高电平，此时芯片没有任何作用，其他三个接口 CLK、DI 和 DO 端口的电平可以是任意的，没有影响。可是当芯片需要进行模数转换的时候要先输入低电位给 CS 端口并加以保持到转换完成，芯片在进行模数转换工作的时候，单片机处理器也需通过时钟输入端 CLK 提供一个必须的时钟脉冲信号，而 DI 和 DO 端口用的是 DI 端口输入通道功能选择的数据信号。其他引脚也须满足一定的条件。表示启动位的 DI 接口需要在第一个时钟脉冲信号到来之前变成高电平，而 DI 端口输入 2 位数据来进行通道功能选择需在第 2、3 个时钟脉冲到来之前完成，它的功能如表 7–6 所示。

表7–6 ADC0832配置位

输入形式	配置位		选择通道	
	CH0	CH1	CH0	CH1
差分输入	0	0	+	–
	0	1	–	+
单端输入	1	0	+	—
	1	1	—	+

从表 7–6 中我们可以看到，不同的配置所对应的通道功能选择是不同的。如果是配置位的 2 位数据以单端输入形式的 1、0 进入，只有通道 0(CH0）在进行数据转换，通道 1 没有工作；对应的，若配置的 2 位数据以单端输入形式的 1、1 传递进来，只有通道 1(CH1）在进行工作，通道 0 没有工作；如果配置位的 2 位数据是以差分输入形式的 0、0 传递进来的，通道 0 作为信号的正输入端 IN+ 使用，通道 1 则作为信号的负输入端 IN– 使用；当配置位的 2 位输入数据是差分输入形式的 0、1 时，通道 0 是信号的负输入端口 IN–，通道 1 是信号的正输入端口 IN+。配置位与通道息息相关，一一对应。

到了第三个脉冲的时候，DI 端口的输入电平作用就不再是输入了，而是通过 D0 的输出数据来进行转换数据的读取。到了第 4 个脉冲的时候，D0 端口就会输出转换数据的最高位 D7，接着第 5 个脉冲输出 D6, 这个过程依次进行，一个脉冲输出下一位数据，一直到第 11 个脉冲产生最低位 D0 的输出这整个字节才算是输出完成。然后又以这一位为起始端传递出下一个对调过的字节，以第 11 个脉冲的 D0 为起始点，接着输出 8 个数据位，当到了第 19 个脉冲时数据也就传输完成了，也表明此次的模数转换完成了。最后，在进行数据处理之前要先将芯片停止，给 CS 端输入一个高电平即可。

还有一点我们需要注意，单通道输入和双通道输入是有区别的。单通道输入时模数转换芯片 ADC0832 的输入电压范围是 0 ~ 5V，电压精度是 19.53mV；但如果是双通道 IN+，IN- 输入时，就需要将这个电压范围扩大，以此来提高数据转换的宽度，并且，当使用双通道输入时，若负输入端的电压大于正输入端的电压就会使得转换后的结果一直为 00H，这也需要我们注意。

模数转换在许多检测仪器中都是不可缺少的，在本实验中，模数转换电路如图 7-18 所示。使能端 1 脚解单片机的 3 脚，接收使能信号；2 脚不用；3 脚接粉尘传感器的 5 脚，接收模拟电压信号的进入；4 脚接地；5 脚和 6 脚接单片机的 1 脚，将产生的数字信号传达给单片机处理；7 脚接单片机的 2 脚，接收时钟信号；8 脚接电源，使芯片能够工作。这种接法可以满足本实验的基本要求。

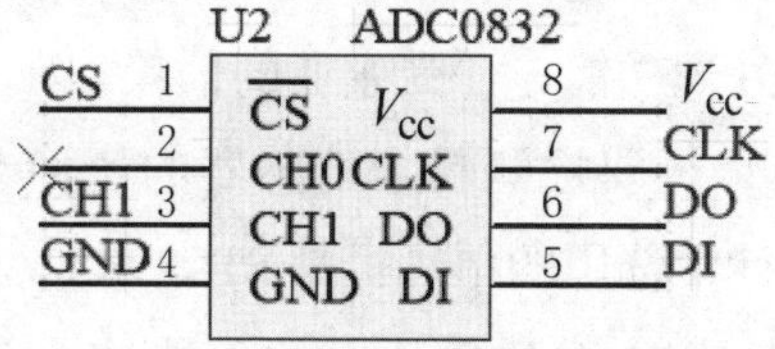

图7-18　ADC0832模数转换电路

（四）按键模块

对于一个检测仪器来讲，如果它的设置参数无法改变，那它无疑是不完美的，因此我们需要用到外接的按键电路，它可以帮助我们改变其中的一些参数。事实上，按键电路的功能远不止如此。在单片机技术当中，我们常常会需要人机交流，按键电路就是我们最常用的方式之一。在实际应用过程中，最常见的按键电路大致有两类：一类是一对一的直连式，即独立式按键电路；另一类是动态扫描的矩阵式。矩阵式按键电路有全行全列式检查方法和逐行逐列式检查方法，优点是当按键比较多的时候可以极大地减少白白占据单片机 I/O 口的数量，但是也会带来电路复杂，程序编写麻烦的烦恼；而独立式按键电路每一个按键单独占据一个 I/O 端口，每个按键之间互不影响，它的扫描方式是直接扫描，快速而又方便。这种独立式按键电路适用于按键较少的情况下，电路设计简单，编程比较方便，但是当开关控制比较多的时候就会占据很多 I/O 端口，这种情况下用独立式就显得更复杂了。在本次试验中，按键只有两个，因此使用独立式按键电路就可以了。本次设计的按键电路如图 7–19 所示，共有两个按键，KEY1 按键控制的是报警值的增加，接的是单片机的 8 脚；KEY2 按键控制的是报警值的减小，接的是单片机的 10 脚。

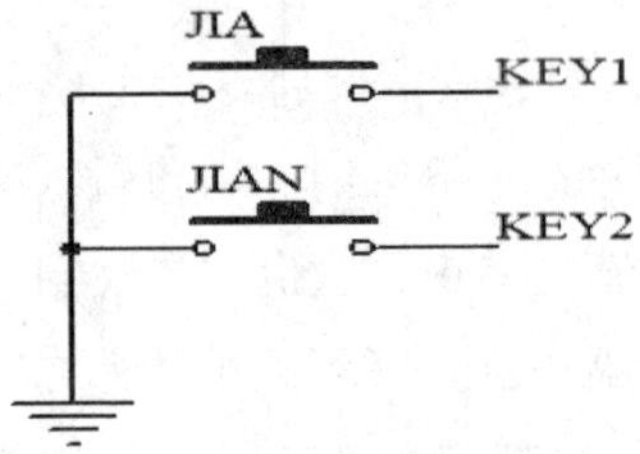

图7–19　按键电路

（五）单片机模块

单片机模块是整个系统中最关键的一个结构，起着掌控全局的作用。在我们现实生活中，单片机已经渗透到各个领域并且得到了极大的应用和发展，凭借着其强大的数据采集与处理功能，深受企业的信赖。在本次试验中，单片机不仅需要检测按键是否按下，还要检测粉尘传感器的各种参数，也需要驱动 LCD1602 显示出相关数值。设计中选用的单片机是 STC89C52。

STC89C52 单片机是 51 系列单片机的一种，是宏晶科技生产的一种功率消耗小、效果好、抗干扰能力十分强的 8 位微控制器。该单片机是在 51 单片机的基础上改进的，内核仍然是 MCS–51，指令代码能完美地兼容传统的 8051 单片机，并且能在 12 时钟 / 机器周期和 6 时钟 / 机器周期之间任意选择，拥有许多传统 8051 单片机所不具备的功能。STC89C52 单片机工作方式有三种：第一种是掉电模式，典型功耗是 0.5 μA，RAM 中的存储内容被保留下来，振荡器停止工作，单片机的一切工作都无法再进行，只有检测到下一个中断或者复位才会重新开始工作；第二种是空闲模式，典型功耗是 2 μA，此时 CPU 中断了工作，但是 RAM、定时器、计数器、串口和中断仍然可以继续运转；第三种就是正常工作模式，典型功耗为 4 ~ 7μA，各个部分均在正常进行。STC89C52 单片机的一些主要特性如下：

该单片机是一款有 8 位微处理器的单片机，即数据总线宽度为 8 位；

该单片机有 5V 单片机和 3V 单片机两种，5V 单片机的工作电压为 3.3 ~ 5.5V，而 3V 单片机的工作电压是 2 ~ 3.8V；工作频率范围是 0 ~ 40M，实际上最大可达 48M；

STC89C52 单片机的应用程序存储空间为 8K 个字节，而数据存储空间 RAM 是 512 个字节；

此单片机有 EEPROM（电可擦除可编程只读存储器）功能，存储空间为 4KB，同时也具有看门狗功能；

此单片机可实现在系统可编程（ISP）和在应用可编程（IAP），并且它的编程不需要用到专门的编辑器，也无须特定的仿真器，可通过单片机接口直接进行下载，快捷方便；

它的 I/O 接口是通用异步串行口（UART），实现单片机与外部的联系；

它的封装模式是 PDIP 封装，工业单片机的适用温度 -40 ~ 85℃，商用单片机的适用温度是 0 ~ 75℃。

在本次设计的 PM2.5 检测仪的电路系统中，单片机电路占据着十分重要的位置。此次 PM2.5 检测仪的单片机电路主要包括了单片机最小系统、复位电路和晶振电路。连接方式如图 7-20 所示。1 脚、2 脚、3 脚和 12 脚接的是传感器和模数转换电路，8 脚和 10 脚接的是按键电路，这些在前面已经介绍过了，不再重复；4 脚接的是报警电路，5 脚、6 脚、7 脚以及 P0 口接的则是 LCD1602 液晶显示屏，值得一提的是，与显示屏连接的时候最好接一组上拉电阻，这样可以使得电路更加稳定；40 脚接的是电源，5V 即可，20 脚接的是地；9 脚会外接复位电路，可以让单片机回到最初时的状态。复位分为自动复位和手动复位，此 PM2.5 检测仪设计是手动复位，当我们需要重新测量或者测量出现问题时，按下复位键，就可以实现初始化，复位电路由一个开关、10μF 的电解电容以及 10kΩ 的电阻组成，电容、电阻可以控制电路的复位时间；18 脚和 19 脚接的是外部晶振电路，晶振频率是 11.0592MHz，所用电容是 18μF 的瓷片电容，产生单片机要的时钟信号。其他的脚都悬空，不接。

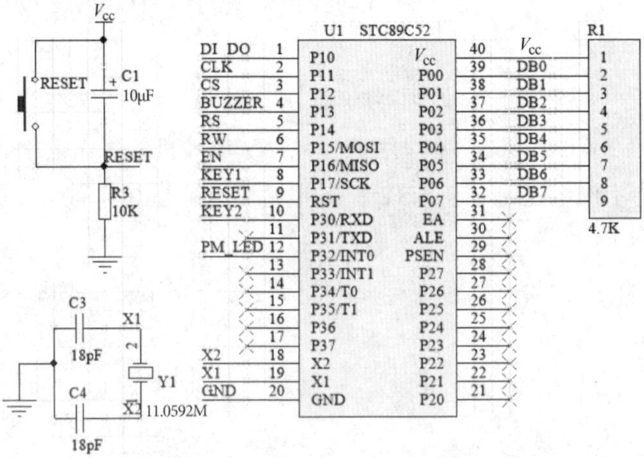

图7-20　STC89C52单片机电路连接图

（六）报警模块

此 PM2.5 检测仪要设置一个 PM2.5 质量浓度的上限值，当所测结果超过设置的参数，就需要报警电路来加以提示。报警电路设计如图 7-21 所示。由于单片机 I/O 口的电力不足于蜂鸣器正常工作所需，故添加一个三极管对电流进行放大，所用三极管是 S8550，此三极管为 PNP 型，放大倍数大；电阻 R2 和 R4 都是限流电阻，起到保护的作用；1、2 处接的是蜂鸣器，并联了一个发光二极管；当 P1.3 口输出一个低电平的时候，三极管处于通行状态，从而使得蜂鸣器鸣叫、发光二极管亮；当输出的是高电平的时候，三极管则停止工作，就不会报警了。

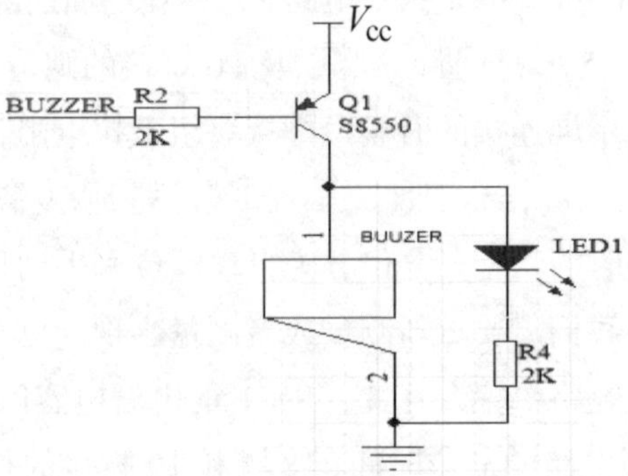

图7-21　报警电路图

（七）显示模块

作为一个检测仪，我们必须要知道检测结果，这就必不可少地要用到显示数值的装置，这就是 LCD1602 液晶显示屏。LCD1602 显示屏最多可以显示 2 列 16 行内容，显示内容只能是数字字母，无法显示汉字。LCD1602 是一种数字仪器，显示效果比一般的显示器要好得多，稳定，并且它的体积不大，重量轻，消耗功率比一般显示器也要小。它的工作电压为 5V，有带背光和不带背光两种，我选用的是带背光的。LCD1602 液晶显示屏实物如图 7-22 所示。

图7-22　LCD1602正反面

LCD1602 总共有 16 个引脚，每个引脚各有特点，准确知道每个引脚才能连接正确，显示出我们所要的结果。有带背光和不带背光两种，16 脚的带背光。它的引脚图如图 7-23 所示。

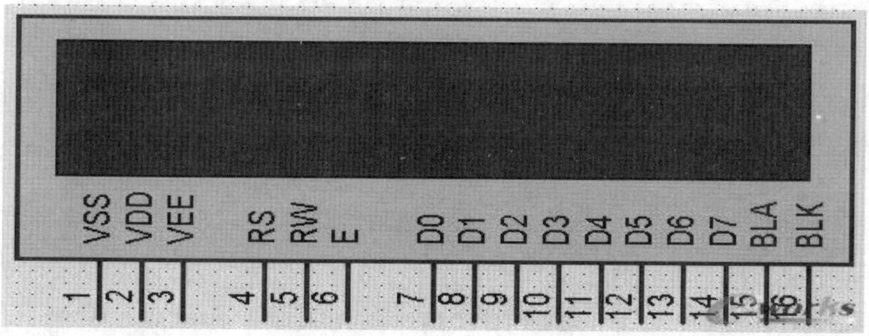

图7-23　LCD1602引脚图

引脚说明：

1 脚 VSS：零电位点即电源地；

2 脚 VDD：电源正极；

3 脚 VEE：偏压的输入端口，用于调整显示器的对比度，电压越低对比度越强；

4 脚 RS：寄存器选择信号的输入端，高电平调用数据寄存器，低电平调用指令寄存器；

5 脚 R/W：读写信号的输入端，当输入是高电平时，调用数据读取操作，反之进行的是数据写入；

6 脚 E：使能信号的输入端，电压降有效；

7 脚 -14 脚 D0–D7：是数据传输端口，是双向的，实现与单片机的数据交流；

15 脚和 16 脚：是背光源正负极接口，用于调整显示屏的背光，观察结果更清晰。

显示模块的主体是 LCD1602 显示屏，通过与单片机的正确连接就会产生我们所预期的那个结果。电路图如图 7–24 所示，1 脚和 2 脚分别接地和电源，电源电压为 5V；3 脚上接一个合适的电阻会使得显示结果更加清晰；4 脚、5 脚和 6 脚分别接单片机的 5 脚（P1.4）、6 脚（P1.5）和 7 脚（P1.6），输入单片机的控制数据；D0 脚至 D7 脚接单片机的 P1 口，注意不能接反；15 脚和 16 脚接电源和地控制显示器的背光。

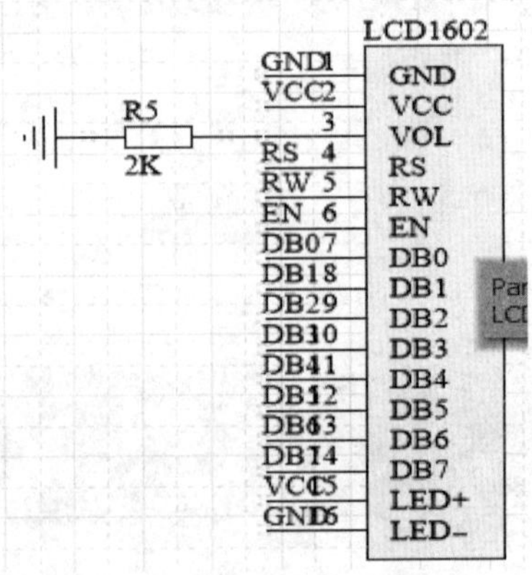

图7–24　显示模块电路图

五、软件设计

设计主要是以硬件为主，需要用到程序模块不多。程序的编写需要用到 Keil uvision4 编辑器，这款编辑器功能强大，使用简单方便，调试功能也十分优越。设计中需要调用的程序有 ADC 模数转换控制程序、单片机数据处理程序以及显示器控制程序，当然，报警参数的设置也需要程序的控制。

在本设计中的所有程序中，单片机内的主程序是最为关键的，它必须要对检测结果进行显示、读取并加以处理，还需要与所设置的报警参数比较大小，控制报警电路的工作。

主函数程序流程如图 7–25 所示。

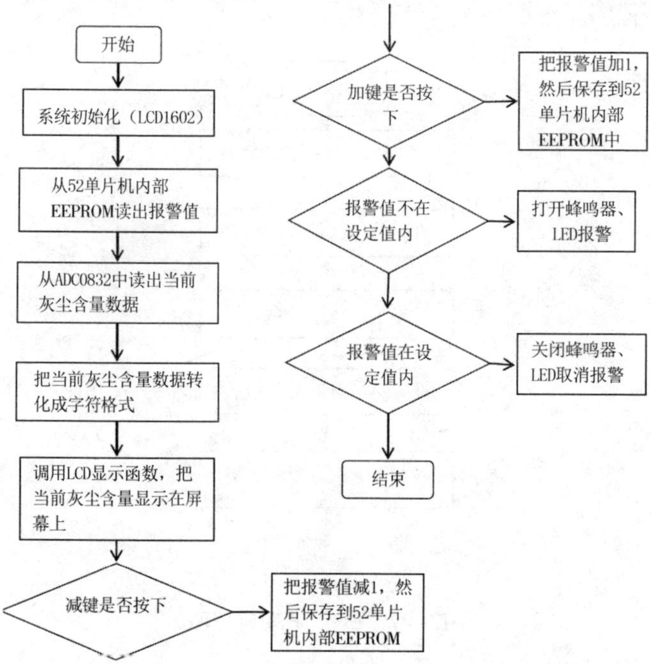

图7-25　主函数程序流程图

ADC0832 工作程序流程图如图 7-26 所示。

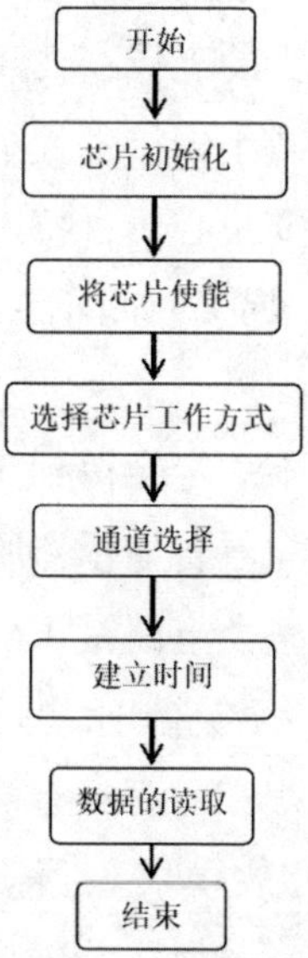

图7-26　ADC0832流程图

LCD1602 程序流程图如图 7–27 所示。

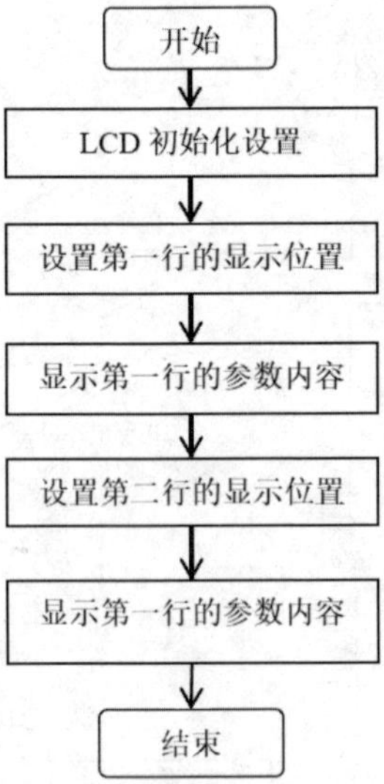

图7–27　LCD1602流程图

对 LCD1602 来说，软件部分主要是设置两行所要显示的一些参数。

六、制作与调试

本设计的这个 PM2.5 检测仪看似模块很多，但是原理很简单，连接也比较简单，但是也不能掉以轻心。当我们拿到元件时，要先检测元件是否有损坏、元件有没有缺少，这是焊接前必不可少的工作；在我们布线的时候，应尽量将同一模块的元件分布在一起，这样可以减小焊接过程中的错误概率，也在一定程度上减小了误差；而在焊接的时候就更要小心了，特别是一些很相近的脚不相连的不要焊在一起，比如 LCD1602 的脚，焊接时间不要过长，还有需要注意的是不要把芯片的方向搞反。

当我们在焊接完电路之后，不一定会得到我们想要的结果，因此需要进行调试。当程序烧录到芯片之后，要先看看显示器所显示的结果是否符合我们所设置的要求。如若显示正常，则说明整个电路是正确的；而如果结果显示不正常，则说明电路有误，这就需要我们仔细检查电路哪里有问题，先看看电路是否接错；看看有没有不该接在一起的脚被焊在一起；有没有出现假焊、虚焊或者是焊错了的情况；因为电路里还有按键和报警模块，还需要看看按键能否实现加减的功能、蜂鸣器和二极管能否正常工作等；总之，调试是一个需要细心和耐心的过程，认认真真调试才会得到正确的结果。

7.2.2 基于 DSP 的交流感应电机驱动器的设计与实现

基于DSP的交流感应电机驱动器的设计与实现

一、引言

20 世纪 70 年代，交流感应电机控制策略的研究开始慢慢进入了人们的视野。伴随着高速发展的电力电子技术以及日新月异的数字处理芯片，交流感应电机驱动器的控制策略也不断地快速地向前发展，可以说是百花齐放。其中电压—频率协调调制策略、以数学动态建模为理论基础的矢量控制策略以及直接自控制的控制思路都是其中经典而又广泛的感应电机调速技术。

其中，电压—频率协调调制策略，特别适用于稳态的系统模型，反之使用于动态模型时却不尽如人意。但是电压—频率协调控制的方法，电路相对简单，成本较低，所以经常运用于对动态特性需求不严格的控制环境中。

接下来将介绍本次感觉电机驱动系统所采取的控制策略——矢量控制，有时也被叫作磁场定向控制。矢量变化这种控制方法的核心理念是，在建立交流感应电机的驱动模型的情况下，通过变化坐标系的方法，将定了电流等效视作电机的励磁与转矩，进而就可以对转子磁链与电磁转矩执行完全解耦处理。另外，由于控制对象的不同，为了控制的精确与方便，交流感应电机的矢量控制（磁场定向控制）又有许多具体的控制策略，例如恒定磁链方法，$\cos(\phi)=1$ 法。

在空间矢量控制手段的理论支持下，依据感应电机定子坐标系的驱动模型，人们建立以圆形定子磁链为基本特征的直接转矩控制。此策略通过调节控制相关矢量的瞬时状态，从而得以控制感应电机的角速度以及转矩，适用于对系统动态性能要求较严格的驱动平台。

同时这几年来，对于更加科学合理的控制方法的探索，科学家们也极为热衷。一方面，科学的策略方法能够克服伺服系统自身的缺陷；另一方面，优秀的控制策略还能够显著地优化伺服系统的整体结构与性能。

“基于 DSP 的交流感应电机驱动器的设计与实现”，旨在凭借可靠有效的闭环策略达到对交流电机的驱动控制。承担机电能量相互转换的重要器件的电机，从被发明以来一直都推动着社会的发展进步，伴随着工业现代化与信息化的持续前进，如今伺服系统在工业发展各个方面的支持和影响也越发显得不可或缺。另外，当今的工业发展对于伺服系统的性能的要求越发严格。尤其地，在雷达等精密重要的军事设备的制作与使用中，伺服系统控制的可靠性与准确性不言而喻。而现代伺服系统的设计中，控制策略与技术的选择与使用则是系统建模的重中之重。

而因为利益与安全等因素，国外对于伺服控制系统技术进行了封锁与限制，所以我们更应该在伺服系统的研究与控制上投入更多的精力，争取早日获得主动权。如今，我国交流伺服系统以及交流驱动器的硬件技术不断提高，日趋完善。但是对于关键的控制策略的掌握与创新却仍就处于滞后的瓶颈状态。综上所述，研究交流电机驱动器的矢量控制是具有时代的需求性与必要性。

二、概述

（一）基于 DSP 的交流电机驱动器控制系统基本组成

该交流感应电机控制系统主要由 DSP 主控系统、电机驱动系统、旋转变压器及电流采样系统和上位机以及电机等系统构成，如图 7-28 所示为本课题电机驱动器系统基本组成。在该电机驱动系统中，数字信号处理器模块作为系统“大脑”，承担控制调度整个系统模块以及实时运用控制算法控制输入与输出。显而易见，数字信号处理芯片对于交流感应电机驱动系统来说是不可或缺的器件模块。作为本设计系统的输出系统部分，感应电机以及驱动电路可以通过转速这一直接的控制结果，体现系统控制效果的优劣。而旋转变压器与电流的采样，则作为该系统的反馈系统部分，为提供 DSP 主控系统提供相关的反馈数据，为闭环系统提供可能。另外的上位机部分，则作为显示与调试部分，便于课题的系统优化。

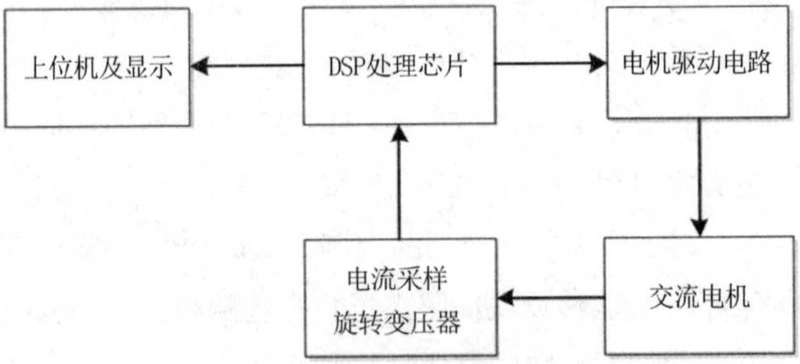

图7-28 本课题电机驱动器系统基本组成

（二）系统概述

本课题的交流异步电机驱动系统最终是为了实现交流感应电机的转速闭环控制。其中，DSP 主控系统作为全系统的核心模块部分，驱动电路作为输出模块，电流采样与旋转变压器作为反馈数据的提取模块，矢量变换和经典的 PID 作为系统的理论支撑和控制手段。

（三）技术关键

本设计主要的技术关键可分为：依靠数学模型仿真软件如矩阵实验室，完成感应电机驱动及空间坐标变换的仿真；在系统的硬件平台上，完成感应电机正向转动与反向转动的自由切换；在系统的硬件平台上，到达对交流电机瞬时运动状态准确控制的预期指标。

（四）主要技术指标

本设计主要的平台指标包括：依靠矩阵实验室等动态模型仿真软件，完成对交流电机驱动以及空间坐标变换的仿真；掌握TMS320F28335系列DSP芯片的使用，并能运用于本次交流电机的控制系统；搭建与调试交流感应电机驱动的硬件平台，以及解决系统因功率而引起的散热问题；结合先前直流电机调速的竞赛与项目经验，到达对交流电机瞬时运动状态准确控制的预期指标。

三、系统总体方案设计

（一）系统硬件组成

该交流感应电机控制硬件构架主要由DSP主控处理与控制模块、电机驱动模块、旋转变压器及电流采样模块和上位机模块构成，如图7-29所示感应电机系统组成结构框图。

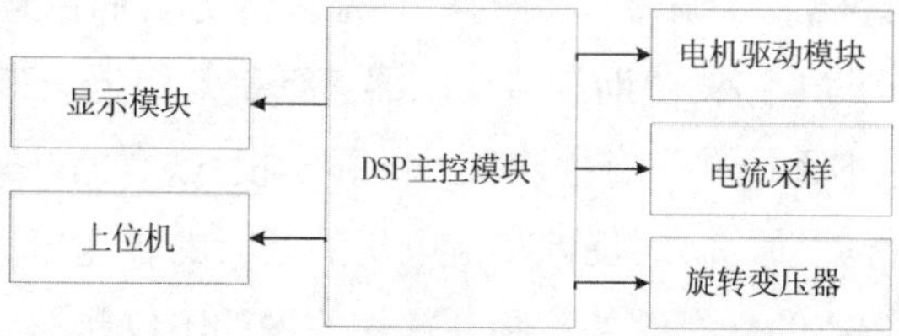

图7-29 系统设计基本组成结构框图

本次交流电机的驱动系统，在已定目标转速的情况下，由电流采样模块与旋转变压器模块，检测当前实际的电机转动状态，将数据采集并传递给DSP控制模块。

DSP处理器在接受到相关的反馈数据后，进行运算处理，并控制电机驱动模块的输出，以改变对于交流电机的控制量，随着如此周而复始的改变，最终达到理想的交流电机的工作状态。而作为显示模块，则作为一个直观的输出反应，让调试者可以得到较为直观的调试状态与结果。

（二）系统软硬件主要设计内容

本系统设计的主要由感应电机驱动器的硬件平台的搭建以及电机转速闭环控

制的软件算法构成。

（1）电机驱动及功率电路：驱动及功率电路顾名思义就是将 DSP 的输出信号进行放大以及其他处理后，作为控制电机转动的信号。本次驱动模块电路采用的芯片为由国际整流器公司 (简称 IR) 设计制造的 IR2110 驱动芯片，以及用于光耦隔离的高速光耦 6N136 器件芯片，而功率放大电路的元器件则主要使用 MOSFET。该部分电路作为输出，并且功率相对较大，其重要性不言而喻。

（2）电流采样及保护电路：该电路作为本次系统平台的反馈数据采集的电路模块之一，对于正常实现感应电机的驱动与调试的重要性显而易见。而本次设计平台的电流及采样模块，选择美国德州仪器公司设计生产的四路高性能（高速轨到轨输入 / 输出）运算放大器 TLV2784。其中 3 路运算放大器用于对交流电机三相电流的采样与运算放大。而另一路运算放大电路则作为产生恒定电压，为其他三路运放电路提供参考的标准电压。并且我们采用电压比较器集成芯片以及肖特基二极管设计电流采样电路的保护模块，保证电流采样模块的稳定工作。

（3）旋转变压器解码电路：作为另一个本次感应电机控制系统承担数据采集与反馈电路，该模块能够采集获得转子位置与感应电机的角速度，保证控制系统的顺利运行。该电路的核心是由亚德诺生产的 AD2S1210，10 ~ 16 位任选分辨率旋变数字转换处理器，为旋变解码的核心处理部分。而由运算放大器 LM358 和 MP1496 组成的辅助电路，协助旋转变压器进行正常稳定的工作。

（4）显示模块：本系统并没有搭建额外的显示模块，如 oled、数码显示管等，而是运用上位机进行辅助，实时反馈交流电机的运行的转速值，并且以作图的方式，完成以时间与转速的坐标图的绘制。这样的设计不仅能够减少硬件电路的复杂性，还方便我们更加直观形象地看到感应电机的运行状态，从而更合理地调试与控制感应电机。

在软件以及算法设计方面，前期的算法仿真，如空间矢量的变换等数学模型，使用 matlab 软件，方便理解与使用。之后，采用由美国德州仪器公司（简称 TI）提供的集成开发软件 CCS 平台，并使用 C 语言，进行相关代码的编写，调试各种外设以及控制算法。另外，我们的闭环控制策略运用 PID 的控制方法，此经典高性能的自控方法，适合此系统的控制要求。

以上各部分看似简单，但是硬件部分可能由于功率较高的原因，调试起来存在难度，特别是由于大功率引起的散热问题。而软件算法方面，空间矢量的换算以及 PID 都需要花费一定的精力与时间进行学习与掌握。

四、系统硬件电路设计

本次交流电机驱动器系统的主控芯片为美国德州仪器设计生产的高性能 32 位浮点 DSP 芯片——TMS320F28335 系列。此系列的 TI 研发的 DSP 芯片价格合理，计算性能出色，并且 A/D 转换精度高速度快。综上所述，TMS320F28335 系列 DSP，可以说是一款出色的主控芯片。而前文所提的，作为输出的电机驱动及功率模块，作为反馈数据采集的三项电流采样及保护模块和旋转变压器解码模块，作为观察与调试的上位机显示模块，也都是本次交流感应电机驱动平台的不可或缺的重要组成部分。我们将在下文对这些重要的组成模块电路进行一定篇幅的描述。

（一）电源电路设计

本次交流电机的驱动系统的电源模块电路主要是将功率电源（PVDD）分别转化为 12V 以及 15V，为系统其他部分电路提供相关的工作电压。而对于感应电机系统电源模块电路的核心器件的选择，我们最终决定使用由国家半导体公司（已被上文中的 TI 公司合并收购）设计研发的电压控制芯片 LM3488，如图 7–30 所示为 LM3488 的封装及引脚图。为了契合此次交流电机驱动系统对电源模块具体要求，我们将使用两块该芯片——LM3488，分别用于将输入的功率电压转换至稳定的 12V 和 15V 作为相关电压输出，且由于芯片的高性能与便利性，这两个电压的转换电路十分相似，为我们的系统电源电路的设计提供了方便。

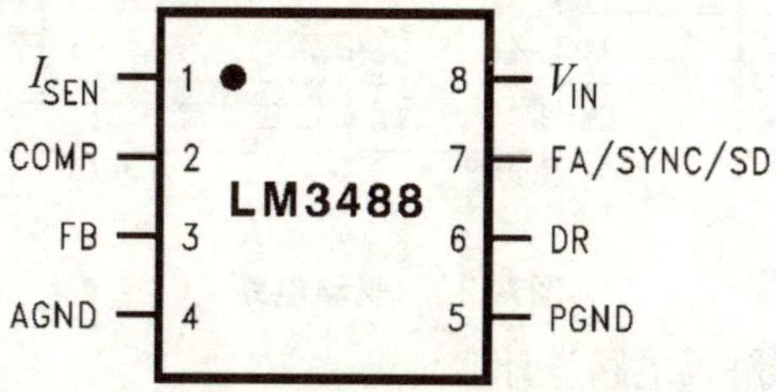

图7–30　LM3488引脚图

（二）驱动及功率电路设计

上文已简单介绍过驱动及功率电路的一些相关内容，现在我们将继续并且更加具体详细地介绍该系统的驱动功率电路的组成细节。

因为本系统为交流电机驱动系统，电压的输出为三相电压输出，所以对应的驱动电路也为相似的三个驱动电路，分别控制三个相电压。每个相电压都由两个

6N136 芯片（高速光耦芯片）进行电路的隔离与保护，如图 7-31 所示为该三相中的一相外围电路。而经过隔离芯片之后这三相电压（共 6 个信号，每相 2 个信号）接入芯片 74CH06 芯片（六高压输出反相缓冲器 / 驱动器）。接着每相的 2 组信号接向由国际整流器公司 (简称 IR) 设计制造的 IR2110 驱动芯片的外围电路产生输出的驱动电压，图 7-32 所示即上述相关驱动电路模块。之后再经过主要由 MOSFET 构成的功率放大电路，便可作为控制交流电机的三相输出部分。由于该驱动与功率电路为本次交流电机系统的输出部分的主要电路，因而在设计与制作该部分的电路时应当格外小心与认真。如若不然，不但无法实现驱动的效果，还可能损坏本次设计系统的电机。

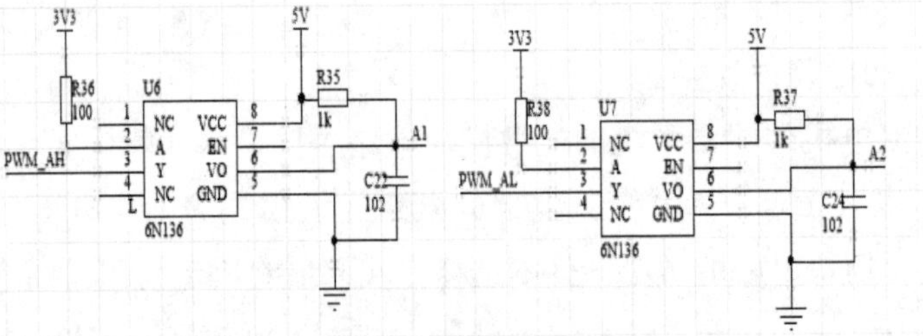

图7-31　光耦隔离电路

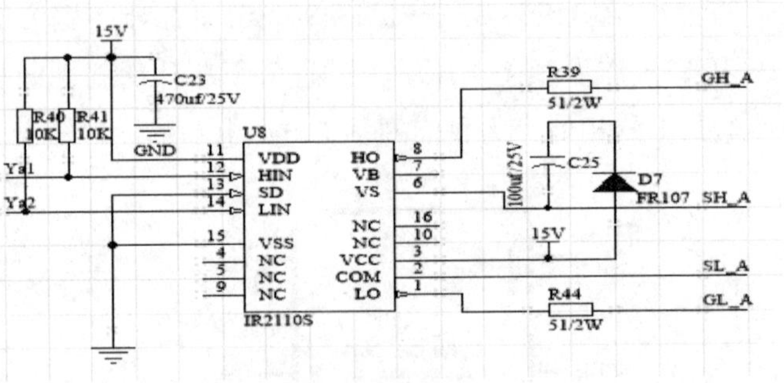

图7-32　驱动电路

（三）旋转变压器解码电路设计

作为交流电机驱动设计平台的反馈部分的设计电路，该系统电路主要由亚德诺生产的可变分辨率旋变数字转换器 AD2S1210 构成。接下来我们将着重介绍该旋变数字转换芯片，该完整的单芯片旋变数字转换器共有 48 个引脚，可以说是一个较大的数字的处理芯片。除了分辨率可从 10 位、12 位、14 位、16 位灵活选择外，其数字的传输方式也可从并行与串行灵活选择。因而该芯片的使用方面的选择性十分灵活。而且 AD2S1210 芯片在比率跟踪转换芯片也有其独特的优点。

并且亚德诺生产的AD2S1210芯片能够有效地遏制噪声的干扰和谐波信号的失真，而且由于拥有其 Typc Ⅱ跟踪环路的结构能够几乎没有延迟地对获得的反馈数据进行传输。而该电路其他外围电路则由运算放大器 LM358 和 MP1496 组成的辅助电路，协助旋转变压器进行正常稳定的工作。在该电路中，重点是与旋转变压的通信部分，包括其中的写命令以及读解码的相应数值。

（四）电流采样及保护电路设计

电流采样电路是本系统另一部分的反馈模块部分，负责对三相交流电机进行各相瞬时电流的采集和检测。在该采样与保护电路中，我们采用了由美国德州仪器公司设计生产的四路高性能（高速轨到轨输入 / 输出）运算放大芯片——TLV2784。

首先，运用 TLV2784 运放芯片中的其中一路，用来产生基准电压 1.65V。该 1.65V 的基准电压我们将用于其他三路运放电路的相关的输入电压。之后，在交流三相电流的调制方面，我们将用TLV2784剩余的3路运放电路进行电路的搭建，如图 7–33 所示为一路电流调制电路。

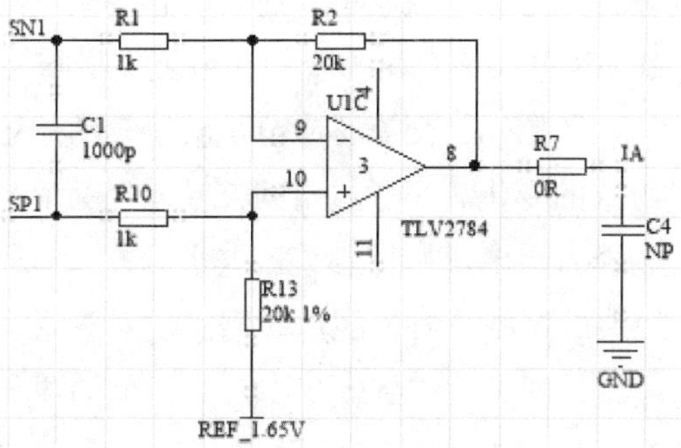

图7–33　电流调制电路

在调制完三路的相关电流后，我们还设计了一个运用运算放大器 LM393 的保护电路。该电路作为电流的反馈电路，电路的稳定性与准确性对于整个交流电机驱动系统的控制而言，重要性显而易见。如若该采样电路无法准确地反映本设计系统的三相反馈电流，那么会给系统闭环输出造成巨大的影响，换句话说就是无法控制交流电机的转动速度，甚至还可能损坏交流电机的内部结构。因而在调试交流驱动系统时，我们应当认真制作与调试上述的反馈电路。

（五）DSP 及外围电路设计

作为整个交流感应电机驱动系统的关键运算处理单元，DSP 系统及其外围电路，负责控制各个相关的模块电路，以及负责大量数据的运算与处理。接下来，我们将介绍这款计算能力极强的由美国TI公司研发的DSP芯片——TMS320F28335系列。TMS320F28335系列的DSP芯片其运行计算速度可搞到150MHz，并且还拥有32位浮点处理单元和六路直接存储器存取单元。除此之外，该芯片还具备6路德州仪器设计HRPWM输出，其高分辨率的特点能够为控制感应电机提供更高的硬件支持。与德州以前几代的DSP芯片相比，TMS320F28335系列的DSP的综合性能得到了大幅度的提升，理论上可比前代的Ti数字信号控制芯片的处理与运算能力提升50%。综合考虑，该系列的DSP芯片十分符合本系统对于大量数据处理（如空间矢量的变化、PID闭环的数据处理）的要求。

而对于该处理系统的外围电路，我们设计了必须的电源转换模块、I/O端口保护电路、JTAG编程接口、ADC输入的辅助以及上位机通信模块。对于其中的电源模块，本次感应电机驱动平台只需将5V的电压转换至数字信号处理器的工作电压，我们采用了低压差的电压芯片——LM1117。

五、系统软件及控制策略设计

本次驱动平台的软件与控制策略制定，主要内容为交流电机的矢量变换以及闭环控制策略——PID。其中矢量变化为我们在直流电机与感应电机之间建立了等效驱动控制的桥梁。众所周知，交流感应电机较于驱动简便的直流电机，最大的不同便是输入激励形式的变化。而通过空间矢量变化的掌握与使用，我们可将交流感应电机近似地视作直流电机用控制直流电机的方式与经验来驱动控制交流电机。而PID，作为经典的控制策略，能让我们实现对于系统目标状态的闭环准确控制。PID广泛的应用，理想的控制效果，加之先前的项目经验，我们最后决定将PID作为我们的核心控制策略。在下面的章节，我们将对矢量变化与PID控制策略进行更为具体详细的介绍。

（一）交流电机的动态数学模型

在研究感应电机系统时，建立准确的动态数学模型不但可以便于更加透彻地理解设计系统的工作原理，同时也可以为我们提供更加合理的控制思路，同时为我们系统平台的调试提供理论支撑，避免“瞎调”。接下来，我们将从坐标系、空间矢量以及坐标系变化几个方面来分析讨论交流电机系统方程和动态模型。

（1）坐标系与空间矢量概念。

将三相交流电机任意转速旋转的坐标系视为三相交流电机坐标系极其普遍与

常见的状态，而将静止坐标系、同步旋转坐标系（其旋转速度与转子角速度一致）视为任意旋转坐标系的特殊状态。而矢量的概念在数学与物理的学习过程中，大家也早有接触。当激励波形为正弦的电流通入流电机定子的三个对称绕组时，便会在空间产生 F_A、F_B、F_C 三个分磁电通势，而上述三个分磁动势可合成定子磁动势记为 F_S。我们通过磁路欧姆定律与已知物理量可得到，计算可得定子磁通矢量 $\phi_S=F_S/R_m$。而根据先前的知识，可知定子磁通势与定子磁通均是空间上的矢量，其现实存在，同时又是与轴线同方向。除此之外，在交流电机驱动系统中，还存在着转子的磁通势和磁通、定子的电流和磁链、转子的电流和磁链等空间矢量。

（2）三相静止坐标系的数学模型。

根据交流电机的相关知识，三相电机是由定子和转子的绕组构成的星型联接结构的对称物理模型，通过模型结构的转换转子可以换算至定子部分，使得两者的绕组匝数一致。在推导感应电机数学模型前，我们应先确定系统正方向的相关准则。

①系统电压降低方向为电压正方向；

②自高电位向低电位流出方向为电流正方向；

③若在无法得知线圈绕向的情况下，根据安倍定向准则可以确定磁通势和磁链正方向以及电流的正方向；

④电动势正方向的选取依据电流流动方向；

⑤电流正方向的选取则依据电动势方向。

通过电磁转矩根据机电能量转换原理可以得到电机在静止坐标系的数学模型，依据以上动态方程组我们能够分析在静止坐标系下交流电机所表现出相关特性：

$$\left.\begin{aligned} &u = Ri + L\frac{di}{dt} + \omega\frac{dL}{d\theta_r}i \\ &\psi = Li \\ &T_{ci} = T_L + \frac{J}{n_p}\frac{d\omega}{dt} \\ &T_{ci} = f(i_A, i_B, i_C, i_a, i_b, i_c) \\ &\omega = \frac{d\theta_r}{dt} \end{aligned}\right\} \tag{7.1}$$

①电机数学模型是一个多个输入和多个输出的多变量系统。

因为感应电机驱动系统的激励采用三个不同相位的正弦电信号，而系统响应又有转子角速度与磁链等，所以我们可以将感应电机数学模型视为多输入 / 多输出结构。

②电机数学模型是一个高阶系统。

上文所知感应电机转子可以换算为定子，那么电机在转动时会产生定子和转子总计 6 个绕组的磁通惯性，加之本身的运动惯性，我们必须确保建立的动态模型的阶数达到七阶以上。

③电机数学模型是一个非线性系统。

感应电机的动态模型的非线性特性，主要受定子与转子结构的影响，一方面由于前者与后者的互感为时变的函数模型，另一方面由于包含两者瞬时电流相乘项。

④电机数学模型是一个强耦合系统。

通过能量守恒定律分析感应电机的转矩表达式，我们应当赋予电机的动态模型强耦合的特点。

（3）二相静止坐标系上的数学模型。

在进行变换二相静止坐标系之前，我们应当明确坐标变换和矩阵变换时的相关准则。首先，我们先来介绍变换矩阵的确定原则：第一条准则，对电流矩阵进行数学变化处理时，必须确保矩阵处理前后旋转磁场保持等效；第二条准则，对电压和阻抗矩阵进行数学变化处理时，则必须确保矩阵变换前后感应电机功率保持一致；第三条准则，考虑到矩阵计算量的大小时，我们应当最好将变换矩阵转化为标准的正交矩阵。除此之外，我们应当确保在进行矩阵的数学处理时，系统运作的功率保持始终恒定。因为在功率不变地进行矩阵变换的约束下，我们倘若知道电流变化矩阵时，我们便可以推导出电压与阻抗的变换矩阵。

在此之后，通过关于异步电机电路数学模型、磁链表达式以及电磁转矩表达式，可以归纳得到恒定转矩负载情况下三相异步电机经过坐标变形处理后的动态模型。其中电机坐标系将进行如下的变化，A–B–C → α–β。

$$\left.\begin{aligned}
&u_{\alpha\beta}=Z_{\alpha\beta}i_{\alpha\beta}\\
&\psi_{\alpha\beta}=Li_{\alpha\beta}\\
&T_{ei}=T_L+\frac{J}{n_p}\cdot\frac{d\omega}{dt}\\
&T_{ei}=n_p\mathrm{L}_{md}(i_{\mathrm{s}\beta}i_{\mathrm{r}\alpha}-i_{\mathrm{s}\alpha}i_{\mathrm{r}\beta})\\
&\omega_{\mathrm{r}}=\frac{d\theta_r}{dt}
\end{aligned}\right\}\tag{7.2}$$

（4）二相任意旋转坐标系的数学模型。

由上文推导出在二相静止坐标系情况下的交流感应电机的数学模型，我们可以发现该坐标系下的电机数学模型仍具有非线性的特点，并且存在强耦合的性质。非线性与强耦合的不理想状态并没有因矩阵与坐标系的变化而得到任何改善。因而我们将继续进行坐标系与状态矩阵的简化处理。接下来，我们将运用之前类似的方法，分析获得旋转坐标下交流电动机正常运作时的动态方程式。当我们使用 d–q 坐标系作为交流电机运动状态下的任意旋转坐标系时，可知交流感应电机的旋转加速度为 ω_{dps} 与转子的旋转角速度 ω_{dq1}，那么经变换所得 d 轴和旋转变化前的 α 之间的角度等于 $\varphi_{\mathrm{d}}=\omega_{\mathrm{dps}}t\ /\ \varphi_{\mathrm{d0}}$，$\varphi_{\mathrm{d0}}$ 为随机任意的原始角度。通过类似的推导变化，我们便可通过旋转变化进行如下的坐标变化：α–$\beta\rightarrow d$–q。

除上述的矩阵表达外，旋转坐标变换的建模表达式也可以简单地写作：

$$\begin{bmatrix}u_{sd}\\u_{sp}\\0\\0\end{bmatrix}=\begin{bmatrix}R_s+L_{sd}p & -\omega_{dps}L_{sd} & L_{md}p & -\omega_{dps}L_{md}\\ \omega_{dps}L_{sd} & R_s+L_{sd}p & \omega_{dps}L_{md} & L_{md}p\\ L_{md}p & -\omega_{dpl}L_{md} & R_r+L_{rd}p & -\omega_{dpl}L_{rd}\\ \omega_{dpl}L_{md} & L_{md}p & \omega_{dpl}L_{rd} & \mathrm{R_r}\end{bmatrix}\begin{bmatrix}i_{sd}\\i_{sq}\\i_{rd}\\i_{rq}\end{bmatrix}\tag{7.3}$$

$$u_{dq}=Z_{dp}i_{dq}\tag{7.4}$$

旋转坐标系的变换巧妙地将静止坐标系下的呈交流信号的系统矢量也视作两相旋转坐标系下的直波分量的系统矢量。也就是说，在 A–B–C 静止的空间坐标系中，幅值呈正弦函数变化的电压电流，通过一系列的变化，可以巧妙地化作 d–q

旋转坐标系中的电流电压等标量信号化为直流的形式。也可以理解为转换成旋转坐标系后，我们便能够将三相交流电机近似地视作直流电机，用控制直流电机的方式与经验来驱动控制交流电机。

接下来，我们来简单地分析一下感应电机驱动平台系统的电压动态数学模型在进行坐标的旋转变换前后的不同之处。第一，进行坐标系数学处理后的定子电压动态表达式具有旋转电压项（两个分量为 $-\omega_{\rm dps}\psi_{\rm sd}$ 以及 $\omega_{\rm dps}\psi_{\rm sd}$），但是静止坐标系的定子动态电压模型则没有类似旋转电压项。第二，在 d–q 旋转坐标系下的转子电压所包含的旋转电压项，和在 α–β 静止坐标系下旋转电压项的数学推导形式相异，其为磁链与转差角度速度的乘积，而不是该转子磁链与角度的乘积，这是因为在任意旋转坐标系中的感应电机转子绕组在旋转时的转动速度其实是转差角速度。

另外我们还可以得到在任意两相旋转坐标系下的电磁转矩方程，如下式：

$$T_{ei}=n_pL_{md}(i_{sq}i_{rd}-i_{sd}i_{rq}) \tag{7.5}$$

通过上面一系列的静止坐标系的坐标转换，我们便能够分析获得下列任意二相旋转坐标系情况下的动态模型。

$$\left.\begin{aligned} u_{dq}&=Z_{dq}i_{dq}\\ T_{ei}&=n_pL_{md}(i_{sq}i_{rd}-i_{sd}i_{rq})\\ T_{ei}&=T_L+\frac{J}{n_p}\frac{d\omega}{dt}\\ \omega&=\frac{d\theta_r}{dt}\end{aligned}\right\} \tag{7.6}$$

（5）二相同步旋转坐标系的数学模型。

现在我们来分析一下更为特殊的情况。两相转动磁场坐标系即同步旋转坐标系，我们一般通过 M–T 来表述。上文所提的 d–q 坐标系与 M–T 坐标系的不同之处，只是两者的旋转角速度不一样，因而我们可以认为后者是前者的一个特殊例子。所以对于 M–T 两相旋转坐标系的建模，我们可以依据上文的 d–q 坐标系的状态方程来构建数学模型，以下便是该旋转坐标系下的状态方程。

$$\left.\begin{aligned}
\frac{d\omega}{dt} &= \frac{n_p^2}{J}(i_{sT}\psi_{sM} - i_{sM}\psi_{sT}) - \frac{n_p}{J}T_L \\
\frac{d\psi_{sM}}{dt} &= -R_s i_{sM} + \omega_s \psi_{sT} + u_{sM} \\
\frac{d\psi_{s\mathrm{T}}}{dt} &= -R_s i_{sT} - \omega_s \psi_{sT} + u_{sT} \\
\frac{di_{sM}}{dt} &= \frac{\psi_{sM}}{\sigma L_{sd} T_r} + \frac{\omega \psi_{sT}}{\sigma L_{sd}} - \frac{R_s L_{rd} + R_r L_{sd}}{\sigma L_{sd} L_{rd}} i_{sM} + \omega_{s1} i_{sT} + \frac{u_{sM}}{\sigma L_{sd}} \\
\frac{di_{sT}}{dt} &= \frac{\psi_{sT}}{\sigma L_{sd} T_r} + \frac{\omega \psi_{sM}}{\sigma L_{sd}} - \frac{R_s L_{rd} + R_r L_{sd}}{\sigma L_{sd} L_{rd}} i_{sM} + \omega_{s1} i_{sM} + \frac{u_{sT}}{\sigma L_{sd}}
\end{aligned}\right\} \qquad (7.7)$$

（二）基于动态数学模型的矢量控制技术

接下来我们将从直流电动机电磁转矩和交流电动机电磁转矩的不同之处及其内在联系作为切入点，我们将重点介绍矢量控制的大致流程与理论基础。除此之外，我们还会结合上文提到的旋转坐标系下的感应电机的数学模型与传统的简单的直流电机的动态状态方程式，分析获得转子磁链方程式与矢量控制的动态系统模型。通过该方程式，我们可以设计出交流感应电机系统的大致控制流图以及转子磁链的观测器，从而控制驱动感应电机。

（1）矢量控制的基本概念。

众所周知，控制与调节电机的转速是调速速度系统平台的根本任务，但是转速又受转矩控制的影响。因而要达成对本次电机的驱动与控制的预期目标，我们应从电机转矩方程的统一开始入手。与直流电机不同之处，交流异步电机虽然也是两个磁场相互作用产生了电磁转矩，但是交流感应电机转子磁动势 F_r、定子磁动势 F_s 和两者合成产生的气隙磁动势都是旋转磁动势。由此可知，倘若我们直接采用直流电机控制转矩的类似方式，那么是无法准确地控制交流异步电机的转动状态。但是不难发现，通过数学上处理，我们能在直流电机与交流感应电机转矩的控制方法找到两者相似的本质规律。

通过异步电机磁通势、磁通的空间矢量图可以看出，可以利用转子磁动势与定子磁通势的模值以及两者空间上的位置，能够成功地对交流感应电机进行转矩控制，同时也完成调制速度的要求。我们又可以通过改变与利用三相电流各自的幅值量，来到达对转子以及定子的磁通势的模值的大小控制。而对于空间上 θ_s、

θ_r 的数值大小控制，我们则可以通过对三相电流各自瞬时相位的控制来实现。简而言之，只要合理科学地处理三相瞬时电流，那么驱动交流电机的困难问题就能迎刃而解。归纳上文所述，我们可以结合所学知识，将一些等效的变换和直流电机的调速原理进行综合，从而达到对交流感应电机的有效控制。换句话说，通过对物理量进行空间坐标的变换，对感应电机的驱动与闭环的转速控制可以依据控制直流电机所积累的方式与经验来完成，图 7-34 描绘了矢量控制的大致思路与具体流程。

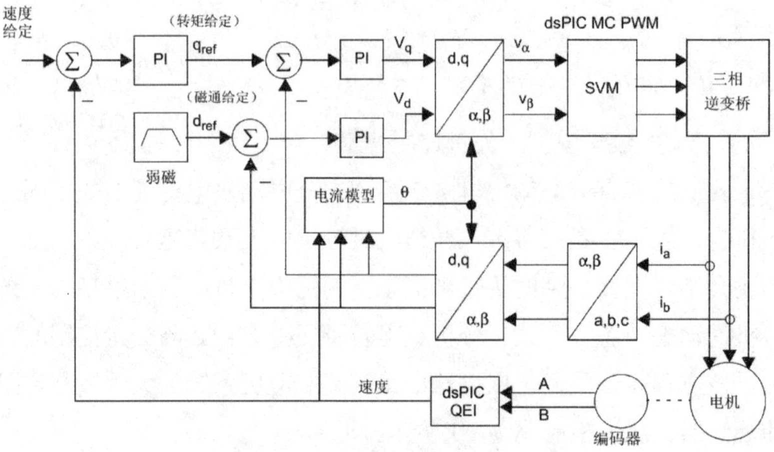

图7-34　矢量变换控制过程

（2）磁场定向和矢量控制技术构成。

接下来，详细分析在依据转子磁通定向的三相交流电机的矢量模型。首先确定其电压方程，根据之前的相关感应电机结构知识，将转子全磁链 ψ_r 轴设定为 M–T 坐标系中的 M 轴，而 T 轴与 M 轴相互垂直。所以 ψ_r 在 T 轴上的零分量，说明 M 轴的电流可以确定转子全磁链 ψ_r 的数值大小。而对于定子电流矢量我们可以将其解耦成分别沿 M 轴与 T 轴的相关电流分量，与 M 轴同向分量为励磁。与 T 轴同向分量为纯转矩。交流感应电机依据矢量控制的手段时，其定子的相关矢量可以视作测量的被控制变量，我们也能十分容易地分析出由定子电流矢量的各分量和另外的空间矢量决定的数学函数模型。下式便为在矢量控制策略下按三相电机转子磁链定向的交流感应电机的控制方程式。

$$\left.\begin{aligned}\psi_{r\alpha} &= \frac{1}{T_r p+1}(L_{md} i_{s\alpha} - \theta_r T_r \psi_{r\beta}) \\ \psi_{r\beta} &= \frac{1}{T_r p+1}(L_{md} i_{s\beta} - \theta_r T_r \psi_{r\alpha})\end{aligned}\right\} \tag{7.8}$$

上述的交流感应电机的动态方程式表明转子磁链仅仅受交流电机的定子电流矢量的励磁电流影响，而与其转矩电流分量无关。由此，我们可以得知若交流感应电机以转子全磁链定向的方式，那么我们便能够对定子电流的转矩与励磁分量的进行完全分离处理后单独分析与控制；此外，我们还能够得知 ψ_{r} 和 i_{sm} 两者的传递函数的惯性环节具备一阶数学特性，当后者呈现阶跃变化时，前者则在按照过渡反应的时间过程中按照指数形式发生增长，此性质则与普通电机的激磁线圈的惯性效应本质相同。

将感应电机等效的直流电机模型拆成两个子系统：转速系统与磁链系统。上文中我们已经知道，根据转子磁链为定向的控制策略能够将定子电流的转矩分量与励磁分量进行完全解耦，但是，如果从转速与磁链两个子系统进行分析，T_{ei} 依然受到转矩以及励磁分量带来的相关干扰，因而转速与磁链两个子系统在动态的情况下依旧是耦合的。

经处理转化为同步旋转坐标系后，我们运用空间坐标的转换并且按照转子的磁链进行定向处理，是能够得到交流感应电机的等效直流电机模型。

（3）转子磁链检测反馈处理。

针对交流感应电机驱动平台特性，我们可以较为直接地测量出转子磁链的大小和磁场的定向角度，以此可以当做磁链闭环的反馈数据。并且在满足磁链实测误差干扰较低的理想状况中，依据定向角的获得值可以求得 M 轴的位置。只有对系统状态的精确检测与反馈，才能较完美地达到磁场定向控制的理想指标。因而，交流感应电机的驱动系统的关键技术在于对转子磁链与磁场定向角的精确检测。对于转子磁链矢量的观测与测量，我们可以采用直接探测磁敏和线圈的方法，也可以采用间接推演数学动态模型的方法获得。两种方法中，直接法在理论上精确度相对较高，但由于传感器的工艺等问题，如检测信号受齿槽等因素会具有一定量的脉动分量。而间接的检测模型只需观测获得定子电压、电流等状态量，获得难度较小，不存在传感器的工艺问题。因而，在实际的系统中，我们选择使用间接法，根据构建模型中参数的不同，其数学模型的构建又有电流法、电压法。

$$\left.\begin{aligned}\psi_{r\alpha} &= \frac{1}{T_r p+1}(L_{md} i_{s\alpha} - \theta_r T_r \psi_{r\beta}) \\ \psi_{r\beta} &= \frac{1}{T_r p+1}(L_{md} i_{s\beta} - \theta_r T_r \psi_{r\alpha})\end{aligned}\right\} \tag{7.9}$$

下式为磁链在二相静坐标系下的电压模型：

$$\left.\begin{aligned}\psi_{r\alpha}&=\frac{L_{rd}}{L_{md}p}(u_{s\alpha}-(R_s+\sigma L_{sd}p)i_{s\alpha}\\ \psi_{r\beta}&=\frac{L_{rd}}{L_{md}p}(u_{s\beta}-(R_s+\sigma L_{sd}p)i_{s\beta}\end{aligned}\right\}\tag{7.10}$$

将电流模型与电压模型进行数学层面上的理论比较，可以得出在低速的情况下电流法的效果更加理想；反之中高速的情况下，电压法则更加合适。因而在实际中可以根据系统的运行环境与指标要求，对两种方法进行合理的选择；当然在实际系统调试中，解决两个模型过渡带的问题后，将两者混合使用，分情况地进行系统自主选择，也是一个不错的方法。

（4）感应电机矢量控制系统。

前文中已经较为详尽地介绍了关于矢量变化的基础知识，接下来将结合实际的交流电机平台，详细分析讨论矢量控制作为控制策略其理论基础与自身特性。首先，依据磁链是否闭环，我们可将交流电机的矢量控制系统分为直接矢量控制系统与间接转差型矢量控制系统。前者采取转速与磁链的双闭环来对系统进行控制驱动，而后者仅对定子角速度闭环，而磁链为开环。针对本次交流电机的控制系统平台设计，我们采用的是 SVPWM（空间矢量 PWM）型交流电机双闭环矢量控制系统，下式为其主要的控制模型。

$$\left.\begin{aligned}u_{sM}&=(R_s+L_{sd}p)i_{sM}-\omega_s L_{sd}i_{sT}+L_{md}pi_{rM}-\omega_s L_{md}i_{rT}\\ u_{sT}&=\omega_s L_{sd}i_{sM}+(R_s+L_{sd}p)i_{sT}+\omega_s L_{md}i_{rM}+L_{md}pi_{rT}\end{aligned}\right\}\tag{7.11}$$

接下来我们将简单介绍间接矢量控制策略——转差型矢量控制系统的一些特点。该系统的定向可根据定信号进行确定，也只需依靠矢量控制动态数学也并不需要感应电的转子磁链观测器，因而系统的组成相对简单。而该类控制系统的最大特点是开环的磁链控制，也给系统平台给予了控制上的方便性，即可以摆脱感应电机的参数变化的干扰与影响。但是定向轴的确定依然会受到相关参数不确定性的影响，因而该间接控制系统的总体性能依旧受相关参数的干扰。

（三）经典 PID 控制策略

在介绍完交流感应电机驱动系统的核心算法矢量变换后，接下来介绍该系统在闭环控制中处理输入与输出关系的控制方法——PID。或许自动控制理论发展如今，各式各样的控制方法与理念早已令人眼花缭乱，特别是如今的机器学习、滑模等控制理论也都已经获得了越发密切的关注，但是作为经典的控制理论 PID 却有着其朴实的优点。首先在控制的基础理念方面，相较于另外一些“时髦”控制策略冗杂的数学推演，其控制核心 P(比例)、I(积分)、D(微分)的基本设置思路更容易让人理解与掌握。由于主要设置的关键参数（比例、积分、微分项）的概念并不复杂，人们在调试时也能够更加直观地调节相关参数值，从而能够更加容易地来控制整个系统最终达到目标状态。另外 PID 的应用范围十分广泛，不但十分适用于线性的控制系统，而且经过系统建模的优化，也能够有效地控制非线性系统。因而我们只要合理地设置“万金油”的 PID 相关参数，我们就能够对绝大多数的系统进行十分有效的控制。

由于 PID 的概念相对简单，并且其细分的分支控制方法也多，如增量式 PID、模糊 PID、增量式 PID，但是其本质的理念基本大同小异，我们这里就不再一一地介绍各种类型的 PID 控制方法。每种 PID 的数学模型各自特点也不尽相同，其适合的系统环境也大有不同，因而我们应当根据不同的系统选择不同类型的 PID 控制策略。例如，从数学推导方面进行分析，位置形 PID 必须规定积分累积的最大值以及限制最终输出的最大幅值，但增量形 PID 只需仅仅限制最终输出最大数值，而在实际中的系统控制中增量式的 PID 在直流电机负载的情况下控制转速时，能够体现出更好的灵敏性。

现在简略地介绍 PID 闭环策略的不完美之处，PID 因其线性的数学结构，作用于非线性控制系统的控制效果无法达到如滑模等非线性控制方法的理论控制效果。另外在控制变系统、强耦合的系统时，PID 所能达到的控制效果也只是差强人意。并且在某些复杂的系统环境下，简单的 PID 控制无论如何遍历组合地设置比例、积分、微分项的参数值，都无法准确地达到目标的控制状态。但是需要补充的是，尽管有着上述这些缺点，但简单的 PID 却在大多数情况下都是最好最值得信任的控制器，因而在选择本次系统的闭环控制方法时，我选择了有一定竞赛调试经验的经典的 PID 控制方法。

（四）旋转变压解码模块的工作与驱动

旋转变压器解码模块是本次交流感应电机驱动系统最重要的系统模块之一。正如上文所说，本次的感应电机系统是磁链与转速双闭环的控制策略，对于磁链的检测我们采用间接的数学模型进行计算，而对于转速的检测，检测方法有很多如编码器、霍尔元件检测、光电法，本次的系统设计我们采用旋转变压器对转速进行观测从而获得系统所需的反馈数值。上面在介绍旋转变压模块的硬件系统时，已经简单地介绍了解码模块的核心芯片 AD2S1210 的相关性质与特点。从上文的介绍我们可知，片上内置正弦信号震荡器 AD2S1210 芯片是由亚德诺设计生产的具备 Type II 闭环跟踪结构且分辨率可变的使用方便灵活广泛的旋变解码芯片。

现在将对该解码芯片——AD2S1210 的工作与驱动部分的相内容进行介绍，其不仅能够检测到交流感应电机的转速以及转子的位置，而且能够摆脱其他位置检测传感器的一些缺点，如霍尔传感器的准确性低、光电传感器的稳定性低（不能避免受震动的影响）。又因为旋转变压器时变以及强耦合的特性，输入信号必须经过处理后才能够被其使用，所以一般 AD2S1210 芯片需要外围辅助电路，对相关信号进行一定的处理，使其符合解码芯片的工作要求。

另外该解码芯片的工作方式有两种：一种为普通的默认方式，另一种为可设置的配置方式。其中在普通工作方式下，我们可以通过设置 A0、A1 的值，来分别读取电机的角速度以及转子的位置情况，如 A0 取 0，A1 取 0，我们便可以得到转子的位置情况；而 A0 取 0，A1 取 1，输出寄存器则可以获得关于电机角速度的情况。而在配置工作方式下（A0 与 A1 均取值 1），输出寄存器则可以读取故障寄存器里的相关信息以及设置芯片的分辨率的数值选择。

除此之外，对于该芯片的通信方式，也可以通过设置芯片 SOE 引脚值，在并行方式（16 位）与串行（4 线）方式之间进行选择。当该管脚置低时，芯片进入串行模式，引脚 DB13 作为 SCLK，通信的时钟信号的接口，DB14 作为 SDI，通信数据输入信号接口，DB15 作为 SDO，通信数据输出信号接口。反之当 SOE 管脚置高时，芯片进入并行模式。对于交流感应电机的驱动控制系统来说，在硬件资源允许的条件下，反馈数据的提取速度越快控制成效越好。相比于带宽有限的串行方式，并行的通信方式所耗费的时间短，十分有利于对本次感应电机驱动系统的控制。

接下来，简单地介绍一下如何从 AD2S1210 芯片读取角速度与转子位置的反馈数据。首先，我们应当选择并行的通信方式，并按照并行的时序进行之后的通信操作。其次，我们应当将 SAMPLE 的引脚先置高再置低，更新芯片寄存器中角速度和转子位置的数据。然后在置低 CS 引脚的前提下，按照上文普通工作模式，通过设定 A0 与 A1 引脚的高低电平，来控制输出寄存器对于角速度和转子位置信息的获得。最后，我们只要从输出寄存器中，通过控制 RD 管脚的高低电平，便能获得我们所需要的反馈数据。

六、系统仿真与调试

在日常的学习中，对于 Matlab 优越的性能和广泛的应用，早已十分熟悉其在衰落信道、基带频带传输方面的使用。在设计本次感应电机系统时，主要采用 Matlab 自带的系统动态仿真工具箱对感应电机的瞬态过程（坐标变化与启动等过程）进行分析。该仿真工具箱类似其他的电路仿真工具，将许多的数学模型进行模型化，不但保留了矩阵实验室软件在数值矩阵处理的高效性，而且提高了设计系统模型时的便利性。只要从动态仿真工具箱中寻找对应的模块如直流电机模型、瑞利信道模型等，然后将这些数学模型按照系统设计的流程要求进行连接组合就能预测系统模型的运行状态。

（一）矢量变换的 matlab 仿真

以感应电机的电流为变化对象，通过矩阵实验室软件的 Simulink 动态工具箱，分别对交流电机驱动时三相—两相变化、二相静止—二相旋转变化进行数学模型的动态模拟。

首先从 Simulink 的模型库中找到变换流程所需的若干数学封装模块如帕克变换以及克拉克变换的对应模型和所需的电子元件单元如信号发生器和示波器的数学封装，接着按照流程连接各个数学模型，如图 7–35 所示为电流矢量变换的仿真原理图，图 7–36 ~ 图 7–38 所示为三种不同坐标系下电流在示波器中的观察波形。

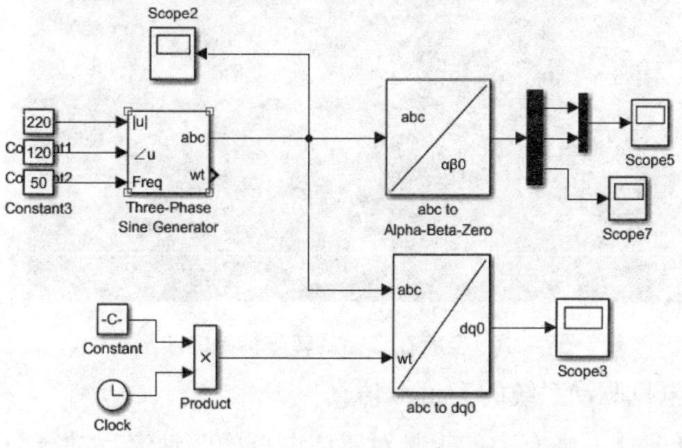

图7–35　电流矢量变换的仿真原理图

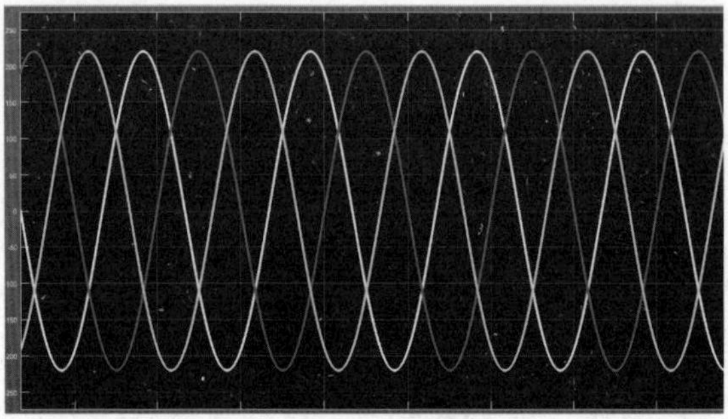

图7–36　电流在三相静止坐标系的波形

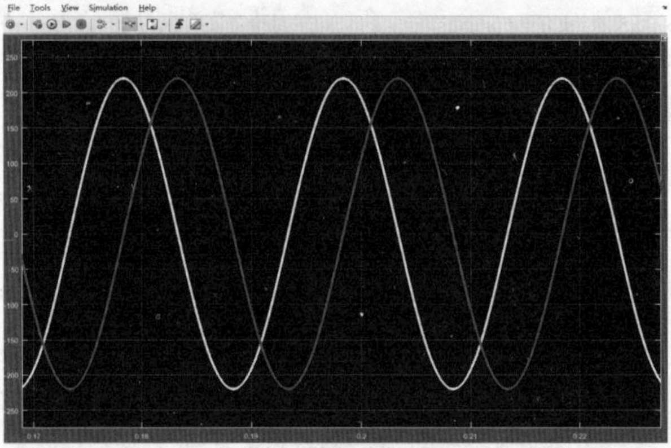

图7–37　电流在二相静止坐标系的波形

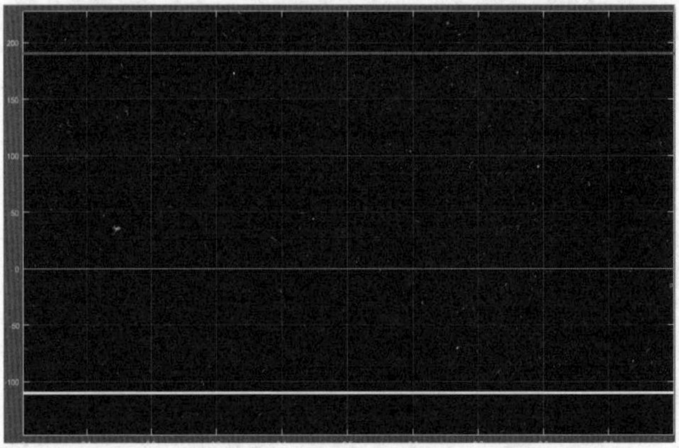

图7–38　电流在二相旋转坐标系的波形

（二）感应电机驱动系统的 matlab 仿真

利用 Simulink 这一强有力的工具对感应电机的驱动流程进行数学上的模拟，首先查找动态仿真库中的所需数学模型封装如交流电机、脉冲宽度调制输出模块，然后依据控制的流程进行模型间连接与组合，如图 7–39 所示系统的流程原理图，最后就能够完成对系统的动态数学模型的预测。

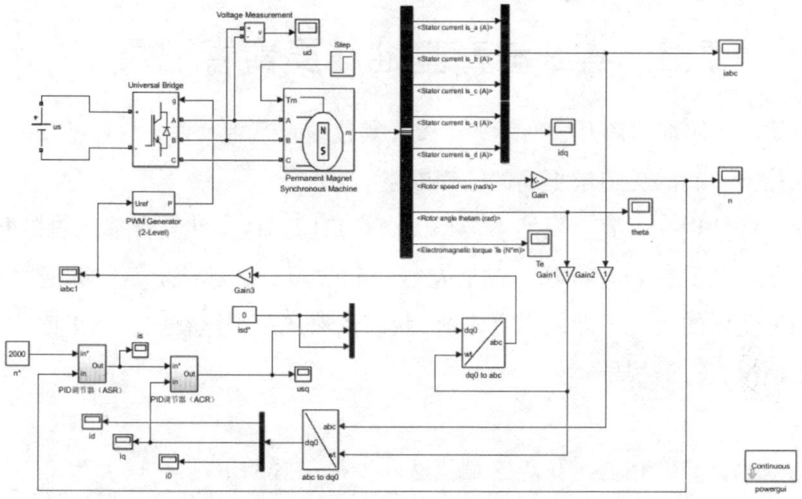

图7–39　系统的流程原理图

（三）实际系统的制作与调试

仅仅在 Matlab 上进行数学理论上的理想状况仿真对于实际系统的调试是远远不够的，必须将理论联系实际在实物平台上对交流感应电机进行操作与调试。因而必须制作符合要求的实物平台以及为调试提供帮助避免“忙调”的上位机系统，如图 7–40 所示为本次系统的实物平台。

图7–40　系统实物平台

设计成功通过在 matlab 上完成了矢量变换和感应电机驱动的仿真，更加直观地了解相关算法与控制方法的基本内容，另外也完成了对交流感应电机硬件平台的搭建，并且也成功地实现了交流电机的正反转以及速度闭环的要求。

7.3 实践教育基地成员青春记录

毕业季，我们都将离开这所学校，离开实践教育基地，去寻找自己新的方向，有的踏入社会，有的去追求更高的知识殿堂。

然而，即使现在，我们仍然不会忘记当初我们选择实践教育基地的初衷和在这里的日子。遇到一群志同道合的朋友，一起学习，一起交流，一起通宵达旦，那是我们最快乐的时光。即使岁月流逝，我们依然还记得泡在实验室里面的日子。那个时候最纯真、最快乐。

晓

刚到基地，与你相遇，我想这是我这一生最美好的事情。

是你教会了我那么多在大学里学不到的知识，

是你让我在这四年里结识了那么多志同道合的小伙伴，

是你在我最困难的时候无条件地帮助我，

是你让我清楚地知道原来在大学里也有无数需要努力和奋斗的时候，

是你，教育了我。

序

一步步走到现在，你的优秀一直感染着我，也是你的优秀造就了现在的我们。在临别之际，我们只能把我们最真挚的祝福送给你。祝愿实践教育基地变得越来越好。

初遇

走过大门，像穿过一条起始状态线，过去的时间终结于此，曾经纷繁的状态缩聚成了一个简单的函数；未来在不远处若隐若现，迈下的每一步都像一个简单又复杂的冲激信号，翻转叠加，卷积成它应有的样子。每一处都很新鲜，新鲜得像加了三块冰的柠檬水。就算某个转角突然出现一群白绵羊，也不必感到惊奇。月牙湖畔，会有白鹅引吭高歌吗？伴随着波光吐纳，守护着湖心的一角。有猫，穿过锦绣的花坛，穿过池边的小径，穿过斑驳的光晕，穿过二教的红墙白瓦，穿过 254，穿过……

不知道为什么一只猫会走进充满各种元器件和项目计划书的实践教育基地。想来猫不会喜欢并不悦耳的敲代码时键盘的声音，也不会喜欢焊枪发出的松香独有的气味。猫不喜欢，但是我早已喜欢上了这里的一切。这里已经承载了太多太多，我可以感受到一种交汇，一种我和它融为一体的强烈信号，无可救药，又如饥似渴——仅仅是因为这里是实践教育基地。

实践教育基地，一个响亮而又青春的名字。时光回到那个大一的午后，当好友拿着一张简单的招新宣传单递给我时，宣传单上简单的几个大字——“科技创新实践教育基地”立即吸引了我的目光。不同于其他宣传单上的各式社团，实践教育基地给我的印象是独特的，没有花哨的图文，简简单单的几句话便勾勒出实验室的大体情况。我在好奇，实践教育基地究竟是一个怎样的地方。

一切的想象在参观实验室后都得到了解答。犹记得参观的那日，王哥一本正经坐在桌前，认真地写着代码，我们围在王哥旁瞅着屏幕上一行行飘过的字符，仿佛发现了新世界。而一位看起来一脸严肃的大二学长，给我们介绍着实验室荣誉与成就，也不厌其烦地回答着我的问题。处在实验室的感受是温暖包容的，不同于其他房间的聒噪与吵闹，更多的是安静与忙碌。而从学长学姐的介绍中我更能感受到的是一种温暖与包容，一份肯定与鼓励。我拿起报名表，做出了自己的决定。

进入实践教育基地的考核是残酷的，想来我是以怎样忐忑的心情通过了一轮面试，又是怎样攻克千难万险，走过了二、三、四轮考核。道阻且跻，而成功者自有千方百计，失败者却有千难万难。面对复杂的C语言和单片机，我不算一个成功者，我没有千方百计去攻克每一个我达不到的高峰；但我也不甘心做一个失败者，在每一条通往高峰的路上都有我的脚印——不只有我的脚印，也有前人已经铺好的路。而我想做的，是循着学长们的步伐，走得更远一点。而在每一次我想放弃的关头，学长们都会给我许多的指导与鼓励，支持着我克服一个又一个困难。

在成功加入实践教育基地的第一天晚上，围坐在圆桌前，像每一届新成员都会经历的那样，我们聆听学长的教导，聆听着他们的故事，听着他们话语里的那份自信与满足，心中更加有了归属感。前人栽树，后人乘凉，一届届成员之间的薪火相传，就像种下一株株桃李，给他们以朝露曦，星月晖，等到成才的那一天，而灼灼其华了。这才明白，实践教育基地孵化的，不仅仅是想法和产品，更是在孵化每一个有志与力，而不随以怠的人了……

这样想着，不知不觉，躺在实验室桌边的猫消失在了门口，手中板子上的灯仍然在孜孜不倦地闪烁着，计算机屏幕上显示着没有调试好的代码；书放在桌边，一本是“信号与系统”，一本是“嵌入式原理”。环顾四周，大家以差不多的姿势学着不同的知识，望向窗外，又是一个满目流金的盛夏艳阳天。

艳阳天，又是李子成熟的季节。花开花谢，年复一年。每一年的李子都不会相同。

但是薪火相传的精神，是不会为春夏秋冬而改变的。

新的李子，已经种下。

成长

七月流火，八月未央。

一个暑假的相处，让大家开始熟络起来。二教小楼的那一角，开始有种家一样的感觉。从大一的互不认识，到大二的打成一片，大家慢慢建立起友谊。

相处久了，我们突然发现，我们各自都有各自的闪光点。我们开始一同上课，一同吃饭，一同回寝，一起出游，一起聊起那些说不完的话题。

我们之间有为人热情、人帅个高的步哥，有思维活跃、人很随和的王总，有执着果断、富有主见的廖神，有为技术而生、代码大神的小叶，有带头大哥、人生赢家的金大哥，有条理清晰、做事认真的尚岗，有好脾气、温柔乐观的黑博，还有可爱中带着那么一点逗逼本质的陆学妹……

太多的机缘巧合，让性格不同的我们学会了如何互帮互助，最终成为一个有力的集体。

进入大二，大家变得更加忙碌，一周五天满满的课表会让人有些喘不过气来。而课余留下的那点时间，变得弥足珍贵，就像潜伏在水里的特种队员，终于有了可以上岸换气的机会。但是我们没有选择将时间用于休闲娱乐，而更多地选择将时间投在实验室中。

忘记了有多少个待在实验室的周末，也忘记曾有多少次深夜晚归，只知道二教 254 的灯，从白天亮到黑夜，有时还会再亮到白天。

新的一年，二教小楼的 254——实践教育基地实验室，依旧热闹。只是大家的节奏更快了，少了一份高谈阔论，多了一份噼啪的键盘敲击与饭点相约就餐的声响。这亦是一种生活，虽然单调，但也充实。

复变函数、概率论、模拟电路、电磁场，每一门课都充满挑战。书上那些难懂的符号和公式，让人昏昏欲睡。什么一望而知，根本望不到，怎么知呀。作为一个电子人，总有一个想要崩溃的大二学年。

但回想起大一走过的那段严酷考核的日子，这些困难又怎会使我们放弃，一次看不懂就看两次，一个小时弄不懂就弄两小时。大一的我们，也许还不知道如何去找寻学习的伙伴，但现在，我们坐在实践教育基地，翻阅着手上的课本与往届学长们留下的资料，看着周边小伙伴忙碌的身影，便知道自己前行的方向。

电子设计竞赛、数学建模、挑战杯、“互联网+”……大二虽然忙碌，但也自由。

选择与大家并肩奋斗，让人满足，和队友一起参加比赛，是大学四年里珍贵的经历。电子设计竞赛从准备到实战，付出了太多心血，在比赛那三天里，轮流休息、通宵调试，是队友间合作的默契。挑战杯从准备到决赛历时一年，日复一日地雕琢产品、文本上交前通宵达旦码字校稿、答辩前意气风发做好准备。大大小小比赛获奖时的感言，我们独有的回忆。

一年之前，看着学长们激情澎湃地演讲，耐心细致地授课，做项目时的努力，执着的身影，心生崇拜。这一年里，我们学着学长学姐的样子去尝试不同身份，以学长学姐的身份培养新一届的学子，以实践教育基地大家庭一员的身份建设着他。一年过去，当我们从小萌新逐渐变成顶梁柱，蓦然回首，那些光辉的形象包含着多少个日夜的通宵。

责任，创新，执着，和家一般的感觉，

这一年我收获了太多。

暮春三月，江南草长，又是个春天，实践教育基地迎来了新一批成员，看到学弟学妹们的勤奋和热情，

想起当年那个懵懂的我，

这一年，我们在成长。

收获

有耕耘就会有收获，有泥土就会有绿荫，有狂风就会有巨浪。熬过了浸透汗水与拼搏的大二，这个秋天，迎来的又是不一样的感觉。

能力的提升不仅仅是脑海中知识的堆叠，更是专业技能的提升与思维观念的转变。无数次磨炼与实践，成就了我们对细节的渴求。无数次的失败与经验，支撑着我们对困难的坚持。这时的我们不会为某个指针的使用而苦恼，不会为某块不工作的电路板而低落，不会在深夜坐在天顶吹风，度过一个又一个炎热的夜晚。

当被焊笔烫过的手指结了茧，当被敲击无数次的键盘褪了色，我们终于意识到了破茧的滋味。

厚积薄发不是没有道理。有时候优秀的人仅仅比其他人多走了一两步。幸运的是，我们愿意为一个目标而不断迈步。两年来我们的稳扎稳打，将这些不起眼的一两步积累起来，最终汇聚成一个巨大的飞跃。我们并不是一开始就是优秀的人，但破茧成蝶后，前方迎来的又是可人的风景。

大三这一年，是丰收的一年。国家级大创，实用新型专利，学术期刊论文……一项项成果开始给予我们最好的奖赏。张文星等同学申报的“智能婴儿床”项目功能丰富，设计合理，成为国家级大学生创新创业项目。牛伟博、沈博等同学研发的“智能电子积木”设计新颖，寓教于乐，成功申请到国家专利。廖伟、叶应龙、张宇生、王方等同学所著的《室内空气检测净化系统设计》论文成功在《物联网技术》上刊登。张宇生、叶应龙、廖伟同学在全国电子设计竞赛中取得了国家一等奖的好成绩……这一年是属于我们的荣耀时刻。

而当我们实践教育基地实验室团队的名字出现在人民大会堂的全国大学生“小平科技创新团队”的授予仪式上时，一届又一届实践教育基地人的付出得到了最大的肯定。这一殊荣，来之不易，成为全国仅仅五十个的顶尖创新团队，我们仅仅用了不到七年时间。我们有理由相信这是一个奇迹。

十年磨一剑，我们从小树苗成长成了一棵大树，最终成了一片小树林。在这一步步的成长中，实验室的老师们给我们不断提供指导意见，并搭建起整个平台，带领我们一步步获得这些成就，真的非常感谢他们！实验室的小伙伴，互帮互助，发挥所长，一个个拼搏的身影最终汇集成实践教育基地这个大家庭，留下一生难忘的回忆！

仰望星空，脚踏实地，面对非凡的成就，我们也知道未来的路依然很长，我们不敢懈怠，更不敢停止前进，我们只会更加努力。时间飞逝，我们也将面临未来的苦难与不久的分离，但我们相信，一届又一届的实践教育基地人将秉承我们的自信与荣耀，延续这份光荣与奇迹！

远行

走过了校园最后一个暑假。

当拖着旅行箱再次进入校园时，秋招与考研报名的开始预示着不久将到来的毕业季。

我们开始珍惜每一分每一秒在杭电的时间，也开始慎重地选择未来的去处。这或许是一个难以抉择的时间点，我们真正该为这四年做个总结了。这四年来的光荣与成就会成为简历上最浓墨中彩的一笔。而四年来的成长与经历也将使我们展现最完美的笑颜。

来年初夏，西湖水暖。收拾了最后一箱杂物，把剩下的书本、写过的试卷处理好，我们即将离开生活了四年的杭电，作为这个社会的新成员，开始了新的生活。

回忆起这四年，从对电子一无所知到喜欢上调电路的感觉，实践教育基地影响了我们太多。如果没有实验室，缺少动手学习平台的我们，不知道学什么，只能做一个成绩好的学霸。实验室带给我们的，是挑战，是一起聊天的小伙伴，是调试电路的乐趣，是一种不一样的生活。

实践教育基地不仅是学习的平台，也是交友的平台，在这里遇到了可以称得上兄弟的朋友。像张文星学姐这样每天逛实验室的，玩的相当高兴，还有廖大神和龙哥俩人简直就是天生的技术宅，干活厉害得不得了，还有金晨这样的实验室狂魔……

很喜欢在实验室的感觉，跟小伙伴们聊聊天、调调电路、学习新的东西，远比玩游戏和出去玩更能带给我欢乐。养成习惯之后，下课后总不自觉地往实验室的方向走去，在实验室既轻松又愉快。

四年时光很快，我怀念在这里度过的每一天。

每次迷茫困苦的时候有学长学姐给我建议，总是很温暖。

每次和小伙伴调试电路，调到关门前一刻一起冲进寝室总是很开心。

每次二教的猫走进实践教育基地，总是赚取我们的目光，希望猫主子能好好撒娇，好好听课。

每年二教楼下的李子结果时，我们会去摘取，味道青涩又酸甜。

每年都在盼望着的游泳馆终于动工了，新来的学弟学妹们也许会享受到一个不一样的夏季。

终究迎来了我们的毕业典礼。

缘

天下没有不散的宴席，杭电四载，感谢一路上陪伴我们的朋友、老师与同学。青春四载不散场，期待未来与你们在更广阔的天空相遇。

岁月如梭，韶光易逝，四年像小奏鸣曲的大学生活还是奏响了最后的乐章。往事一幕幕浮上心头，嘴角挂着一丝丝浅笑。记得那时刚踏入校园稚嫩的我们迷失在二教走廊时的茫然脸，记得当初第一次被面试时的忐忑与紧张，记得当初听学长们讲课时的懵懂与激动，记得当初被告知进入实验室时的欣喜若狂，记得当初的很多很多。如今的我们可以熟记那个教室里发生在每一个角落的场景，但却到了我们说再见的时候。

突然眼泪模糊了眼眶。我们终究还是逃不了别离，终究还是逃不了这一声“再见，珍重”。

一声再见，送给自己朝夕相处了四年的伙伴们，送给提供平台让自己变得成熟的实践教育基地。感谢在自己最需要学习的时光遇到你们。再见，曾经懵懂无知的自己。当初的小伙伴已不是来时的模样。

一声珍重，祝愿小伙伴们可以在将来实现自己曾经的梦想，祝愿实验室可以发展得越来越好。希望你们都会越来越好。祝愿，即将闯入社会的自己。记忆中的你们还是那么美好，记忆中的春天还是那么绚烂。

岁月荏苒，青春行走在时间的河岸，渐行渐远。记忆的长河畔，是一长串欢笑与悲伤的贝壳。未来的天空里，回忆和思念是一团飘逸动人的彩霞。

一起走过四年也是缘，相逢即是缘，佛说，前世的五百次回眸才换来今生的一次相遇。佛曰：万事皆有缘。因为缘，我们遇见，我们成长。我相信，未来的我们回忆现在，也会微微一笑。

当时年少春衫薄。

在杭电的四年，我们在一个名叫实践教育基地的地方相遇。那个地方，见证了我们的成长，见证了我们的友谊。我们能够在那个地方遇到最美的彼此，很开心也很幸运。

青春四载不散场，永远期待未来与你的相遇。